REPRÉSENTATIONS

Collection « Dixit Grammatica »
Dirigée par Fabrice Marsac et Rudolph Sock

La collection « Dixit Grammatica » entend promouvoir des travaux de recherche universitaires (ou assimilés), individuels ou collectifs, centrés sur la langue française examinée sous toutes ses coutures linguistiques, y compris de manière contrastive. Théoriques ou appliquées, systématiques ou expérimentales, contextuelles ou indépendantes, synchroniques ou diachroniques, prescriptives, descriptives ou programmatiques, intra ou interdisciplinaires, les études ainsi sollicitées s'inscrivent nécessairement dans au moins l'un des domaines fondamentaux des Sciences du langage. En somme, c'est un véritable hymne scientifique à la langue de Molière que se veut « Dixit Grammatica » !

Déjà parus

Katarína CHOVANCOVÁ, Ľudmila MEŠKOVÁ, Simona KRAFČÍKOVÁ, *Lexicalisation des noms de marques en français et en slovaque*, 2022.

Bertrand VERINE, *Le Toucher par les mots et par les textes*, 2021.

Sébastien MARENGO (dir.), *La Théorie Sens-Texte. Concepts-clés et applications*, 2021.

Christelle LACASSAIN-LAGOIN, Fabrice MARSAC, François SCHMITT, Magdalena DAŃKO, Béatrice VAXELAIRE & Rudolph SOCK (dir.), *Sens (inter)dits. Tome 4 : Didactique des langues et phonétique*, 2021.

Christelle LACASSAIN-LAGOIN, Fabrice MARSAC, François SCHMITT, Magdalena DAŃKO, Mária PAĽOVÁ & Monika ZÁZRIVCOVÁ (dir.), *Sens (inter)dits. Tome 3 : Analyse du discours, pragmatique*, 2021.

Christelle LACASSAIN-LAGOIN, Fabrice MARSAC, Witold UCHEREK, Katarína CHOVANCOVÁ & Monika ZÁZRIVCOVÁ (dir.), *Sens (inter)dits. Tome 2 : Verbes et architectures syntaxico-discursives*, 2021.

Christelle LACASSAIN-LAGOIN, Fabrice MARSAC, Witold UCHEREK & Katarína CHOVANCOVÁ (dir.), *Sens (inter)dits. Tome 1 : Construction du sens et représentation des référents*, 2021.

Anisssa Hamza & Cindy Coelho (dir.)

Représentations

Préface de Dominique Huck

5-7, rue de l'École-Polytechnique ; 75005 Paris

http://www.editions-harmattan.fr/

ISBN : 978-2-14-029055-8
EAN : 9782140290558

La représentation est comme la météorologie. Délicatement éthérée, elle est source d'espérance inquiète et de quelques satisfactions. Elle rend des services sans être véritablement fiable. On entrevoit vaguement comment elle se construit. On ne voit pas du tout comment elle fonctionne. Et on est presque certain qu'elle existe vraiment.

Stefan Ehrlich (1985)
La notion de représentation : diversité et convergence
Psychologie française, 30, 226-235

Sommaire

Préface de Dominique **Huck** 9

• Anissa **Hamza**
Représentation(s) : préliminaires 11

Sciences du langage – Didactique et FLE

Jessica ***Ladu***
Les représentations visuelles dans l'apprentissage du français L2 par des élèves italophones atteints de dyslexie 19

Stéphanie ***Paul***
L'étude des représentations des enseignants d'UPE2A à l'égard des spécificités du français de scolarisation comme point d'appui pour orienter la formation 41

Chloé ***Provot***
Les représentations des enseignants au sein d'une mobilité enseignante-franco-allemande pilotée par l'OFAJ 67

Sciences du langage – Analyse de discours

Emmanuelle ***Dantan***
Représentations graphiques pour une autre approche de la représentation de la voix féminine dans les chansons de trouvères des XIIe et XIIIe siècles 81

Sciences du langage – Phonétique

Delphine ***Charuau***
La représentation spatio-temporelle des mouvements respiratoires en parole ... 107

Littérature

Julie ***Gerber***
Une représentation contemporaine du goulag soviétique : la limite de l'oubli de Sergueï Lebedev 127

Soumia ***Kriz***
La plume soumise au pinceau ? Représentations et restitutions de tableaux dans les romans de peintre 141

Ibtissam ***Ouadi-Chouchane***
Les représentations de l'autre dans *À vau l'eau*, 2019, de Wejdan Nassif 151

Sociologie

Salfo ***Lingani***
Représentations du corps malade du sida : corps mince ou corpulent dans l'imaginaire individuel et collectif 173

Droit

Pierrick ***Bruyas***
Réflexions sur la représentation parlementaire à la lumière de l'organisation institutionnelle de l'union européenne 189

Préface

Dominique Huck[1]
Université de Strasbourg, France

Proposer comme objet d'un colloque, puis de l'ouvrage qui en est issu, « Les représentations », dont la définitude semble voulue et qui paraît, à première vue, dans la brièveté de sa formulation, si simple, impose aux auteurs des communications et des articles une exigence conceptuelle fort élevée. La démarche des organisateurs de la manifestation, s'adressant à *tous* les champs disciplinaires, et des éditeurs scientifiques du présent ouvrage issu du colloque se révèle être assez hardie. Et c'est une exigence qu'il faut saluer !

Le hasard fait que le lexème français sous sa forme actuelle, *représentation(s)*, renvoie à des signifiés et/ou à des référents fort divers. Le *Trésor de la langue française informatisé* (TLFi) a besoin de quatre longues pages pour donner une liste des possibles. Cette polysémie du signifiant « représentation » en français concentre en lui des valeurs de sens qui, dans d'autres langues, seraient portées par plusieurs signifiants différents, ce qui n'est pas le cas en français. Cela permet, dans certains cas, de jouer, en français, avec cette polysémie. Mais ça n'est peut-être pas le plus important.

« Représentations » rappelle que, quels que soient les champs disciplinaires impliqués, quels que soient les signifiés retenus, ce terme désigne des dispositifs inventés, imaginés, construits par l'homme, au fil de son histoire, pour mieux structurer le monde mais aussi et surtout pour pouvoir le lire, le comprendre, puis le dire et, partant, donner du sens au monde. C'est bien plus qu'une grille de lecture. C'est un instrument qui est à la fois organisateur du monde et outil pour le décrypter. Dans ce sens, il appartient fondamentalement au *sujet*, qui a un besoin vital des représentations pour s'approprier le monde. Il s'agit ainsi, tout aussi fondamentalement, d'une construction de la part du sujet pour structurer et décrypter le monde tel qu'il le vit et, de ce fait, d'une construction subjective, qu'elle soit socialement partagée ou non.

Et, dans le même temps, il s'agit d'une invention-construction nécessairement située, c'est-à-dire liée à un temps, un espace, une organisation sociale,

[1] Dominique Huck est Professeur des universités émérite de l'Université de Strasbourg. Ses domaines de recherche portent sur la dialectologie, la sociolinguistique et les politiques linguistiques (en particulier éducatives). Il est responsable d'une revue scientifique.

voire une forme d'habitus du sujet. Dans ce sens, les représentations gardent une stabilité relative, relative par nature, et sont, par vocation, évolutives et changeantes, selon précisément les temps, les espaces, les sociétés en mutation dans lesquels elles se déploient.

Il y a sans doute des représentations et des formes représentationnelles qui sont transmises, du moins sur l'axe du temps, par la mémoire des hommes, par leur parole et leur mise en mots du monde, verticalement en quelque sorte, parfois aussi « horizontalement » par la diffusion dans l'espace, même si elle peut être rhizomique. Ces diffusions concernent autant des formes représentationnelles que des contenus des représentations. Elles peuvent aussi parfois (souvent ?) fonctionner comme matrices pour accueillir d'autres (nouveaux ?) types ou d'autres (nouvelles) formes de représentations.

Elles sont à la fois, pour les sujets, une mise à distance d'eux-mêmes dans la mesure où elles permettent de se penser soi-même et les autres sujets, de formuler les objets de la pensée, de les mettre en contexte, … C'est fondamentalement un processus récursif qui permet aux sujets et, sans doute aussi, au corps social de se décrypter soi-même et le monde et, sans doute, de se rassurer. Les représentations, en tant que nécessaire mise en images et en mots du monde, forment un instrument fondamental pour ne pas se trouver dépourvu devant un monde muet, qui ne fournit pas de clés de compréhension par lui-même. Et les représentations figées, qu'elles soient des stéréotypes ou des projections mathématiques, en figurent les spécimens les plus rassurants.

Les « représentations » sont ainsi une forme de nécessité générale pour se donner du sens à soi-même, conjuguée à d'autres formes où le sujet humain est central : la philosophie-théologie-mythologie, l'éthique, l'idéologique, les arts et les sciences… qui ont toutes partie liée avec les représentations et, sans doute, réciproquement.

Parce qu'il s'agit d'un objet à la fois en mouvement et *constitutif* de l'être humain, la recherche doit continuer à travailler et explorer les systèmes représentationnels des sujets et des sociétés dans toute leur complexité. Ce livre apporte sa touche à ce travail.

Dominique Huck

Représentation(s) : préliminaires

Anissa Hamza[1]

À l'initiative du laboratoire Linguistique, Langues et Parole (LiLPa) 1339 de l'Université de Strasbourg s'est déroulée les 3, 4 et 5 décembre 2020 la troisième édition du colloque jeunes chercheurs. Il s'agissait d'une rencontre internationale et interdisciplinaire ayant réuni doctorants, docteurs et enseignants-chercheurs autour de la notion de *représentation*. En effet, faisant suite à un colloque jeunes chercheurs sur « les Classifications en linguistique » dans sa première édition en 2012 et sur « la Méthodologie de la thèse » dans sa deuxième édition en 2016, une réflexion pluridisciplinaire portant sur le domaine des représentations, domaine qui, au vu des différentes communications, ne cesse d'évoluer, a été proposée par les doctorants et docteurs du LiLPa. L'objectif de ce colloque a été de permettre aux jeunes chercheurs appartenant à diverses disciplines de présenter leurs travaux sur la notion de *représentation*, tant du point de vue épistémologique et théorique que pratique, afin d'explorer les divers aspects de la notion mais aussi d'en étudier la productivité, notamment en en mettant en évidence la transversalité.

Alors que la notion de représentation constitue un objet d'étude de plus en plus répandu pour de nombreux chercheurs, sa transdisciplinarité nécessite un ancrage à la fois théorique et appliqué permettant d'en approcher les aspects fondamentaux au sein de chacun des domaines choisis pour l'aborder. Étymologiquement du latin *repraesentatio* (« action de mettre sous les yeux »), les « représentations » portent initialement le sens d' « image ». Dans une acception plus étendue, l'image renvoie à l'élaboration de plusieurs concepts, tels ceux relatifs aux notions de figure(s), de symbole(s), de signe(s), de projection(s), de perception(s), de stéréotype(s), etc.

En tant que concept transversal appartenant à différents champs scientifiques, les représentations possèdent de ce fait de très nombreuses acceptions, renvoyant autant à l'image que l'on se fait du monde ou d'une expérience qu'à celle relevant de la perception d'autrui ou d'objets (concrets comme abstraits). Plusieurs définitions peuvent ainsi en être données, allant des représentations

[1] Docteur en sciences du langage – linguistique, Anissa HAMZA (Orcid : 0000-0001-9484-2177) est membre associée au laboratoire de Linguistique, Langues, Parole (LiLPa 1339). Ses recherches se situent à la croisée de plusieurs disciplines : la linguistique théorique et contrastive, la linguistique de corpus, la traductologie et la didactique des langues. Ses activités d'enseignement s'inscrivent également dans les mêmes disciplines.

collectives et sociales (Jodelet, 2003 ; Abric, 2016) aux représentations mentales et individuelles (Bernoussi & Florin, 1995 ; Fernandes & Vinter, 2009 ; Bault et al., 2011), en passant par les représentations visuelles (Ginzburg, 1991 ; Treilhou-Balaudé, 2003) ou encore les représentations des structures (par exemple, algébriques : Assem et al., 2006 ; informatiques : Sabouret, 2006).

Notre colloque se voulant interdisciplinaire a ainsi dégagé trois axes prioritaires pour accueillir les différentes interventions : le premier s'est intéressé plus particulièrement à la notion dans les sciences humaines, le deuxième à la notion observée à partir des sciences dites formelles et le troisième, enfin, à celle étudiée au sein des sciences du vivant.

Si l'on veut comprendre le rôle central du concept de représentation dans les sciences humaines et sociales, il paraît essentiel de s'attarder dans un premier temps sur la relecture de Platon et d'Aristote rendant compte de l'aporie du *eikôn* en raison de son paradoxe interne témoignant d'une présence *in absentia.* Ce même paradoxe va intriguer dès lors nombre de philosophes, de Rousseau à Freud, Wittgenstein, Bolzano, Piaget, jusqu'à Émile Durkheim, Lévy-Bruhl, Marcel Mauss ou Paul Ricoeur, pour ne citer qu'eux à travers un temps nécessairement réduit. Clenet (1998, p. 70) résume les réflexions en affirmant que « la représentation construite par une personne (ou un collectif) est son lien, son rapport le plus intime avec l'organisation et l'environnement dans lequel elle se situe ». La représentation aborde donc l'aspect cognitif et social des relations de l'individu avec soi-même, de l'individu avec ses actions et de l'individu avec son environnement. Ce vaste champ d'exploration nous fait nous confronter à la question, épistémologique et philosophique à la fois, de la relation entre ce qui est ou était dans le passé, et de celle relative à ce dont nous sommes capables et disposés à percevoir. À travers cet axe, nous avons voulu récolter des communications qui traiteraient soit des représentations de concepts telles que celles liées à l'homme, à la langue, au langage, à l'histoire, à la psyché, à la culture, à l'art, à la musique, etc., soit à celles qui éclaireraient des phénomènes spécifiques typiques de représentations.

L'étude des représentations est aussi fondamentale dans le domaine des *sciences formelles* : « tout concept mathématique doit nécessairement se servir de représentations, vu qu'il n'y a pas d'*objets* à exhiber à leur place ou à leur évocation » (Astolfi et al, 2008). Cela est également vrai pour les autres disciplines en sciences formelles. Ce colloque jeunes chercheurs a été l'occasion de discuter entre autres des représentations graphiques ou géométriques (figures, dessins, schémas), des représentations théoriques de la logique du fonctionnement d'un ordinateur en informatique (machines à état, machines de Turing), des représentations des nombres en mathématiques (numération), de la représentation de l'infini en théorie des nombres et, enfin, de la théorie de la représentation en algèbre elle-même. La représentation étant toujours représentation de quelque chose, on ne saurait l'étudier que dans un contexte défini (D'amore & Fandiño Pinilla, 2001).

Les représentations occupent aussi une place prépondérante dans les sciences du vivant et permettent de mieux visualiser un fait, une réalité (Guérin & Gumuchian, 1986). En géographie physique, les cartes permettent d'appréhender non seulement les notions topographiques et de distance (reliefs, cours d'eau, végétation…) mais également de comprendre les évolutions passées et futures de la terre, en lien avec l'activité humaine (Bonin, 2004). Le biologiste, par exemple, se sert souvent des représentations pour illustrer le vivant dans son aspect complexe (Glade & Stéphanou, 2013). Cependant, ces représentations peuvent constituer des obstacles à la compréhension de certains phénomènes particulièrement complexes (Clément, 2014). De ce fait, dans les sciences du vivant, on ne se limite pas au dogme de la biologie moléculaire, par exemple, et à sa finalité purement scientifique mais on tient nécessairement compte, dans ce domaine, de tous les paramètres extérieurs à ses sciences pour montrer non seulement leur impact sur la représentation du vivant mais aussi l'influence mutuelle qui existe entre ces paramètres et le vivant.

La notion de représentation est ainsi un phénomène intéressant de nombreux domaines. C'est ainsi qu'ont été invités à nous rejoindre de jeunes chercheurs issus de diverses disciplines des sciences humaines et sociales, comme la linguistique, la philosophie, la littérature, la sociologie, l'ethnologie, l'anthropologie, l'histoire, l'archéologie, la psychologie, les arts…, issus également des sciences formelles, telles les mathématiques, l'informatique, la géographie, les sciences physiques, l'astronomie, la chimie… et des sciences du vivant, avec la biologie, les sciences cognitives, les neurosciences, l'éthologie sans que la liste soit exhaustive. Lors de ce colloque nous avons eu l'honneur de profiter des travaux de trois conférenciers, spécialistes de renommée internationale, dans le domaine des représentations :

Julia Pustche (Maître de conférences – Directrice du département de linguistique appliquée et didactique des langues, Université de Strasbourg) s'est adressée à la formation initiale des enseignants en faisant réfléchir aux représentations de la langue-culture enseignée.

Richard Welter (Professeur des universités – Professeur de Chimie et Cristallographie (IBMP), Université de Strasbourg, Académie Rhénane) a orienté son approche vers une étude des niveaux de réalités dans l'enseignement des sciences à l'université.

Fabrice Berna (Professeur des universités – Responsable du service de Psychiatrie I, Hôpitaux Universitaires de Strasbourg, Université de Strasbourg) nous a présenté une analyse des représentations systémiques et transgénérationnelles.

Indéniablement, ce colloque et les trois jours de communications resteront un grand moment de rencontres intergénérationnelles, rassemblant plus de 70 personnes et 25 intervenants, un moment où les échanges ont été chaleureux et dynamiques, formels et informels avec des débats à la hauteur de ce que nous attendions. Et le partage a bien eu lieu, ne pouvant être remis en question malgré la tenue à distance de l'événement dans un cadre inhabituel lié à la Covid 19.

C'est donc à travers l'organe de diffusion qu'est la revue *Dixit Grammatica* que nous avons le plaisir de publier aujourd'hui un florilège des travaux présentés en décembre 2020. Nous avons ainsi retenu dix articles relavant des disciplines suivantes : littérature, linguistique et didactique, droit et sociologie.

Jessica Ladu présente les résultats d'une étude menée sur les méthodes d'enseignement du français L2 dans deux écoles secondaires de la ville de Sassari, en Sardaigne, dans des classes de seconde et de première. Elle centre son article sur les difficultés principales des élèves dyslexiques et propose, par une recherche-action, de réorienter les pratiques des enseignants vers la présentation des informations au moyen de représentations visuelles, comme stratégie pour favoriser l'acquisition du français.

Stéphanie Paul établit grâce à son étude didactique des formations des enseignants UPE2A, français langue de scolarisation donc, une photographie des représentations propres à ces enseignants. L'auteur aborde comment la prise en compte des représentations vient soutenir la mise en œuvre d'un enseignement explicite des particularités du français de scolarisation, qui, selon l'auteur, ne peut s'adosser à aucun référentiel ou programme commun.

Chloé Provot analyse les résultats préliminaires de son étude sur les représentations dans le cadre d'une mobilité enseignante franco-allemande, programme géré par l'Office franco-allemand pour la Jeunesse (OFAJ). L'auteur interprète la façon dont les représentations individuelles des enseignants sont liées aux représentations sociales des communautés auxquelles ils adhèrent ou dont ils font ou ont fait partie.

En analyse du discours, **Emmanuelle Dantan** exemplifie et analyse les voix féminines représentées dans les chansons de trouvères des XIIe et XIIIe siècles en France. En s'appuyant sur l'apport des méthodes statistiques et cartographiques, elle exploite un corpus de 2 620 chansons différentes, expose les difficultés et les limites rencontrées dans le traitement d'un tel corpus et met en relief les avantages qu'offrent les représentations graphiques dans son étude.

Dans le domaine des sciences du langage en lien avec la production de la parole, **Delphine Charuau** s'intéresse à la représentation graphique spatio-temporelle des mécanismes thoraciques et abdominaux. À travers son étude de la parole lue et de la parole semi-spontanée chez 4 locuteurs enfants, l'auteure analyse comment les représentations fines du substrat acoustique (parmi d'autres) permettent d'étudier des phénomènes phonologiques et linguistiques pertinents.

En littérature comparée russe et française, **Julie Gerber** analyse les représentations contemporaines du Goulag soviétique à travers le roman *La Limite de l'oubli*, de Sergueï Lebedev. L'auteure observe à travers le roman comment la représentation textuelle de l'univers du Goulag tel qu'il apparaît aujourd'hui permet à Lebedev de reconstruire la mémoire collective du passé concentrationnaire et parvient à considérer la représentation comme « l'enjeu majeur d'un deuil collectif ».

Soumia Kriz s'élance d'abord sur l'histoire de la relation entre littérature et arts plastiques avant de s'intéresser à comment les écrivains représentent la peinture et proposent des tableaux linguistiques à travers différents emprunts au champ pictural et une transcription descriptive qui fait du travail du peintre un modèle transformant l'écriture.

Ibtissam Ouadi-chouchane mène une analyse des représentations de l'autre dans *À vau l'eau*, de Wejdan Nassif. À travers son étude, l'auteur montre comme *À vau l'eau* permet de mettre en tension la représentation du soi qui se construit par des représentations qui sont autres (celles d'autres individus) et comment, au travers de la polyphonie représentationnelle des autres, W. Nassif parvient à rendre compte de son identité en tant qu'autre.

S'inscrivant dans un autre domaine, **Salfo Lingani** part d'une approche sociologique sur les maladies infectieuses et étudie les représentations du corps malade du sida. Il aborde dans son article les représentations d'un corps mince et d'un corps corpulent dans l'imaginaire individuel et collectif. Il commente les images publiées des corps délabrés qui ont façonné les représentations de tout malade dans son entourage familial, professionnel ou public.

Pierrick Bruyas thématise des réflexions dans le domaine des sciences juridiques sur la représentation parlementaire et tente de montrer comment l'Union européenne peut être considérée comme un « relais du parlementarisme ». Pour ce faire, il décortique un certain nombre de mécanismes de l'emploi et de la répartition des pouvoirs dans le cadre d'une démocratie représentative à l'européenne.

Avec ce volume « Les représentations », le lecteur devrait bénéficier d'un aperçu relativement large de la diversité des terrains sur lesquels peut et doit se décliner la réflexion sur la notion de représentation. De même, il devrait remarquer qu'aucun des articles publiés dans ce volume ne développe d'apport entièrement théorisant sur la notion de *représentation* elle-même. Comme nous avions pu l'entrevoir dans l'extrait introductif de ce volume, il y aurait cependant beaucoup à dire sur les différentes acceptions de la notion. La réflexion reste ainsi ouverte. Pourquoi pas une suite à cette troisième édition de colloque ?

Pour le comité d'organisation du CJC,
Anissa Hamza

- **Bibliographie**

Abric, J.-C. (dir.). (2016). *Pratiques sociales et représentations*. Paris : PUF.

Astolfi, J.-P., Darot, É., Ginsburger-Vogel, Y. & Toussaint, J. (2008). *Mots-clés de la didactique des sciences : Repère, définitions, bibliographies*. Louvain-la-Neuve : De Boeck Supérieur.

Bault, N., Chambon, V., Maïonchi-Pino, N., & Putois, B. (dir.). (2011). *Peut-on se passer de représentations en sciences cognitives ?* Bruxelles : De Boeck.

Bernoussi, M. & Florin, A. (1995). La notion de représentation : de la psychologie générale à la psychologie sociale et la psychologie du développement. *Enfance, 1*, 71-87.

Bonin, S. (2004). Au-delà de la représentation, le paysage. *Strates. Matériaux pour la recherche en sciences sociales, 11*. Consulté à l'adresse http://journals.openedition.org/strates/390

Clément, P. (2014). Recherches en didactique de la biologie sur les conceptions et obstacles. Dialogue avec Jean-Pierre Astolfi. *Recherches en didactique des sciences et des technologies, 9*, 129-154.

Clenet, J. (1998). *Représentations, formation et alternance : Être formé et/ou se former*. Paris : L'Harmattan.

D'Amore, B. & Fandiño Pinilla, M.-I. (2001). Concepts et objets mathématiques. Dans A. Gagatsis (dir.) (2001), *Learning in Mathematics and Science and Educational Technology* (p. 111-130). University of Cyprus : Intercollege Press.

Fernandes, M. & Vinter, A. (2009). Développement des représentations graphiques réalisées par des enfants à partir d'une exploration tactile ou visuelle de formes bidimensionnelles. *L'Année psychologique, 109(3)*, 407-429.

Ginzburg, C. (1991). Représentation : le mot, l'idée, la chose. *Annales 46(6)*, 1219-1234.

Glade, N. & Stéphanou, A. (dir.). (2013). *Le vivant discret et continu. Modes de représentation en biologie théorique*. Paris : Éditions Matériologiques.

Guérin, J.-P. & Gumuchian, H. (1986). *Les représentations en actes*. Grenoble : Université Grenoble I (Institut de géographie).

Jodelet, D. (2003). *Les représentations sociales*. Paris : PUF.

Meunier, J.-G. (2002). Trois types de représentations cognitives. *Visio, 5*, 186-204.

LES REPRÉSENTATIONS VISUELLES DANS L'APPRENTISSAGE DU FRANÇAIS L2 PAR DES ÉLÈVES ITALOPHONES ATTEINTS DE DYSLEXIE

Jessica LADU[1]
Università degli Studi di Sassari, Italie

INTRODUCTION

La dyslexie, déficit de la lecture et de l'acquisition du langage écrit spécifique et durable, est le trouble de l'apprentissage le plus largement répandu, comparativement à la dysgraphie, la dyscalculie et la dyspraxie, autres dysfonctionnements d'origine neuro-développementale qui lui sont toutefois et parfois associés. En Italie, la prise en charge des personnes présentant des troubles spécifiques d'apprentissage est réglée par la loi 170/2010 sur les « Troubles spécifiques d'apprentissage ».

Dans la didactique des langues étrangères, l'enseignement multisensoriel est conçu comme le plus efficace (Daloiso, 2014), mais la supériorité du code visuel est reconnue. Associé au code verbal, il apporterait une véritable amélioration de l'attention dans le processus d'élaboration et de mémorisation de l'information, comme l'a théorisé Allan Paivio dans les années 1990 (Théorie du Double Codage, 1991).

Pour les élèves atteints de dyslexie, la représentation visuelle des informations constitue un support nécessaire, car la mémoire est l'un des aspects les plus critiques, et aussi parce que ces élèves auraient tendance à élaborer l'information dans une forme visuospatiale plutôt que dans une forme verbale (Von Karoli, 2001). Notre contribution s'ouvrira par un bref rappel de la littérature sur le sujet de la dyslexie, des difficultés que la langue française pose aux apprenants qui en sont atteints, et des études scientifiques qui supportent une typologie d'enseignement fondée sur la représentation visuelle de l'information. Nous présenterons ensuite notre recherche de terrain, combinant observation et recherche-action, afin de comprendre et d'analyser les difficultés principales rencontrées en production écrite et orale par les élèves dyslexiques apprenant le français. Nous mettrons aussi en évidence tous les fac-

[1] Jessica Ladu est doctorante en FLE à l'Université de Sassari, en Sardaigne. Ses recherches portent sur les troubles spécifiques de l'apprentissage et sur l'enseignement de la langue française.

teurs extralinguistiques qui affectent les conditions d'apprentissage dans les établissements où nous avons mené notre enquête. Sur la base de toutes ces prémisses et des résultats obtenus, nous proposerons enfin des possibilités d'intervention qui pourraient faciliter l'acquisition du français pour ces élèves. Nous chercherons ainsi à orienter les méthodes et les pratiques des enseignants vers une présentation des informations associant le code verbal et le code visuel, à l'aide d'images, de vidéos, de mimiques et de gestuelles, en vue d'aider les élèves à développer une méthode d'étude fondée sur l'organisation et sur la construction des savoirs à travers des outils graphiques tels que les cartes conceptuelles et les cartes mentales. Ces stratégies d'apprentissage au moyen de représentations visuelles pourraient aider non seulement les élèves dyslexiques dans l'apprentissage d'une langue L2, mais aussi être adaptées en même temps à l'ensemble des élèves de la classe.

Signalons que nous avons choisi ce thème parce qu'en Italie, il n'existe à l'heure actuelle que très peu d'études en matière de dyslexie et d'apprentissage linguistique, et notamment, de recherches concernant la dyslexie et l'apprentissage du FLE. Nous estimons donc nécessaire d'apporter une contribution à ces recherches, et celle-ci ne peut être que fondée sur une étude de terrain.

1. Cadre théorique

Aujourd'hui, apprendre une langue étrangère est un enjeu linguistique et social tout autant qu'un facteur d'enrichissement personnel et culturel. Mais pour l'élève atteint de dyslexie, cet enjeu devient un défi réel, car l'apprentissage du nouveau code linguistique nécessitera plus de temps et plus d'efforts que pour un individu sans trouble (INSERM, 2007). Logiquement, plus le système phonologique de la langue à apprendre est éloigné de sa langue maternelle (L1), plus la difficulté sera grande : c'est le cas dans l'apprentissage des langues dites opaques ou irrégulières, comme le français ou l'anglais – les langues les plus étudiées – où les correspondances graphèmes-phonèmes ne sont pas directes (Consensus Conference, 2011). La langue française, par exemple, compte 190 graphèmes pour réaliser 35 phonèmes. Il suffit de penser aux multiples graphèmes qui peuvent représenter à l'écrit le son [o] : o, ot, ots, au, aux, eau, ô, etc. Comme le montre l'étude de Paola Celentin (Celentin, 2012), bien que le français possède des règles de conversion qui, une fois automatisées, permettent de lire et d'écrire même les mots inconnus, l'élève dyslexique, à travers ces règles de conversion, n'arrive à écrire correctement que 50 % des mots. Les autres mots peuvent être assimilés par la voie lexicale, c'est-à-dire en ayant déjà à l'esprit l'image sonore du mot. Il s'agit de mots irréguliers (comme par exemple *fusil, tabac, femme*) qui ne présentent pas de correspondance directe phonème/graphème, et ne répondent pas aux règles de conversion. Si l'apprenant ne connaît pas ces mots, il les lira en généralisant les règles de conversion connues.

Dans la même étude de Celentin (Ibid.), l'auteure met en évidence les difficultés principales suivantes pour les élèves dyslexiques apprenant le français :

- l'orthographe (par exemple, le doublement consonantique ne répondant à aucune règle : aggraver-agrandir, bannir-banal, mourir-nourrir, etc.),
- l'absence d'accent tonique dans chacun des mots d'une phrase ou d'un groupe nominal,
- la liaison, qui rend impossible l'identification des limites des mots sans une connaissance du contexte (Celentin, 2012).

C'est à partir de ces considérations que nous avons défini notre travail de recherche. Notre contribution ciblera toutefois des aspects encore plus précis de la question des difficultés et des erreurs dans la production orale et écrite en français.

Pour le classement des erreurs en production écrite, nous avons utilisé la grille typologique des erreurs d'orthographe proposée par Nina Catach (Nina Catach, 1981) où l'erreur est centrée sur la fonction du graphème. Cette grille a été simplifiée et modifiée en y ajoutant des catégories spécifiques tirées des études de Maria Teresa Bozzo (Bozzo, 2000), de Paola Celentin (Ibid.) et de Luciana Ferraboschi (Ferraboschi, 2014). Pour classer et illustrer les erreurs en production orale, nous avons élaboré une grille en nous appuyant sur deux études en particulier, celle de Marie-Christine Jamet (2020) portant sur les erreurs de prononciation d'étudiants italiens de FLE, et celle de Paola Celentin (Ibid.), qui concerne plus précisément les difficultés du français pour les élèves dyslexiques. L'étude de Françoise Bidaud (2015) nous a également été utile pour repérer les erreurs les plus fréquentes des apprenants italiens en situation de communication.

Les résultats obtenus lors de notre observation et de l'analyse des erreurs commises en production écrite et orale ont mis en évidence que la mémoire à court terme ou mémoire de travail est bien évidemment impliquée et qu'elle constitue l'un des facteurs les plus critiques liés au trouble de la dyslexie.

En effet, la dyslexie n'affecte pas seulement la capacité de lecture et d'orthographe, elle est aussi caractérisée par des troubles de la mémoire à court terme, qui vont aggraver fortement l'apprentissage en général (Majeurs, 2017). Ces déficits concernent plus particulièrement aussi bien la capacité à retenir les informations phonologiques que les capacités de maintien de l'ordre séquentiel des informations présentées (Majeurs & Poncelet, 2017). Même si ce dernier aspect semble affecter à la fois la modalité auditivo-verbale et la modalité visuelle, il a été prouvé que les images sont toutefois mieux mémorisées que les mots (Paivio & Csapo, 1967). De nombreux travaux (Von Karolyi, 2001 ; von Karolyi et al., 2003 ; Bacon, Handley et McDonald, 2007) ont aussi montré que les adolescents atteints de dyslexie auraient tendance à conceptualiser les informations dans une forme visuospatiale plutôt que dans une forme verbale, et que chez eux, cette capacité est renforcée par rapport à leurs pairs sans dyslexie (Von Karolyi et al., 2003).

Mais ce sont surtout les recherches d'Allan Paivio sur la place de l'image dans la mémoire qui ont donné un véritable élan au développement des théories modernes concernant l'enseignement aux élèves à besoins éducatifs particuliers, et notamment les dyslexiques.

Sur la base de toutes ces prémisses, nous voulons proposer des méthodes d'intervention efficaces qui peuvent être appliquées avec succès en didactique pour les élèves dyslexiques et qui permettraient de réduire la présentation linguistique de l'information en stimulant les capacités mnésiques des apprenants. Cette approche, fondée sur une présentation des informations associant code verbal et code visuel, pourrait améliorer véritablement l'acquisition du français aussi bien pour ces élèves que pour les élèves non affectés de troubles.

2. Démarche méthodologique

L'enquête de terrain s'est située au carrefour de l'observation et de la recherche-action, et a été réalisée dans deux établissements du secondaire, le lycée linguistique et l'Institut hôtelier de la ville de Sassari, dans deux classes de première et deux classes de seconde.

Programmée pour l'année scolaire 2019/2020, la collecte de données s'est déroulée pendant une courte période de temps, de janvier à mars 2020 : d'une part, des contraintes administratives liées aux autorisations nécessaires pour accéder aux écoles ont retardé le début du travail ; d'autre part, la pandémie de Covid-19 a entraîné la fermeture des écoles en Italie, et il ne nous a pas été possible d'achever le travail de terrain. Toutefois, les données récoltées ont été jugées suffisantes pour procéder à l'analyse.

Les établissements mentionnés ont été choisis dans la mesure où ils diffèrent par leur offre de formation, leurs rythmes scolaires, leurs programmes d'enseignement de la langue française, les différences de milieux sociaux de leurs élèves, etc. Pourtant, des défis similaires, qui seront analysés ci-dessous, ont été constatés lors de l'observation. Pour le choix des classes, nous avons tenu compte, d'une part, de la présence significative d'élèves dyslexiques n'ayant pas encore de méthode d'étude efficace et nous les avons privilégiés par rapport aux élèves des classes qui allaient terminer leur parcours scolaire ; d'autre part, nous nous sommes laissée guider par la disponibilité de deux enseignantes qui ont fait preuve d'intérêt et d'enthousiasme à l'égard de ce projet.

Le type de recherche qui nous a semblé le plus approprié aux objectifs et aux résultats à atteindre se fonde sur une méthodologie mixte, combinant recherche qualitative et quantitative. La première nous a permis de collecter des données numériques, des informations qui ont pu être converties en chiffres et présentées en diagrammes, comme les erreurs commises par les élèves, aussi bien dans la production écrite que dans la production orale. La méthode qualitative nous a permis d'analyser plusieurs aspects du cadre scolaire : déroulement des cours, stratégies didactiques utilisées par les enseignantes, stratégies d'apprentissage, motivation et degré d'intérêt des apprenants, etc. (Mantovani, 1998 ; 2000).

Après avoir établi la démarche méthodologique à suivre, conformément au Code et au respect de la loi sur l'accès à l'information et la protection de la vie privée des acteurs impliqués dans la recherche, nous avons déterminé les types de données les plus pertinentes à collecter et les principales méthodes de récolte à employer :

- pour déceler les erreurs concernant la production écrite, nous avons procédé à leur classement dans des grilles d'analyse, et pour en déterminer l'origine, nous avons analysé de façon détaillée et minutieuse les contrôles des apprenants, dyslexiques et autres ;
- des questionnaires ont été utilisés pour recueillir les données personnelles et relatives aux styles d'apprentissage des élèves, et les données personnelles et professionnelles des enseignantes ;
- des supports d'enregistrement audio ont été examinés pour évaluer les fautes et les nuances de prononciation lors des interrogations et des cours ;
- des grilles d'observation ont été produites pour mieux classifier certains aspects observés : par exemple, pour évaluer la compétence de lecture et d'écriture des élèves ;
- un journal de terrain nous a permis de documenter tous les aspects qui ne pouvaient être ni classés ni circonscrits dans des catégories strictes. Cet outil offre la possibilité de rendre compte de processus sociaux et psychologiques du quotidien, tout en reconnaissant l'importance des contextes dans lesquels ils interviennent (Bolger et al., 2003).

Pour comprendre la complexité d'un champ comme l'école, et afin que le chercheur ne soit pas perçu comme un étranger ou un contrôleur (Baldacci, 2013), nous avons adopté une stratégie d'observation participante, méthode qui nous a permis de faire partie du contexte, d'interagir avec la ou les personnes observées, de poser des questions afin d'obtenir des informations plus détaillées.

Nous avons donc préféré déclarer ouvertement le but de notre présence et expliquer les détails du projet, que tous les élèves ont accepté avec curiosité et intérêt. En dépit des réticences initiales de certains, au fil du temps ils n'ont plus fait attention à notre présence et nous ont considérée tout simplement comme un deuxième professeur de français. La plupart des dyslexiques ont fait preuve d'une disponibilité et d'une collaboration totales et n'ont pas été gênés par notre présence. Ils ont notamment compris que notre travail impliquait leur participation.

En ce qui concerne les enseignantes impliquées dans la recherche, toutes les deux ont exprimé leur intérêt à participer au projet, pour les mêmes raisons, à savoir pour bénéficier d'une aide et comprendre comment pouvoir mieux soutenir ces élèves en situation de difficultés d'apprentissage.

Les contraintes administratives d'abord et la pandémie ensuite, comme déjà signalé, ont modifié les étapes de la recherche. La partie consacrée à la recherche-action n'a pu, en effet, être complétée. Pendant les cours, nous avons eu toutefois l'occasion de travailler directement avec les élèves, aussi bien individuellement qu'en petits groupes, aussi bien pour tester leurs compétences que pour évaluer leurs difficultés et expérimenter des propositions didactiques efficaces.

Avant de présenter les résultats de notre observation, il est cependant crucial de revenir d'abord sur la définition de la dyslexie et sur les aménagements proposés par l'institution en Italie afin d'adapter l'enseignement des langues aux élèves dyslexiques.

3. Une définition de dyslexie

La dyslexie, déficit durable et persistant qui entrave l'apprentissage de la lecture, est le trouble d'apprentissage le plus répandu et le mieux exploré. Ce dysfonctionnement se manifeste dans des conditions d'intelligence développée et survient chez des enfants ne souffrant d'aucun handicap auditif, oral ou visuel, en parfaite condition physique, morale et intellectuelle et ayant suivi une scolarité normale (Hultquist, 2006).

Dans le cadre scolaire, l'élève atteint de dyslexie est susceptible de présenter un éventail de difficultés se manifestant dans des domaines variés : le décodage (conversion lettre/son) et l'encodage (conversion son/lettre), la lecture, la compréhension, l'écriture, la perception de sons, les aspects cognitifs, la psychologie et la mémoire (Cornoldi, 2019).

Au niveau du décodage et de l'encodage, les problèmes les plus courants se traduisent par des confusions auditives ou phonétiques, et bien que les difficultés ne puissent être généralisées, l'élève a tendance à inverser, ajouter ou omettre des lettres, des syllabes, ou certains mots. La lenteur résultant de ces processus engendre chez lui une lecture imprécise, hésitante, saccadée et émaillée d'erreurs, et peut affecter en même temps la compréhension et le temps de réalisation d'une tâche spécifique.

Il n'est pas rare qu'un trouble spécifique de la lecture s'accompagne de difficultés en écriture ; en effet, les élèves dyslexiques manifestent presque toujours une dysorthographie (difficultés en orthographe) ou une dysgraphie associée (écriture irrégulière ou illisible). Pour ces apprenants, un simple exercice de copie d'un texte écrit au tableau ou la prise de notes deviennent des activités éprouvantes.

De plus, d'autres obstacles au niveau de l'organisation, de la concentration, de la surcharge cognitive, et de la mémoire à court terme ou de travail, se manifestent aussi selon la sévérité de la dyslexie.

Il est important de souligner que la dyslexie peut entraîner, au-delà des difficultés d'apprentissage citées, des bouleversements graves au niveau psychologique, surtout d'ordre émotionnel et motivationnel cognitif. Les échecs répétés et habituels peuvent amener les sujets au découragement, au repli sur soi, à une perte de motivation, voire entraîner des perturbations plus sévères telles que l'anxiété.

De façon générale, la dyslexie est un trouble qui perturbe le mécanisme d'acquisition d'une langue, qu'il s'agisse de la langue maternelle ou d'une langue étrangère. L'élève dyslexique éprouvera des difficultés sérieuses et durables, car son cerveau n'est pas enclin à l'apprentissage linguistique.

En Italie, la loi n°170 du 8 Octobre 2010, « *Nuove norme in materia di disturbi specifici di apprendimento in ambito scolastico* », reconnaît la dyslexie, la dysgraphie, la dysorthographie et la dyscalculie en tant que troubles spécifiques d'apprentissage, appelés « DSA » (Disturbi Specifici dell'Apprendimento), et vise à promouvoir une école capable de créer des environnements éducatifs propices à l'apprentissage pour tous. L'entrée en vigueur de cet acte législatif a marqué une étape décisive dans l'histoire du système éducatif national : outre la reconnaissance de la dyslexie et des autres troubles, elle prévoit pour les écoles l'adoption d'un enseignement individualisé et personnalisé avec des outils compensatoires et des mesures dérogatoires, des éléments et des méthodes qui doivent être expliqués dans un Parcours d'étude personnalisé (PDP). Sur le plan opérationnel, des lignes directrices, « *Linee guida per il diritto allo studio degli alunni e degli studenti con disturbi specifici di apprendimento* », fixent les modalités d'application des mesures pour garantir à ces élèves un contexte favorable à la réussite scolaire, et introduisent une liste d'éléments à prendre en considération, notamment dans le domaine des langues étrangères. Nous en citons ici quelques-unes :

- choisir une langue transparente ou possible,
- favoriser des supports d'apprentissage vocaux et visuels,
- préférer de manière générale l'oralité pendant les contrôles,
- utiliser des cartes conceptuelles et mentales pour organiser le matériel d'étude et développer les contenus des matières,
- éviter de faire lire l'élève à haute voix devant la classe,
- réduire les exercices dans les épreuves,
- accorder aux élèves du temps supplémentaire,
- les encourager et valoriser leurs potentiels.

La loi 170/2010 ainsi que ses lignes directrices donnent une définition exhaustive des troubles spécifiques d'apprentissage et indiquent les actions de soutien prévues au profit des élèves en difficulté. Toutefois, il s'agit d'indications qui n'entrent pas dans les détails des adaptations spécifiques, surtout dans le domaine des langues étrangères.

4. Présentation et analyse des résultats

L'observation effectuée pendant les cours de langue française dans les écoles mentionnées a permis de déceler, d'une part, les difficultés des élèves dyslexiques en production écrite et orale, et d'autre part, les défis majeurs qu'ils doivent relever pendant l'apprentissage.

Pour classer les erreurs en production écrite, nous avons eu recours à la grille de Nina Catach (fig. 1, Nina Catach, 1981), qui a été simplifiée et modifiée en y ajoutant des catégories spécifiques pour l'adapter aux cas traités (Bozzo 2000 ; Celentin 2012 ; Ferraboschi 2014) : la première partie du tableau - Catégories d'erreurs - permet de classer les erreurs dans des catégories bien distinctes ; la seconde partie - Exemples - décrit les segments erronés et fournit leurs corrigés entre parenthèses [➲ Annexes, doc. 1 et 2].

Le relevé que nous venons d'introduire, résultant de l'analyse des contrôles de grammaire des apprenants, est de type quantitatif : nous avons cerné la fréquence des erreurs les plus courantes à l'écrit, comme représenté dans le graphique (fig.2), en mettant aussi en évidence les causes potentielles de ces erreurs. Nous présentons ici les catégories par ordre de fréquence :

Catégorie 1 – erreurs à dominante extragraphique :

- Ajout/omission/confusion de consonnes et de voyelles ; inversion/omission de syllabes.

Les erreurs les plus fréquentes des élèves dyslexiques relèvent de cette catégorie et de toutes les sous-catégories rajoutées. Eu égard aux exemples mentionnés (fig.1), nous avons pu observer que la plupart de ces fautes peuvent être tributaires :

- de difficultés engendrées par la dyslexie (par exemple, l'inversion ou l'omission de lettres ou de syllabes : *Julie se coffie* pour *Julie se coiffe*),
- de l'influence de la production orale (par exemple, l'omission de consonnes/voyelles finales muettes (non-prononcées) : *tu va venir* pour *tu vas venir ; nous avon froid* pour *nous avons froid*),
- de l'interférence de la langue maternelle (par exemple, la confusion de voyelles : *mar* pour *mer,* en italien *mare ; principauto* pour *principauté,* en italien *principato*).

Nous avons pu remarquer, lors de l'observation, que la plupart de ces élèves présentaient de graves difficultés à suivre et à lire à partir du livre de cours ou à copier du texte écrit au tableau, et que leur stratégie privilégiée pour représenter les sons en graphèmes (codage) passait avant tout par le canal auditif.

Il faudrait aussi signaler que dans les deux établissements, peu d'importance et peu de place sont accordés à l'étude du système phonétique et phonologique du français, ce qui serait pourtant très utile pour développer la conscience phonologique des apprenants, ainsi que pour améliorer leurs compétences aussi bien en production écrite qu'en production orale.

Catégorie 3 – erreurs à dominante morphogrammique :

- Confusion de nature, de catégorie, de genre, de nombre, de forme verbale ; erreurs d'accord entre les noms et les adjectifs.

En ce qui concerne les erreurs relevant de cette catégorie, à partir des exemples mentionnés, nous avons pu observer qu'elles peuvent être expliquées :

- par des difficultés engendrées par la dyslexie (confusion d'origine visuelle, reconnaissance des graphèmes),
- par l'influence de la production orale (par exemple, dans *elle viennent* pour *elles viennent, elle/elles* ; *ils va voyager* pour *il va voyager*, les deux pronoms personnels, singulier et pluriel, étant toujours prononcés de la même façon),
- par un manque de compétences dans le domaine des règles de formation des verbes, ou des accords entre les noms et les adjectifs, ou les adjectifs et les noms (par exemple, *ma mère soi maquille* pour *ma mère se maquille*).

Catégorie 8 – erreurs d'application de règles de syntaxe et de grammaire :

- absence d'élision, omission/confusion des articles, erreurs de construction syntaxique.

Les erreurs relevant de cette catégorie peuvent tenir :

- à un manque de compétences dans le domaine des règles de grammaire et de syntaxe, dans l'emploi des articles, etc. (par exemple *elle aime beaucoup danse moderne* pour *elle aime beaucoup la danse moderne*),
- à des difficultés engendrées par la dyslexie, portant sur la construction de la phrase, c'est-à-dire à un manque d'organisation dans la succession des éléments à l'intérieur de la phrase (par exemple, *a fermé il comment cette porte ?* pour *comment a-t-il fermé cette porte ?*),
- à l'interférence de la langue maternelle (par exemple *dix-huit et une quarte* pour *il est dix-huit heures et quart,* où l'on peut voir un calque de l'expression italienne *sono le diciotto e un quarto*).

D'autres catégories, moins représentées que celles que nous venons de mentionner, sont aussi très récurrentes :

- la catégorie 2 : erreurs d'omission et de confusion des accents,
- la catégorie 5 : erreurs à dominante idéogrammique (majuscules, ponctuation, trait d'union, etc.),
- la catégorie 6 : erreurs à dominante non fonctionnelle (lettres étymologiques, consonnes doubles non fonctionnelles, accent circonflexe non distinctif).

Ces fautes seront à expliquer :

- par des difficultés engendrées par la dyslexie (confusion d'origine visuelle, reconnaissance de graphèmes),

- par l'influence de la langue maternelle : en général, l'absence d'accents graphiques dans le système orthographique de l'italien ; le trait d'union non-récurrent ; l'influence de la langue italienne dans le cas des consonnes simples ou doubles non fonctionnelles, comme dans les mots suivants : *quattre,* d'après l'italien *quattro, italiene,* d'après l'italien *italiana.*

À la suite de ces résultats concernant les erreurs les plus courantes des élèves dyslexiques à l'écrit, on peut affirmer que seules les erreurs relevant de la catégorie 1 sont dues aux difficultés engendrées par la dyslexie, tandis que les erreurs relevant des catégories 3 et 8 concernent tous les élèves, dyslexiques ou non.

En résumé, ces erreurs peuvent être attribuées à :

- des difficultés engendrées par la dyslexie;
- l'influence de la production orale ;
- l'interférence de la langue maternelle ;
- un manque de compétences concernant les règles de grammaire et de syntaxe.

Abordons à présent la question de l'erreur en production orale. À partir d'un corpus recueilli en situation de cours et analysé a posteriori sur enregistrement, nous avons décelé les erreurs les plus courantes dans la réalisation de deux tâches différentes : lors d'une tâche de lecture à haute voix et lors des interrogations des élèves. Ces erreurs ont été classifiées dans une grille élaborée à partir de différents travaux traitant tout particulièrement de l'enseignement du français à des apprenants italophones (Jamet, 2020 ; Bidaud, 2015 ; Celentin, 2012). Le tableau ci-après (fig. 3 et fig. 4) montre : la description des catégories d'erreur, la transcription graphique des mots prononcés, la transcription en alphabet phonétique international (API) de la prononciation des élèves et la transcription correcte en API [➲ Annexes, doc. 3, 4, 5].

Comme indiqué dans le graphique (fig. 5), la plupart des erreurs commises en production orale par les élèves dyslexiques concernent les catégories suivantes, présentées par ordre de fréquence :

catégorie 7 - la non-réalisation de nasales,
catégorie 10 - la confusion dans la réalisation des voyelles orales,
catégorie 14 - l'invention de mots inexistants en français,
catégorie 4 - la confusion de phonème.

Tout d'abord, il nous faut bien préciser que, pour ce qui est des catégories 7 et 10, l'origine des erreurs tient sans doute dans la difficulté pour les italophones à maîtriser certains sons du français. On peut confirmer sur ce point la thèse de Françoise Bidaud (2015), selon laquelle ce sont les voyelles qui posent le plus de problèmes de prononciation aux locuteurs italiens. Il s'agit en effet de sons qui n'existent pas dans leur langue : les voyelles nasales et les voyelles orales dites « labialisées », qui se prononcent donc avec les lèvres arrondies : /y/, /ə/, /ø/, et /œ/. Cette tendance, généralisée pour tous les italophones, vaut également pour les élèves dyslexiques.

Pour ce qui est de la catégorie 14, les résultats montrent que la plupart des fautes seraient dues au phénomène de l'interférence : la langue italienne exerce en effet une pression significative sur la langue en apprentissage, comme on peut l'observer dans l'invention de mots proches de la forme italienne (des œufs qui deviennent /ové/, forme calquée sur « uova » en italien ; ou un paquet qui devient /pak/, calqué sur « pacco »).

Pour ce qui est des erreurs figurant dans la catégorie 4, les causes peuvent être tributaires :

- de difficultés propres à la dyslexie (*pour commencer* prononcé /poRkomanse/, confusion entre /o/ et /u/) ;
- de l'influence de la langue italienne (*fourchette* prononcé avec phonème /k/ comme en italien *forchetta* /k/).

Sur la base des résultats de l'analyse de la production orale, on peut mettre en évidence des aspects intéressants : seules les erreurs relevant de la catégorie 4 sont dues aux difficultés engendrées par la dyslexie, tandis que celles des autres catégories sont communes à tous les élèves, dyslexiques ou non.

Si notre travail s'est jusqu'ici attaché à l'analyse de tous les aspects strictement linguistiques liés à la nature de l'erreur, notre réflexion va à présent s'orienter vers l'évaluation de tous les facteurs extralinguistiques qui affectent fortement les conditions d'apprentissage :

- le manque d'outils : dans la plupart des cas, les enseignantes ne disposaient pas d'outils pour travailler (livres, TBI, ressources TIC) ;
- le manque de formation des enseignants : la plupart d'entre eux n'ont pas de connaissance assez précise des difficultés des élèves dyslexiques et des stratégies efficaces à appliquer ;
- le non-respect de la loi : la plupart du temps, les mesures exposées dans la loi 170/2010 n'étaient pas vraiment respectées ;
- le contexte scolaire difficile, défavorable à l'apprentissage (la situation est critique en particulier dans l'un des établissements mentionnés, en raison des difficultés socio-économiques et culturelles des apprenants) ;

- le manque d'intérêt et la démotivation : nous avons pu constater que beaucoup d'élèves avaient du mal à rester motivés et n'avaient pas envie de travailler pour réussir. Nous avons remarqué aussi la faible estime de soi de plusieurs élèves, facteur qui compromet fortement leur réussite scolaire.

Cette recherche exploratoire nous a permis, à partir d'une étude de cas, non seulement de mieux comprendre et d'étudier la nature des difficultés des élèves italophones dyslexiques en production orale et écrite dans l'apprentissage du FLE, mais surtout de formuler et de suggérer des méthodes d'intervention efficaces, comme la stratégie que nous allons présenter dans la partie qui suit.

5. Les représentations visuelles dans l'enseignement du français aux élèves dyslexiques

Comme déjà mentionné, de nombreuses études supportent une approche multisensorielle en didactique des langues étrangères, celle-ci étant simultanément visuelle, auditive et kinesthésique-tactile, afin d'améliorer la mémoire et l'apprentissage. Même si cette approche présente une bonne efficacité, nous voulons toutefois souligner qu'en situation d'apprentissage, c'est la présentation d'un stimulus visuel qui, associé à un stimulus verbal, apporterait une véritable amélioration dans la mémorisation des informations (Théorie du Double Codage, 1991), en particulier pour les élèves dyslexiques.

Sur la base de ces prémisses, et compte tenu des données collectées, nous proposerons pour ces élèves à besoin spécifiques une stratégie didactique susceptible d'améliorer l'acquisition du français, fondée sur une présentation des informations associant code verbal et code visuel, c'est-à-dire à l'aide d'images, de mimiques et de la gestuelle, et de cartes conceptuelles et mentales. Rappelons que cette approche permettrait de réduire la présentation linguistique de l'information en stimulant les capacités mnésiques des apprenants.

Nous allons présenter ici plusieurs pistes de remédiation possibles qui peuvent être considérées comme des propositions hypothétiques. Notre démarche consiste à transformer l'une des activités proposées en cours par une des enseignantes impliquées dans la recherche, pour l'adapter aux besoins spécifiques des élèves dyslexiques. Cette activité a été proposée aux élèves de deux classes de seconde de l'institut hôtelier. Il leur a été demandé d'étudier, de dresser la liste et de décrire les étapes de préparation de la recette de l'omelette mexicaine présentée ci-après [➲ Annexes, doc. 6].

Les informations leur ont été transmises à l'aide des instruments dont disposait l'enseignante : le manuel de cours et un enregistrement audio. La transmission orale des informations a été privilégiée, à travers la lecture du texte du manuel de français (par les élèves), l'explication orale des contenus (par l'enseignante) et l'écoute d'un enregistrement audio qui illustrait les étapes de la recette. L'unité a été présentée par l'enseignante de la même manière aux élèves des deux classes concernées, et a couvert 4 semaines d'enseignement en présentiel. Précisons encore que :

- dans ces classes, l'enseignante manquait d'outils de travail : la plupart des élèves ne possédaient pas le manuel utilisé (problème lié au contexte socio-économique et culturel de l'établissement), et nous avons également noté l'absence de TBI (due au manque de ressources financières de l'école), important outil pédagogique permettant l'utilisation de différents médias (images, vidéos, chansons) susceptibles de stimuler positivement la participation et la motivation des élèves (Boulc'h & Baron, 2012, p. 4) ;
- plusieurs facteurs inhérents au contexte scolaire difficile constituent un frein à l'enseignement : difficultés familiales des apprenants, difficultés de contexte en général, problèmes de gestion de la classe, manque de discipline des élèves, démotivation, manque d'intérêt général ;
- aucune stratégie ou mesure d'adaptation particulière répondant aux besoins des élèves dyslexiques n'était appliquée pour améliorer les chances de réussite de ces élèves (manque de formation et de compétences de l'enseignante en matière de dyslexie) ;
- l'enseignante éprouvait un sentiment d'impuissance et de frustration face à toutes ces problématiques.

Au bout de quelques semaines de travail, les résultats nous ont confirmé que la plupart des élèves, aussi bien les apprenants dyslexiques que les non-dyslexiques, rencontraient des difficultés considérables surtout dans la mémorisation des informations, l'exposition des contenus en ordre séquentiel, et en prononciation.

Quelles stratégies peut-on avancer pour réduire l'information linguistique, compte tenu du manque d'outils d'enseignement ? Quelles adaptations peut-on faire en classe pour aider les élèves dyslexiques ?

Pour aider les élèves dyslexiques, on peut mettre en place quelques mesures simples qui, de plus, seront également bénéfiques pour les autres. Pour réduire l'information linguistique, il est possible de recourir aux seuls moyens possibles dans ce cas spécifique, en appliquant des stratégies visuo-spatiales :

1) l'emploi de cartes conceptuelles ou heuristiques : en dessinant au tableau ou en faisant construire par l'élève lui-même une représentation graphique des différentes étapes de la recette. Les cartes conceptuelles et les cartes mentales sont des représentations écrites, une aide à l'organisation des idées, permettant la hiérarchisation d'un ensemble de concepts et des relations de sens qui les relient (Novak, 2010). Ce sont des outils dynamiques et stimulants, d'une grande efficacité, permettant la construction de supports de mémorisation et faisant travailler la mémoire à long terme (Meyer, 2010) ;

2) le recours aux stratégies mimo-gestuelles grâce à une approche kinesthésique (mime, mise en situation, jeux de rôles) : en profitant des laboratoires de cuisine disponibles dans l'établissement, on pourrait recréer des situations d'apprentissage réelles. Ces procédés vont soutenir et renforcer le processus d'énonciation orale et ont certainement un impact positif sur la mémorisation (Saydi, 2010) ;

3) l'enregistrement audio, qui complète le cadre général des stratégies en favorisant la bonne prononciation.

CONCLUSION

Les résultats d'apprentissage qu'on peut obtenir en appliquant cette stratégie pourraient être intéressants et encourageants, mais surtout, ce que nous souhaitions démontrer dans ce travail, c'est que même à défaut de certains outils traditionnels (manuel, TBI), des stratégies efficaces et inclusives peuvent et doivent être mises en place.

Rappelons qu'il s'agit d'une stratégie hypothétique, car il faut considérer que les élèves dyslexiques ne présentent pas tous les mêmes difficultés (dyslexie phonologique, de surface, mixte) (Hultquist, 2006), et que celles-ci n'ont pas la même gravité d'un élève à l'autre. Mais cette stratégie repose malgré tout sur des caractéristiques communes aux différentes typologies de dyslexie existantes, notamment les difficultés liées à la mémoire.

Il faut remarquer également qu'un enseignant ou une enseignante devrait toujours tenir compte des styles d'apprentissage des élèves, car tous les apprenants ont des manières différentes d'apprendre. Leur succès ou leur échec scolaire n'est pas seulement une question d'efficacité des performances, mais dépend des façons différentes dont ils perçoivent, mémorisent, traitent l'information, c'est à dire de leur façon d'acquérir les connaissances (Chartier 2003).

La stratégie appliquée aux élèves dyslexiques, exploitant les représentations visuelles des informations, peut être appliquée à tous, car nous avons vu dans cette étude que les erreurs commises aussi bien à l'oral qu'à l'écrit par les dyslexiques comme par les autres se recouvrent dans la plupart des cas. Il faudrait donc se concentrer sur des stratégies efficaces pour l'ensemble des élèves, sur des stratégies qui visent à apporter à tous une représentation des contenus et des informations accessibles, même si elles s'adressent surtout au départ à ceux qui présentent un trouble de l'apprentissage.

La stratégie proposée dans cette étude est seulement l'une des principales approches à appliquer en didactique des langues étrangères pour les élèves dyslexiques. Elle repose sur l'idée d'apprentissage multimodal, c'est-à-dire sur une façon d'apprendre à partir de plusieurs modalités sensorielles et/ou motrices capables d'activer les différents types de mémoires (visuelle, auditive, kinesthésique). C'est l'approche la plus courante dans l'enseignement des langues étrangères. Elle implique que les apprenants soient exposés à la langue selon plusieurs modes, dans un environnement plus stimulant et dynamique, dans des conditions d'apprentissage actif, accessible, et surtout, adapté à tous (Daloiso, 2014).

• Bibliographie

Arcuri, F. P. & Arcuri, F. (2011). *Manuale di sociologia, Teorie e strumenti per la ricerca sociale*. Milano : Springer

Bacon, A.M. & Handley, S.J. (2007). « Reasoning and dyslexia: A spatial strategy may impede reasoning with visually rich information ». *British Journal of Psychology, n° 98(Pt 1)*, p. 79-92

Baldacci, M. & Frabboni, F. (2013). *Manuale di metodologia della ricerca educativa*. Torino : UTET Università

Baldacci, M. (2012). « Questioni di rigore nella ricerca-azione educativa ». *Journal of Educational Cultural and Psychological Studies (ECPS Journal), n° 3(06)*, p. 97-106

Barbier, R. (2007). *La ricerca-azione*. Roma : Armando Editore

Bidaud, F. (2015). *Grammaire du français pour les italophones*. Torino : UTET Università

Bolger, N. et al. (2003). « Diary Methods : Capturing Life as it is Lived ». *Annual Review of Psychology, vol. 54, n° 1*, p. 579-616

Bozzo, M. T. et al. (2000). *Test CEO. Classificazione degli errori ortografici*. Trento : Erickson

Boulc'h, L., & Baron, G.-L. (2012). « Connaissances et représentations du Tableau Numérique Interactif chez les futurs professeurs des écoles : Réflexions sur la formation aux technologies éducatives ». HAL archive-ouverte. HAL Id : edutice-00676175

Burns, R. (2000). *Introduction to Research Methods*. London : Sage

Catach, N. (1991). *L'orthographe française, Traité théorique et pratique avec des travaux d'application et leurs corrigés*. 3ème édition. Paris : Nathan Université

Celentin, P. (2012). « Didattica del francese lingua straniera ad allievi con disturbi specifici dell'apprendimento : Difficoltà linguistiche e strategie metodologiche ». *EL.LE, vol. 1, num. 3*, p. 605-617

Chandler, P. & Sweller, J. (1991). « Cognitive Load Theory and the Format of Istruction. Cognition and Istruction ». *Researchgate, Cognition and Instruction 8(4)*, p. 293-332

Chartier, D. (2003). « Les styles d'apprentissage : entre flou conceptuel et intérêt pratique ». *L'Harmattan "Savoirs", n° 2*, p. 7-28

Clark, J. M. & Paivio A. (1991). « Dual Coding Theory and Education ». *Educational Psychology, n°3*, p. 149-210

Ministero della Salute, SNLG (2011). Consensus Conference, Disturbi specifici dell'apprendimento.

Cornoldi, C. (2019). *I disturbi dell'apprendimento*. Bologna : Il Mulino

Daloiso, M. (2014). *Lingue straniere e disturbi specifici dell'apprendimento. I Quaderni della Ricerca.* Torino : Loescher

Daloiso, M. (2016). *I Bisogni Linguistici Specifici : Inquadramento teorico, intervento clinico edidattica delle lingue*. Trento : Erickson

Domenici, G. et al. (2018). *La ricerca empirica in educazione*. Roma : Armando Editore

Ferraboschi, L. & Meini, N. (2014). *Recupero in ortografia. Percorso per il controllo consapevole dell'errore*. Trento : Erickson

Gattico, E. & Mantovani, S. (1998). *La ricerca in educazione, I metodi quantitativi*. Milano : Bruno Mondadori

Guastavigna, M. (2015). *Non solo concettuali. Mappe, schemi, apprendimento. I Quaderni della Ricerca 23*. Torino : Loescher

Hultquist, A.M. (2006). Dyslexia for Parents and Professionals. London : United Kingdom

Pierre, B. et al. (2007). « Dyslexie, dysorthographie, dyscalculie : bilan des données scientifiques ». *Institut national de la santé et de la recherche médicale (INSERM)*, p. 844, HAL Id : hal-01570674

Jamet, M-C (2020). « Les erreurs en production orale relevant du système phonologique. De la nature de l'erreur à sa remédiation ». *Repères DoRiF Ateliers Didactique et Recherches* - Fédération Alliances Françaises d'Italie et DoRiF Università, Roma

Legge 8 ottobre, n. 170, "Nuove norme in materia di disturbi specifici di apprendimento in ambito scolastico". Gazzetta Ufficiale N. 244 del 18 Ottobre

Léon, M. & Léon, P. (2009). *La prononciation du français*. Paris : Armand Colin, 2e éd

Linee guida per il diritto allo studio degli alunni e degli studenti con Disturbi Specifici di Apprendimento, allegate al Decreto Ministeriale 12 luglio 2011

Majerus, S. & Poncelet, M. (2017). « Dyslexie et déficits de la mémoire à court terme/de travail : implications pour la remédiation ». *A.N.A.E., n° 148*, p.1-8

Mantovani, S. (2000). *La ricerca sul campo in educazione, I metodi qualitativi*. Milano : Bruno Mondadori

Marendaz, C. et al. (1996). « Dyslexie développementale et attention visuo-spatiale ». *L'année psychologique, n° 96(2)*, p. 193-224

Meyer, P. (2010). « Les cartes conceptuelles : un outil créatif en pédagogie ». *CAIRN .INFO, n° 102*, p. 35-41

Novak, J.D. (2010). *Learning, creating, and using knowledge: Concept maps as facilitative tools in schools and corporations*. NY and London : Routledge

Paivio, A. & Csapo, K. (1969). « Concrete image and verbal memory codes ». *Journal of Experimental Psychology, 80(2, Pt. 1)*, p. 279-285

Paivio, A. & Clark, J. (1991). « Dual Coding Theory And Education ». *Educational Psychology Review, 3(3)*, p. 149-210

Paivio, A., (2014). *Mind and Its Evolution: A Dual Coding Theoretical Approach*. New York: Psychology Press

Sadoski, M. & Paivio, A. (2013). *Imagery and text: A Dual Coding Theory of Reading and Writing*. New York : Routeledge

Stein, J. & Kapoula, Z. (2012). *Visual Aspects of dyslexia*. Oxford : University Press

Saydi, T. (2010). « Mimogestualité : une composante pragmatique pour les apprenants du FLE ». *Synergies Turquie, n° 3*, p. 205-213

Von Karolyi, C. (2001). « Visual-Spatial Strength in Dyslexia : Rapid Discrimination of Impossible Figures ». *Journal of Learning Disabilities, 34(4)*, p. 380-391

Von Karolyi, C. et al. (2003). « Dyslexia linked to talent: Global visual-spatial ability ». *Brain and Language, 85(3)*, p. 427-431

- **Résumé et mots-clés**

Cette étude[2] *porte sur les méthodes d'enseignement du français L2 dans deux écoles secondaires de la ville de Sassari, en Sardaigne, dans des classes de seconde et de première, où de nombreux élèves présentent une dyslexie. Notre recherche de terrain s'est articulée en deux temps : l'observation a tout d'abord permis de comprendre quelles sont les difficultés principales des élèves dyslexiques, puis, par la recherche-action, il nous a été possible de proposer une réorientation des pratiques des enseignants vers la présentation des informations au moyen de représentations visuelles, une stratégie qui pourrait favoriser l'acquisition du français pour ces élèves à besoins éducatifs particuliers, et en même temps, pour les autres apprenants de la classe, au nom d'une didactique vraiment inclusive.* ***Mots-clés*** *: didactique inclusive, dyslexie, code visuel, apprentissage L2, mémoire.*

[2] Cette recherche s'inscrit dans le cadre de notre doctorat de recherche en langue française à l'Université de Sassari, sous la direction du Professeur Lorenzo Devilla.

- **Annexes**

Catégories d'erreurs	Exemples
0. Ajout ou absence de jambage, lettres mal formées, etc.	*Lettres mal formées, absence de précision à l'écrit, écriture illisible, peu précise.*
1. Ajout de consonnes **Omission de consonnes** **Confusion de consonnes** **Confusion de voyelle** **Inversion/omission de syllabes**	*Vous etes ent* train de courir (vous êtes en train de courir);* *Nous avon* froid (nous avons froid);* *Vous avet* chaud (vous avez chaud);* *Je prands, tu prands, il prand* (je prends, tu prends, il prend);* *Mar* (mer);* *Nous entrenons* un nouveau projet (nous entreprenons un nouveau projet);* *Julie se coffie* (Julie se coiffe);*
2. Ajout/omission/confusion d'accent	*Apres* (après); Je me léve* (je me lève);*
3. Confusion de nature, de catégorie, de genre, de nombre, de forme verbale; erreurs d'accord nom/adjectifs	*Elle viennent* de boire (elle vient de boire);* *Ma mère soi* maquille (ma mère se maquille);* *Elles faitent*(elles font);*
4. Confusion entre les homophones • **Grammaticaux** • **Lexicaux**	*A* quell heures (à quelle heure);*
5. Erreurs à dominante idéogrammique (majuscules, ponctuation, apostrophe, trait d'union)	*quebec* (Québec); Mon petit *déjeuner (mon petit-déjeuner)*
6. Erreurs à dominante fonctionnelle (lettres etymologiques, consonnes simples ou doubles non fonctionnelles	*Magreb* (Maghreb);* *Quattre* (quatre); Elle est italiene* (elle est italienne);*
7. Graphies inexistantes en français	*Marsiglie* (Marseille);*
8. Erreurs dans l'application de règles de syntaxe et de grammaire (absence d'élision, omission/confusion des articles, erreurs de construction syntaxique...)	*Sa* amie (son amie);* *Elle aime beaucoup* danse moderne (elle aime beaucoup la danse moderne);*
9. Confusion/omission/ajout de mots	*Treize* (trois);*
10. Mots empruntés à d'autres langues (italien, espagnol..)	*Le* huit le* trente (il est huit heures trente); El* dictionnaire (le dictionnaire), El* sac à dos (le sac à dos);*

Document n° 1

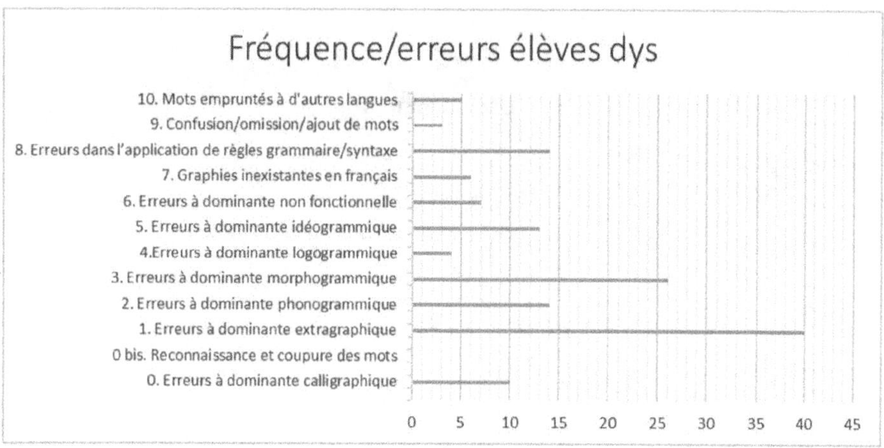

Document n° 2

Catégories d'erreur	Description		
Erreur à dominante phonétique	Transcription graphique des mots	Transcription de la prononciation de l'élève en API	Transcription correcte en API
1. Répétition/omission de syllabes	Des legumes	Delelegym	delegym
2. Inversion de syllabes	Du fromage	defoRma3	dyfRƆma3
	Février	fRevie	fevRije
3. Omission de phonème	Fromage	foma3	fRƆma3
	Fouettez avec une fourchette	Fwete ave una fRuʃet	Fwete avek yn fuRʃɛt
4. Confusion de phonème	Pour commencer	poRkomansé	puRkɔmɑ̃se
	Du sel	duʃel	dysɛl
	Fourchette	fuRket	Fuʁʃɛt
	mélangez	malan3e	Melɑ̃ʒe
5. Ajout de phonème	Cassez	klassé	kase
	Salez et poivrez		
6. Fusion de mots	Faites-les sauter	Faitélesaladjé	fɛtlesote
7. Non-réalisation de nasale	Champignons	ʃampiɲon	ʃɑ̃piɲɔ̃
	Pour commencer	puRkomansé	Puʁkɔmɑ̃se
	Cinq minutes	senkminut	Sɛ̃kminyt
	Enfin	Enfin	ɑ̃fɛ̃
8. Erreur d'accentuation	Nikolas	Nikola (avec accent sur le -o, comme en italien) -Nikolas (avec accent sur le -i et le -s prononcé) -Nikola(avec accent -sur le -a)	Nikola

Document n° 3

Catégories d'erreur	Description		
Erreur à dominante phonétique	Transcription graphique des mots	Transcription de la prononciation de l'élève en API	Transcription correcte en API
9. Non-réalisation de la liaison	Les amis	Le ami	lezami
10. Confusion dans la réalisation de voyelles orales	Du	Du	Dy
	Cubes	Kyub	Kyb
	Cassez les oeufs	kazélezé	kaselezØ
11. Prononciation de lettres fianales muettes	Servir chaud et	serviR ʃod et	sɛʀviʀ ʃo e
12. Confusion dans la réalisation de semi-voyelles	Salez et poivrez cuire Puis	Salez et poivrez cuire Puis	Sale e pwavʀe kɥiR Pɥi
13. Erreurs dans l'application des règles de grammaire/syntaxe	Des oeufs des champignons	Ové Duʃampiɲon	dezØ Deʃɑ̃piɲɔ̃
14. Invention de mots inexistants en français	Des oeufs Un paquet	Ové unpak	dezØ œ̃pakɛ

Document n° 4

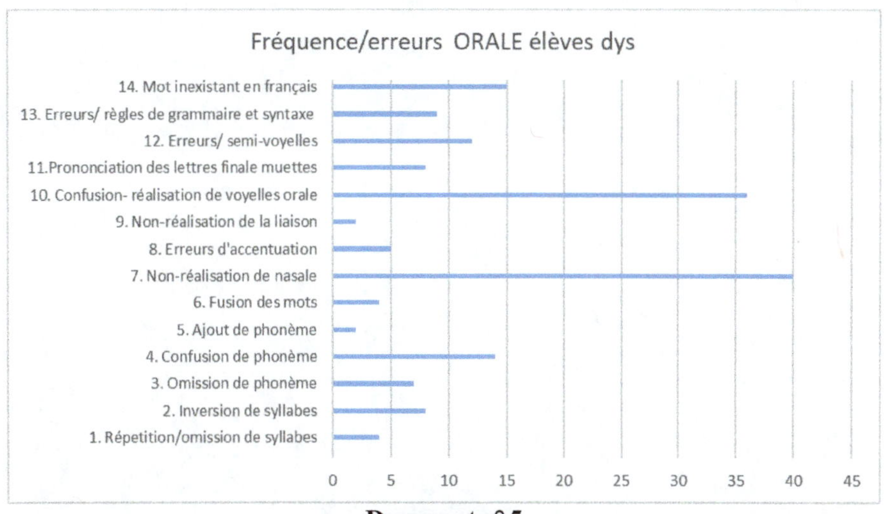

Document n° 5

Chez Lupita

La cuisine d'une parisienne d'adoption

Ma spécialité : l'omelette mexicaine (elle est vraiment délicieuse !)

Ingrédients (pour 6 personnes) :

- une douzaine d'œufs
- 2 oignons
- 3 tomates coupées en cubes
- 1 poivron rouge ou vert
- 200 g de champignons
- un paquet (250 g) de fromage râpé
- de l'huile
- une pincée de sel
- du poivre
- du piment

Préparation (15 minutes) :

a. Lavez et coupez les légumes en petits cubes.

b. Enfin, ajoutez du piment mais n'en mettez pas trop ! Il faut servir chaud !

c. Faites-les sauter 5 minutes à la poêle dans un peu d'huile. Attention : pas de beurre !

d. Pour commencer, cassez les œufs dans un saladier, fouettez avec une fourchette, salez et poivrez.

e. Mélangez bien puis versez les œufs battus avec le fromage. Faites cuire 5 minutes de plus.

Document n° 6

L'ÉTUDE DES REPRÉSENTATIONS DES ENSEIGNANTS D'UPE2A[1] À L'ÉGARD DES SPÉCIFICITÉS DU FRANÇAIS DE SCOLARISATION COMME POINT D'APPUI POUR ORIENTER LA FORMATION

Stéphanie PAUL[2]
Université de Strasbourg, France
ORCID : 0000-0001-9830-0789

INTRODUCTION

L'étude des représentations d'un groupe à l'égard d'un objet donné est une source précieuse d'informations pour comprendre ce groupe. Comme l'indique la racine latine *repraesentatio*, cette « action de mettre sous les yeux », permet de disposer de points d'appui tangibles pour orienter les actions de formation, et faire évoluer les représentations de ce groupe. En effet, comme Blanchet (2011) l'indique, dans son *Guide pour la recherche en didactique des langues et des cultures*, « […] chaque groupe humain se construit, se transmet, se reconstruit, se retransmet une grille globale d'interprétation du monde et d'adaptation au monde (naturel et social) tendant vers une représentation spécifique, relativement partagée au sein de ce groupe […] ». C'est pourquoi, précise-t-il, « l'étude et la prise en compte [des *représentations sociales ordinaires*] sont si importantes pour comprendre comment tels humains vivent leur univers (linguistique, entre autres…) » (p. 11). L'étude menée sur les représentations des professeurs/coordonnateurs d'Unité Pédagogique pour Élèves Allophones Arrivants (UPE2A) vise à comprendre comment ce groupe se représente le français qu'ils doivent enseigner aux

[1] UPE2A : Unité Pédagogique pour Élèves Allophones Arrivants

[2] Stéphanie Paul est formatrice et coordonnatrice (1er degré) au CASNAV de Strasbourg. Elle est en charge des formations relatives à l'inclusion scolaire des élèves à besoins éducatifs particuliers, comme les EANA, et intervient auprès des étudiants de l'INSPE, des professeurs des écoles et des enseignants d'UPE2A pour lesquels elle élabore un plan annuel de formation spécifique. Sa réflexion à l'égard de ce public a été formalisée via une thèse, soutenue en 2016, sur « l'enseignement du français langue seconde/langue de scolarisation aux élèves allophones arrivants et accueillis en classe ordinaire à l'école élémentaire » sous la direction du professeur J.-C. Pellat. Elle a œuvré à la mise en place de projets Erasmus + KA1 permettant aux enseignants d'observer les politiques d'accueil des EANA et les pratiques pédagogiques en Europe. Membre du laboratoire LiLPa de l'Université de Strasbourg, sa réflexion porte sur l'enseignement du FLS/FLSco et les supports adaptés.

élèves allophones nouvellement arrivés en France (EANA). En effet, la circulaire officielle actuelle (MEN, 2012) indique que le principal objectif visé pour favoriser l'inclusion scolaire de ces élèves est l'enseignement du français comme langue de scolarisation. Mais il s'agit d'une injonction ministérielle. Quelles sont les représentations des enseignants sur le terrain à l'égard du français en usage en milieu scolaire ? Quelles sont, selon eux, les spécificités du français de scolarisation ?

Une étude a été menée auprès de professeurs/coordonnateurs d'UPE2A pour recueillir leurs représentations à l'égard des caractéristiques du français comme langue de scolarisation. Pour ce faire, la notion de français de scolarisation fera l'objet, dans une première partie, d'une revue de la littérature, complétée par une analyse de l'apparition du sigle (FLSco) et de ses variations. Puis la méthode de collecte des représentations de ces enseignants sera détaillée. La deuxième partie sera consacrée aux résultats obtenus. Un regroupement thématique des spécificités du français de scolarisation recueillies apportera un éclairage sur ces différents résultats. Par ailleurs, un certain nombre de clés de compréhension supplémentaires seront dégagées à travers une comparaison des représentations des enseignants d'UPE2A à celles d'étudiants en master 2 (MEEF 1er degré) et de professeurs des écoles de classe ordinaire, collectées dans une précédente étude. Tout l'enjeu est, dans la dernière partie, de disposer d'une photographie des représentations du groupe des enseignants d'UPE2A qui permette de dégager des axes de formations prioritaires afin de rendre l'enseignement de certaines particularités du français de scolarisation plus explicite.

1. Une étude sur les représentations des enseignants d'UPE2A à l'égard des spécificités du français de scolarisation

1.1 La notion de français langue de scolarisation (FLSco)

Un état de l'art sur le français langue de scolarisation montre que la notion a émergé de la réflexion issue du français langue seconde (FLS). Le FLS est apparu dans les années 70, lorsque les méthodes de français langue maternelle (FLM) ou de français langue étrangère (FLE) se sont révélées inopérantes pour répondre aux situations d'enseignement du français rencontrées dans les pays issus des anciennes colonies françaises. Jean-Pierre Cuq a décrit et analysé ces situations où « le français n'est que très exceptionnellement la langue maternelle de l'apprenant [mais] est en revanche très présent, à titre divers, dans l'environnement immédiat, et surtout à l'école, où il sert presque toujours de véhicule d'enseignement » (1991, p. 5). Cependant c'est Gérard Vigner, qui, dès 1987, souligne la nécessité de prendre en compte le cadre dans lequel le FLS intervient. Et il fait le constat que le FLS est « d'abord la langue de l'école » (1987, p. 45) et « une langue pour l'école » (1989, p. 41) dans un article, consacré à la place et aux conditions d'usage du français dans les pays francophones d'Afrique, et qu'il intitule *Le français, langue de scolarisation* (Vigner, 1989, p. 41-45). Gérard Vigner s'est ainsi attaché à montrer que « le caractère commun à toutes les situations où le français est en position de langue seconde, est de conférer au français un statut de langue de scolarisation » (1992, p. 40). Cependant ce n'est que dans les années 2000 que la réflexion sur l'enseignement du FLS a pris une nouvelle orientation et a convergé vers celle du français de scolarisation, de sorte que le FLSco est devenu un des paramètres les plus importants du FLS, « au point de devenir un concept quasi autonome » selon Cuq & Davin-Chnane (2007, p. 13). Les travaux de Michèle Verdelhan-Bourgade (2002 ; 2004 ; 2005) y ont fortement contribué. Cette linguiste note qu'il est intéressant d'observer que le français de scolarisation « issu de la réflexion sur le FLS, lui-même issu de la réflexion sur le FLE, nous ramène au FLM qui partage avec le FLS la fonction d'apprentissage *du* et *en* français » (Verdelhan-Bourgade, 2002, p. 39). Elle observe que tout l'intérêt de la fonction de scolarisation du français réside dans sa transversalité avec le FLS et le FLM (Verdelhan-Bourgade, 2002, p. 138). Et elle met en garde contre certaines confusions possibles (Verdelhan-Bourgade, 2004, p. 139) :

> Entre français de scolarisation et français langue seconde, les termes ne sont pas synonymes, l'un n'est pas non plus une sous-partie de l'autre. Un apprenant peut être en langue seconde et en langue de scolarisation : c'est le cas des élèves nouvellement arrivés à l'école française, c'est aussi le cas de l'enfant amérindien scolarisé en Guyane. Mais l'apprenant peut aussi être en langue de scolarisation sans être en langue seconde, cas des enfants scolarisés dont le français est langue maternelle. Enfin, tous les enfants, adolescents ou adultes non scolarisés, plongés en situation de langue seconde, ne relèvent pas dans leur langage de l'appellation français de scolarisation.

Ce souci d'explicitation souligne le fait que le français de scolarisation ne concerne pas uniquement les nouveaux arrivants allophones, mais l'ensemble des élèves, car tous ont besoin de maîtriser le français en usage à l'école pour réussir les apprentissages scolaires. La maîtrise des spécificités de la langue de scolarisation est donc un enjeu commun à tous les élèves de la classe.

La réflexion conduite autour du français langue de scolarisation rejoint, à l'échelle européenne, les travaux du Conseil de l'Europe sur la/les langue(s) de scolarisation qui, notamment à travers la recommandation CM/Rec(2014)5 du Comité des Ministres aux États membres, met l'accent sur « l'importance des compétences en langue(s) de scolarisation pour l'équité et la qualité en éducation et pour la réussite scolaire » (Conseil de l'Europe, 2014). Dans ce document, le Conseil de l'Europe fait le constat que « le droit à l'éducation ne peut être pleinement exercé que si les apprenants maîtrisent les normes linguistiques propres à l'école et nécessaires à l'accès aux connaissances ». Il note que certains apprenants, qualifiés de vulnérables, « peuvent être désavantagés au regard de la maîtrise de ces compétences linguistiques, du fait d'inégalités sociales et linguistiques ». En effet, selon le Conseil de l'Europe (2014),

> [l]a plupart des élèves arrivent à l'école avec les compétences en langue de scolarisation requises pour la communication ordinaire. Mais pour les publics scolaires les plus vulnérables, ceux qui utilisent une autre langue pour la communication ordinaire et, en particulier, pour les apprenants issus de milieux socio-économiques défavorisés, l'acquisition des compétences en langue de scolarisation constituent un enjeu majeur. C'est grâce à un enseignement de qualité de toutes les matières scolaires, prenant en compte leurs dimensions linguistiques, que les élèves acquièrent progressivement les compétences de la langue plus « académique » utilisée dans l'enseignement.

Le Conseil de l'Europe a attribué une place centrale aux langues de scolarisation. Toutefois elles demeurent en connexion avec les langues régionales, minoritaires et de la migration ainsi qu'avec les langues étrangères vivantes et classiques, comme le montre le schéma *Les langues dans l'éducation et langues pour l'éducation*, issu de la plateforme de ressources et de références pour l'éducation plurilingue et interculturelle du Conseil de l'Europe (2009) [➲ Annexes, doc. 1 : *Les langues dans l'éducation et langues pour l'éducation* (Conseil de l'Europe, 2009)].

Dans cette perspective, le Conseil de l'Europe a développé un certain nombre de ressources, dont un *Guide pour l'élaboration de curriculums et pour la formation des enseignants* (Beacco et al., 2016). Ce document s'est attaché à décrire les emplois de la « langue académique » dans les différentes matières scolaires. Des propositions ont été faites afin de rendre explicites les normes et les compétences linguistiques à maîtriser dans chaque discipline, et d'atténuer le « saut discursif » constaté lors de l'entrée des enfants à l'école (Beacco et al., 2016, p. 55). Mais quelles perceptions les enseignants ont-ils de cet écart entre communication conversationnelle ordinaire des élèves et exigences propres aux discours disciplinaires ? Leur enseignement tient-il compte des questions de langue, que celle-ci soit matière enseignée ou langue d'enseignement des autres matières ?

Ces questions se posent d'autant plus que, d'un point de vue institutionnel, la notion de français langue de scolarisation n'est apparue en France que dans les années 2000, à partir d'un document d'accompagnement des programmes de français de niveau collège intitulé *Le français langue seconde* (Viala, Bertrand & Vigner, 2000). Dans la préface de cette publication, il est précisé qu'« il s'agit d'un enseignement intensif du français à destination d'élèves qui doivent acquérir le français comme langue de scolarisation et comme langue de communication avec leur environnement » (Viala, Bertrand & Vigner, 2000, p. 5). Gérard Vigner revient 12 années plus tard sur les évolutions de ce « livre rouge », et confirme que « nous sommes bien ici au cœur de ce que l'on appelle aujourd'hui "le français de scolarisation" » (Klein (dir.), 2012, p. 13).

D'un point de vue institutionnel, la notion de français langue de scolarisation a été employée pour la première fois dans la circulaire n° 2002-100 du 25-4-2002 (MEN, 2002). Ce texte officiel relatif à « l'organisation de la scolarité des élèves nouvellement arrivés en France sans maîtrise suffisante de la langue française ou des apprentissages » indique que :

> [l]'objectif essentiel est la maîtrise du français envisagé comme langue de scolarisation. À ce titre, les finalités ordinairement retenues dans les démarches d'apprentissage du français langue étrangère ne sont pas forcément celles qui doivent l'être ici, même si un certain nombre de techniques d'apprentissage peuvent être utilement transposées. Pour cela on adoptera l'approche développée dans la méthodologie du français langue seconde (voir la brochure Le français langue seconde, DESCO/CNDP). L'enseignement du français comme langue de scolarisation ne saurait être réalisé par le seul maître de la classe d'initiation ou par le seul professeur de français de la classe d'accueil : c'est la responsabilité de toute l'équipe enseignante (MEN, 2002).

Ces éléments seront repris dans la circulaire suivante n° 2012-141 du 2-10-2012 (MEN, 2012) qui note que « les modalités d'accueil et de suivi des élèves allophones arrivants doivent figurer dans les projets d'école et d'établissement, l'objectif essentiel étant la maîtrise du français enseigné comme langue de scolarisation ». Et il est ajouté que cet enseignement relève de tous les professeurs.

La notion de français langue de scolarisation est donc bien présente au niveau institutionnel. Cependant, que ce soit dans les circulaires officielles, dans le « livre rouge » où seuls les sigles FLM, FLE et FLS sont utilisés et explicités (Viala, Bertrand & Vigner, 2000, p. 6), ou dans les premiers ouvrages consacrés au français de scolarisation, aucune abréviation n'apparaît. Gérard Vigner (2001 ; 2009) ou Michèle Verdelhan-Bourgade, dans *Le français de scolarisation. Pour une didactique réaliste* (2002), n'utilisent guère de forme raccourcie de l'expression comme le montre, par exemple, le chapitre 2 qui s'intitule *Le français de scolarisation*, et dont la première partie porte le titre de *Du FLS au français de scolarisation* (Verdelhan-Bourgade, 2002, p. 27). L'emploi du sigle (FLSCo) a été relevé dans ses écrits ultérieurs (Verdelhan-Bourgade, 2004, p. 135 ; 2005, p. 127). Par la suite, Guy Cherqui et Fabrice Peutot (2015, p. 21) ont employé celui de FLScol, Cécile Goï (2015, p. 89) celui de FLsco, tandis que Gérard Vigner parle de FLESCO dans la préface de la seconde édition de son ouvrage *Le français langue seconde* (2015, p. 5). À partir de 2012, année où la collection *Cap sur le français de scolarisation*, dirigée par Catherine Klein, Inspectrice Générale de l'Éducation nationale, voit le jour, le sigle FLSCO (avec les cinq lettres en capitales) commence à être employé, dans un premier ouvrage intitulé *Le français comme langue de scolarisation* (Klein (dir.), 2012, p. 15, 38, 57, 64, 90). Les publications qui suivront utilisent ce même sigle en lettres capitales, FLSCO, (Jallerat, 2013, p. 5, 8 ; Klein, 2013, p. 8-11 ; Klein (dir.), 2014, p. 53, 60). Cependant la forme « FLSco », utilisée notamment par Fatima Davin-Chnane (2007, p. 203) ou Jean-Pierre Cuq et Fatima Chnane-Davin (2009, p. 88) ou encore Cécile Goï et Emmanuelle Huver (2012, p. 27), semble s'être fixée ces dernières années (Beaugrand & Lecocq (dir.), 2018 ; Lecocq (dir.), 2018). L'absence de sigle, puis l'hésitation quant à sa forme montrent que, malgré ses plus de trente années d'existence, la notion a mis du temps à exister et à se fixer. Et les inspecteurs généraux de l'Éducation nationale n'y ont guère contribué puisqu'ils notaient, au contraire, toutes leurs réticences à utiliser un tel sigle dans leur rapport n°2009-082 consacré à *La scolarisation des élèves nouvellement arrivés en France* (2009, p. 164) :

> Au-delà du sigle (auquel nous avons proposé de renoncer pour éviter confusions et dérives pédagogiques), le concept de FLSCO met en lumière l'importance de travailler à la maîtrise des discours des différentes disciplines ainsi qu'à la mise en place de stratégies de conscientisation de la langue de l'école pour assurer aux ENAF les conditions d'une bonne intégration en classe ordinaire.

Et ils justifiaient leur position en indiquant que les professeurs se préoccupent peu des « discussions sur le FLE, le FLS et le FLSCO » (2009, p. 81). Or il est essentiel de savoir précisément quelle orientation donner à son enseignement de français selon les besoins des élèves. Ainsi, connaître les caractéristiques du français de scolarisation permet d'en repérer les difficultés, d'éviter les principaux écueils et d'offrir aux élèves, notamment les plus vulnérables, un enseignement du français ciblé sur un certain nombre de priorités scolaires. Il s'agit non seulement de rendre explicites les caractéristiques discursives et linguistiques de la langue en usage à l'école, mais également d'en éclairer les codes (qui peuvent grandement différer de ceux d'un contexte extrascolaire ou d'une scolarisation dans un autre pays), et où la multitude des modes de représentations (tableaux, schémas, graphiques, cartes, dessins, croquis, etc.) et des supports pédagogiques (manuels, fichiers, cahiers du jour *vs* brouillons, classeurs, fiches de travail, etc.), demande, pour les utiliser à bon escient, des savoirs, des savoir-faire et des savoir-être spécifiquement scolaires. Quelles représentations les enseignants, et notamment les professeurs/coordonnateurs d'UPE2A, ont-ils des particularités du français en usage en contexte scolaire ?

1.2 Méthodologie de l'étude sur les représentations des enseignants d'UPE2A à l'égard du FLSco

Une étude sur les représentations des professeurs/coordonnateurs d'UPE2A relatives aux spécificités du français en usage en milieu scolaire a été menée. Elle a débuté par une enquête effectuée auprès d'un groupe de professeurs intervenant en UPE2A (1er et 2nd degrés) via l'application *Mentimeter* (Warström, 2014). Les réponses collectées par le biais de cet outil collaboratif montrent que le français de scolarisation est principalement caractérisé par l'« analyse de texte », les « références culturelles », un « vocabulaire spécifique », le « matériel scolaire », la « grammaire » et l'« écrit ». À cela s'ajoute un ensemble d'autres termes, plus marginalement cités, comme le montre le nuage de réponses recueillies en annexe [➲ Annexes, doc. 2 : *Résultats de l'enquête sur les représentations des professeurs d'UPE2A à l'égard des spécificités du français de scolarisation via Mentimeter*].

La question de la représentativité de ces réponses, collectées brièvement auprès de 25 professeurs seulement, s'est d'emblée posée. Qui plus est, certains de ces enseignants étaient nouvellement nommés dans ces dispositifs. C'est pourquoi une autre enquête plus conséquente a été conduite auprès des professeurs/coordonnateurs d'UPE2A de l'académie de Strasbourg.

Cette enquête a été menée en 2018-2019 auprès de 84 enseignants d'UPE2A de l'académie de Strasbourg, ce qui correspond à 88 % de l'effectif total des professeurs/coordonnateurs d'UPE2A que compte l'académie. Sur les 84 enseignants sollicités, 41 sont professeurs des écoles en poste en UPE2A 1er degré et 43 sont professeurs de collège ou de lycée avec un temps de service effectué en UPE2A 2nd degré. Les profils des enseignants interrogés étaient des plus divers (des jeunes professeurs nouvellement nommés en UPE2A aux enseignants plus aguerris, avec 22 années d'ancienneté dans le dispositif, et jusqu'à 38 années d'expérience professionnelle totale au sein de l'Éducation nationale). Le nombre d'enseignants interrogés qui relèvent du 1er degré est à peu près identique à celui des professeurs du 2nd degré.

Les 84 enseignants ont été interrogés via un questionnaire écrit individuel qui comportait une seule et unique question ouverte, à savoir *Quelles sont, d'après vous, les spécificités du français à l'école/au collège/lycée ?* (selon leur lieu d'affectation). Ce mode de collecte a été privilégié afin, d'une part, de recueillir les réponses les plus spontanées possibles, et d'autre part, de répertorier les caractéristiques du français de scolarisation absentes ou partiellement décrites au regard de la littérature universitaire. L'objectif est de mieux appréhender les représentations de ces enseignants afin d'orienter les actions de formation en conséquence.

Les réponses des professeurs/coordonnateurs d'UPE2A ont varié de 11 à 234 mots. La longueur des textes produits n'est pas corrélée au nombre d'années d'expérience en UPE2A puisque la réponse de 234 mots émane d'un enseignant n'ayant qu'une seule année d'expérience en UPE2A (mais 10 ans de service au sein de l'Éducation nationale), tandis que la réponse de 11 mots provient d'un autre professeur n'ayant lui aussi qu'une seule année d'expérience dans ce dispositif (mais 19 années d'ancienneté totale). Un biais est indéniablement à relever dans ce type de réponses trop brèves. Le professeur qui l'a donnée n'a probablement pas souhaité collaborer et développer de réponse sur le sujet. Ces réponses plus que courtes demeurent toutefois marginales, la longueur moyenne des réponses collectées étant de 69 mots.

L'ensemble des réponses collectées ont d'abord fait l'objet d'une analyse manuelle. Ensuite, ces résultats ont été étayés par les données générées par le logiciel *TextStat* (Allorgue, 2018) qui fournit la fréquence d'apparition de l'ensemble des mots contenus dans les enquêtes. Ces deux procédés ont permis de révéler un total de 21 caractéristiques du français de scolarisation. Cependant un test statistique a établi que seules 16 caractéristiques sur les 21 mises au jour sont représentatives de la parole des enseignants d'UPE2A interrogés. Ces caractéristiques ont été déterminées sur la base d'une valeur p significative, i.e. inférieure à 5 %. La valeur p a été calculée à partir d'un test exact de Fisher. Ce test statistique est une alternative au test du Khi-deux pour les échantillons de tailles réduites, comme celui de cette enquête, menée auprès de 84 professeurs/coordonnateurs d'UPE2A.

Les 16 caractéristiques du français de scolarisation retenues font l'objet d'une présentation détaillée dans la partie suivante.

2. Résultats de l'étude sur les représentations des enseignants d'UPE2A relatives aux spécificités du français de scolarisation

2.1 Résultats

Les 16 caractéristiques représentatives de la parole des professeurs/coordonnateurs d'UPE2A sont présentées dans l'histogramme ci-après. Les différentes spécificités du français de scolarisation ont été notées en ordonnées tandis que le pourcentage correspondant à chaque réponse apparaît, par ordre décroissant, sur l'axe des abscisses [➲ Annexes, doc. 3 : *Résultats de l'enquête sur les représentations des professeurs d'UPE2A à l'égard des spécificités du français de scolarisation*].

Sur les 16 particularités du français de scolarisation révélées, la réponse qui a été le plus fréquemment donnée (par 1 enseignant sur 2 interrogés) est que *le français de scolarisation est spécifique*, car lié à son contexte d'utilisation, à savoir la vie scolaire. En effet, selon 50 % des professeurs sollicités, il s'agit d'un français employé à l'école et pour l'école, i.e. pour échanger avec les personnes de la scolarité, pour suivre un cours ou comprendre le fonctionnement « à la française » de la classe, de l'école ou de l'établissement. Il s'agit également d'adopter un comportement scolaire idoine. Ensuite, pour 38,1 % des professeurs/coordonnateurs d'UPE2A interrogés, le français en usage en milieu scolaire est avant tout une *langue pour communiquer*, tant dans des situations ordinaires du quotidien qu'avec les camarades de classe, les enseignants et le personnel des établissements. Puis, pour 36,9 % des enseignants questionnés, le *français véhicule des apprentissages disciplinaires* puisque, pour chaque matière, *un lexique disciplinaire spécifique* est à acquérir pour permettre la transmission des connaissances (pour 30,9 % des professeurs). Un certain nombre de réponses se situent autour des 30 % et décrivent un français scolaire constitué d'un *lexique scolaire spécifique à acquérir* (35,7 %), avec une *importance accordée aux consignes* (29,8 %), et où *l'écrit domine* (34,5 %). Ainsi, selon 29,8 % des personnes sollicitées, de *forts enjeux sont liés à la maîtrise du français*. Toutes les caractéristiques relevées ne feront pas ici l'objet d'une description détaillée, car un regroupement des réponses permet de dégager les 3 principales thématiques abordées.

2.2 Émergence de trois grands ensembles thématiques

Les réponses collectées peuvent être regroupées en ensembles thématiques qui apportent un nouvel éclairage sur les données recueillies. Ce regroupement thématique a été établi eu égard aux travaux d'un ensemble de chercheurs (Viala, Bertrand & Vigner, 2000, p. 8-9 ; Verdelhan-Bourgade, 2002, p. 29 ; Chiss, 2005, p. 60, Cherqui & Peutot, 2015, p. 116) et à la représentation schématique *Les langues dans l'éducation et langues pour l'éducation* du Conseil de l'Europe (2009) qui décrivent la langue de scolarisation, à la fois, comme une langue de communication spécifique en contexte scolaire, une matière et la langue des autres matières. Ainsi, 3 grands ensembles thématiques se dégagent des réponses des enseignants d'UPE2A. Le français de scolarisation est dépeint comme une *langue de communication particulière* (47 % des réponses des professeurs), *une langue objet d'apprentissage* (27 %) et *une langue vecteur d'apprentissages* (26 %). Chaque ensemble, distinctif par sa couleur, a été représenté dans le diagramme circulaire suivant [➲ Annexes, doc. 4 : *Regroupement thématique des réponses des professeurs d'UPE2A interrogés sur les spécificités du français de scolarisation*].

Le premier regroupement décrit le français de scolarisation comme *une langue de communication spécifique en milieu scolaire* en rassemblant 47 % des réponses, soit près de la moitié des données collectées. Pour 38,1% des enseignants interrogés, il s'agit d'*une langue de communication*, car *liée à son contexte d'utilisation qui est la vie scolaire* (50 %), avec *un lexique scolaire spécifique* à acquérir (35,7 %). Pour ces enseignants d'UPE2A, il s'agit d'*un français différent de la langue extrascolaire* (23,8 %), avec *des niveaux de langue différents et plus formels* (19 %). Dans ce contexte de communication scolaire, les *consignes sont importantes* (29,8 %) et *l'oral scolaire est spécifique* (15,5 %) [➲ Annexes, doc. 5 : *Regroupement des réponses relatives à un français de communication spécifique en milieu scolaire*].

Le deuxième ensemble thématique montre, avec plus d'un quart des réponses (27 %), un français de scolarisation, *objet d'apprentissage*. Pour les enseignants d'UPE2A interrogés, cet apprentissage du français, organisé en classe, s'effectue autant *à l'oral qu'à l'écrit* (22,6 %) bien que pour 34,5 % des professeurs, *l'écrit prédomine*. Des séances d'*apprentissage de la grammaire, de l'orthographe et de la conjugaison* sont programmées (21,4 %) avec l'usage d'*un métalangage* (17,8 %) [➲ Annexes, doc. 6 : *Regroupement des réponses relatives à un français objet d'apprentissage en milieu scolaire*].

Enfin, le troisième et dernier regroupement thématique qui réunit également plus d'un quart des réponses (26 %), dépeint un français de scolarisation *vecteur d'apprentissages*. Il s'agit plus particulièrement d'un français *vecteur d'apprentissages disciplinaires* (36,9 %), avec un *lexique disciplinaire spécifique* à acquérir (30,9 %). Si le français est vecteur d'apprentissages disciplinaires, il est également *vecteur de culture* (21,4 %). C'est pourquoi, de *forts enjeux sont liés à la maîtrise de cette langue* selon 29,8 % des enseignants d'UPE2A interrogés [➲ Annexes, doc. 7 : *Regroupement des réponses relatives à un français vecteur d'apprentissages en milieu scolaire*].

Ces trois grands ensembles thématiques qui décrivent le français de scolarisation comme une *langue de communication particulière, une langue objet d'apprentissage* et *une langue vecteur d'apprentissages* sont-ils constitués de caractéristiques propres à certains profils d'enseignants ? Certaines spécificités du français de scolarisation sont-elles associées aux réponses des professeurs du 1er ou du 2nd degré ?

2.3 Des représentations dépendantes du profil des enseignants d'UPE2A interrogés

Pour déterminer si, parmi les 16 caractéristiques du français de scolarisation recueillies, certaines dépendent du profil des enseignants interrogés, un test statistique (test exact de Fisher) a été appliqué. Il a permis de voir que sur les 16 types de caractéristiques collectées, 3 dépendent du profil des enseignants interrogés. Sur ces 3 réponses, 2 ont été significativement mentionnées par les enseignants du 1er degré. Il s'agit d'un français scolaire qualifié de *différent de la langue extrascolaire* et de l'importance de l'*apprentissage de la grammaire, de l'orthographe et de la conjugaison* en classe. *La spécificité du lexique scolaire* est une caractéristique significativement attribuée par les professeurs de collèges/lycées.

Les réponses significatives relevées dans les propos des enseignants d'UPE2A (1er degré) rejoignent les résultats d'une précédente étude, menée sur les représentations d'étudiants et de professeurs des écoles de classe ordinaire à l'égard des spécificités du français en usage à l'école (Paul, 2016, p. 285-344). Les résultats obtenus via cette précédente étude vont permettre d'effectuer un certain nombre de comparaisons et de compléter le tableau des représentations des professeurs/coordonnateurs d'UPE2A.

2.4 Comparaisons

2.4.1 Comparaison des réponses des enseignants d'UPE2A à celles d'étudiants et de professeurs des écoles de classe ordinaire

L'enquête relative aux représentations à l'égard des spécificités du français en usage à l'école a été menée dans le cadre de ma thèse, auprès de 166 étudiants inscrits en master 2 MEEF (1er degré) (désormais M2) et de 51 professeurs des écoles en poste en classe ordinaire à l'école maternelle et élémentaire (désormais PE). Un total de 217 personnes, relevant du 1er premier degré et issues de l'académie de Strasbourg, ont été interrogées. L'analyse de leurs réponses et l'utilisation d'un test de Khi-deux ont permis de dégager un total de 21 caractéristiques représentatives de la parole des M2 et PE. Ces résultats sont présentés dans l'histogramme ci-après où les différentes spécificités du français de scolarisation ont été notées en ordonnées. Le pourcentage des réponses figure, de manière décroissante, sur l'axe des abscisses [➲ Annexes, doc. 8 : *Résultats de l'enquête sur les représentations des professeurs d'écoles de classe ordinaire et des étudiants de master 2 MEEF à l'égard des spécificités du français de scolarisation*].

D'un point de vue quantitatif, la confrontation des résultats obtenus via ces deux études permet de constater que sur les 84 enseignants d'UPE2A (1er et 2nd degrés) interrogés sur leurs représentations à l'égard des spécificités du français de scolarisation, 16 caractéristiques représentatives ont été dégagées (ce qui correspond à une valeur de 0,19 caractéristique par enseignant), alors que l'enquête, menée auprès de 217 M2 et PE a permis de distinguer un total de 21 caractéristiques significatives (soit une valeur de 0,096 caractéristique par individu). Le nombre de caractéristiques rapporté par personne est donc plus élevé chez les enseignants d'UPE2A que chez les M2/PE.

D'un point de vue qualitatif, les résultats générés par cette précédente étude permettent de constater que si un certain nombre de réponses sont communes, notamment celles liées à un français de scolarisation vu comme *objet d'apprentissage*, toutes les réponses des enseignants d'UPE2A qui dépeignent un français de scolarisation *vecteur d'apprentissages* se démarquent totalement de celles des M2/PE. En effet, plus d'un quart des réponses des professeurs/coordonnateurs d'UPE2A décrivent un français de scolarisation *vecteur d'apprentissages*, notamment *d'apprentissages disciplinaires* avec un *lexique disciplinaire spécifique* à acquérir, et donc de *forts enjeux liés à la maîtrise de cette langue*. De plus, si une analyse plus fine des réponses est effectuée, nous pouvons constater que les propos des enseignants d'UPE2A diffèrent également de ceux propres aux M2 d'une part, et de ceux spécifiques aux PE d'autre part, comme le montrent les comparaisons suivantes.

2.4.2 Comparaison des réponses des enseignants d'UPE2A à celles des M2

Des représentations communes du français de scolarisation peuvent se dégager des réponses des professeurs/coordonnateurs d'UPE2A et de celles des M2. Les similitudes portent sur un français qualifié d'*objet d'apprentissage* à l'école, *à l'oral comme à l'écrit*, avec *un écrit prépondérant* en classe. À cela s'ajoute l'importance de *l'apprentissage de la grammaire, de l'orthographe et de la conjugaison* en classe. Un test exact de Fisher appliqué aux données recueillies auprès des M2 et PE a montré que ces réponses sont significativement associées au profil étudiant (Paul, 2016, p. 315). Cependant les étudiants interrogés portent un regard particulièrement normatif sur le français de scolarisation puisqu'ils ont ajouté, au fait qu'en milieu scolaire le français soit *objet d'apprentissage*, donc avec un temps particulier consacré à *l'apprentissage de la grammaire, de l'orthographe et de la conjugaison*, l'importance de recourir à *une langue normée* et *correcte* en classe. Cet aspect normatif ne se retrouve pas chez les professeurs/coordonnateurs d'UPE2A qui ne parlent que de l'*emploi de niveaux de langues différents et plus formels en classe* (et uniquement à hauteur de 19 %).

2.4.3 Comparaison des réponses des enseignants d'UPE2A à celles des PE

Les réponses propres aux PE (résultats issus d'un test exact de Fisher appliqué à ces données) se distinguent de celles des enseignants d'UPE2A dans le sens où les professeurs du 1er degré se représentent le français de scolarisation comme comportant un *parler professionnel spécifique*, car constitué de *propos injonctifs, redondants, avec de constantes reformulations*, et *une parole, accompagnée de gestes et de pictogrammes* pour faciliter la compréhension des élèves avec l'emploi *d'un lexique scolaire spécifique* et *précis* (Paul, 2016, p. 316). Si l'usage d'un *lexique scolaire spécifique* en classe est commun, les caractéristiques du *parler professionnel* ne sont pas abordées par les professeurs/coordonnateurs d'UPE2A, qui notent certes l'usage d'un *français de communication* en classe (36,9 %), mais parmi lesquels seuls 13 enseignants sur 84 (15,5 %) évoquent la *spécificité de l'oral scolaire*, les raisons de la particularité de cet oral ne faisant guère consensus.

2.4.4 Comparaison des réponses des enseignants d'UPE2A à la littérature

Les données de la littérature nous éclairent sur les caractéristiques de la langue de scolarisation, mais l'absence d'un référentiel a justifié l'établissement d'une synthèse des principales caractéristiques du français en usage en contexte scolaire. Ainsi, plus d'une trentaine de spécificités du français de scolarisation ont été inventoriées dans le cadre de ma thèse (PAUL, 2016, p. 252-254). Bien que cette liste ne soit guère exhaustive, elle permet toutefois de comparer ces éléments aux propos des enseignants d'UPE2A interrogés. Ainsi, très peu de professeurs ont parlé des difficultés liées aux particularités du discours pédagogique. Or « l'oral du quotidien de la vie de la classe » (Vigner, 2001, p. 34-38 ; 2009, p. 50-69), et plus précisément le discours pédagogique a été qualifié d'« interactions orales complexes » par Guy Cherqui et Fabrice Peutot (2015, p. 116). Louise Dabène (1984) expliquait déjà naguère cette complexité par les différentes fonctions que l'enseignant doit exercer simultanément. En classe, l'enseignant remplit à la fois une fonction de *vecteur d'information* dans le sens où il transmet des connaissances, une fonction de *meneur de jeu* chargé de l'organisation matérielle et spatiale des échanges, et une fonction d'*évaluateur* qui valide ou non les réponses des élèves (Dabène, 1984, p. 41). La complexité du discours pédagogique n'apparait pas dans les réponses des enseignants d'UPE2A interrogés.

Ensuite, si nous observons les réponses les moins fréquemment données, nous constatons que 15 professeurs sur 84 ont évoqué l'usage d'un *métalangage* en classe. Or, « un emploi explicite et précis du métalangage dans le travail en grammaire contribue à la "clarté cognitive" et aide les élèves à donner du sens à ces mots pour s'en servir » (Fisher & Nadeau, 2014, p. 174). Pour illustrer ces propos, un parallèle est effectué avec l'enseignement scientifique où « il ne viendrait pas à l'idée d'enseigner les mathématiques ou les sciences en évitant les termes qui permettent d'évoquer les réalités et les actions propres à ces domaines » (Fisher & Nadeau, 2014, p. 173). Il serait donc intéressant d'engager, en formation, un travail réflexif sur la manière d'opérer ce glissement des pratiques langagières quotidiennes vers un discours métalinguistique permettant de « considérer le langage comme un objet étudiable en lui-même et *per se* » (Lahire, 2000, p. 190).

Enfin, si le français de scolarisation est perçu par les enseignants d'UPE2A comme *vecteur d'apprentissages disciplinaires* (36,9 %), avec un *lexique disciplinaire spécifique* à acquérir (30,9 %), les discours employés dans les différentes matières n'apparaissent pas comme réponse significative dans nos enquêtes. Par ailleurs, la *langue de communication*, importante en français de scolarisation, selon 38,1 % des enseignants d'UPE2A, est décrite de manière générale sans orientation ou lien avec un champ disciplinaire particulier. Or la maîtrise des discours propres à chaque matière pour construire les connaissances disciplinaires est une caractéristique de la langue de scolarisation fortement mise en avant dans les travaux soutenus par le Conseil de l'Europe (Beacco et al., 2016) et dans la recherche où, selon Cherqui et Peutot (2015), « l'enseignant de FLS se focaliserait davantage sur les types/genres de discours et de situations scolaires de communication propres aux différentes disciplines enseignées » (p. 133). Un travail sur les discours disciplinaires est donc à envisager dans les propositions de formation destinées aux enseignants d'UPE2A.

Ces différentes comparaisons apportent un éclairage sur les représentations des professeurs d'UPE2A qui sert de point d'appui aux propositions de formation ciblées sur les spécificités du FLSco à expliciter.

3. Discussions

3.1 Des représentations d'enseignants spécialisés

Nous avons observé que le nombre de caractéristiques par enseignants d'UPE2A (0,19) est supérieur au nombre de caractéristiques par M2 et PE (0,096). Les enseignants d'UPE2A ont donc été plus diserts sur les particularités du FLSco que les étudiants qui débutent dans la profession et que les professeurs des écoles qui exercent en classe ordinaire. Ce résultat est attendu d'un groupe d'enseignants supposé spécialisé dans l'enseignement du français langue de scolarisation, comme le note la circulaire officielle (MEN, 2012). Pourtant, il est également précisé que « l'enseignement du français comme langue de scolarisation ne saurait être réalisé par le seul professeur de l'UPE2A : l'ensemble de l'équipe enseignante est impliquée » (MEN, 2012, p. 3). Des réponses communes entre ces profils d'enseignants ont bien été mises au jour, mais davantage de points de divergence ont été relevés, établissant ainsi un tableau, à l'égard des spécificités du français de scolarisation, propre aux enseignants d'UPE2A.

3.2 Une photographie des représentations du FLSco propres aux enseignants d'UPE2A

Si les représentations relatives à la langue de scolarisation des professeurs/coordonnateurs d'UPE2A rejoignent celles des M2/PE sur le fait que le français soit objet d'apprentissage en milieu scolaire, elles diffèrent du regard normatif des étudiants de master 2 MEEF (1er degré) et de la description du parler professionnel propre aux professeurs des écoles de classe ordinaire. Les enseignants d'UPE2A se démarquent totalement sur leur vision du français de scolarisation comme vecteur d'apprentissages, et ce dans toutes les disciplines. Cependant, au regard de la littérature, les réponses de ces professeurs demeurent circonscrites à l'emploi d'un lexique scolaire ou disciplinaire spécifique. La dimension discursive du français de scolarisation n'est guère envisagée. La spécificité du discours pédagogique, les discours métalinguistiques employés pour analyser la langue ou encore les différents discours utilisés dans chaque matière, tels qu'ils sont décrits dans la recherche, n'apparaissent pas de manière significative dans les enquêtes. Des pistes de formation ciblées sur les spécificités de ces discours sont donc proposées dans la dernière partie afin de rendre leur enseignement plus explicite.

3.3 Pistes de formation envisagées

3.3.1 La compréhension du discours pédagogique

Au regard de la complexité du discours pédagogique, il serait intéressant d'orienter la formation des enseignants d'UPE2A prioritairement vers la compréhension de ce type de discours, à l'instar de la démarche mise en œuvre dans le dossier en ligne *Premier pas vers la compréhension du discours pédagogique* (Collegia (dir.), 2012). Des extraits audio de séances de mathématiques, de français et d'histoire-géographie (du cycle 3 à la 3ème) sont accompagnés d'un questionnaire pour faciliter la compréhension du discours pédagogique. Un autre travail peut être mené à partir du DVD *Mieux comprendre la classe* (2008) qui propose différentes situations ordinaires de classe, dont la vidéo d'un enseignant qui dicte les devoirs à noter en fin de journée. Le travail de compréhension engagé vise à distinguer le message principal de l'enseignant des énoncés secondaires afin de permettre aux élèves de moduler leur attention. Au regard des caractéristiques de l'oral de scolarisation recueillies auprès des enseignants d'UPE2A, la promotion d'un travail particulier sur les spécificités du discours pédagogique est une nécessité pour en faciliter la compréhension et rendre l'enseignement des contenus plus efficace.

3.3.2 L'emploi d'un discours métalinguistique lorsque le français est une matière enseignée

Si le français représenté comme objet d'apprentissage en milieu scolaire a été mentionné dans l'enquête, très peu d'enseignants d'UPE2A ont évoqué l'usage d'*un métalangage* en classe. Or les élèves y sont quotidiennement confrontés comme C. Gomila (2011) l'a montré dans son analyse de séances de lecture en classe de CP. Son étude, menée sur les discours métalinguistiques employés dans ces classes, a abouti à un plaidoyer en faveur de l'utilisation de ces discours par les élèves en adoptant une terminologie « minimale, explicite et stable », adaptée à l'âge des élèves. Le but est de leur permettre d'entrer dans ce rapport « second » à la langue, nécessaire à la réussite scolaire (Gomila, 2011, p. 80). Familiariser les élèves aux discours métalinguistiques est un autre axe d'explicitation des particularités du français de scolarisation.

3.3.3 La compréhension et la production de discours disciplinaires

En ce qui concerne le français en tant que langue des autres matières enseignées, plus d'un tiers des enseignants d'UPE2A a répondu que le français scolaire est *vecteur d'apprentissages disciplinaires*, avec un *lexique disciplinaire spécifique* (30,9 %) à acquérir. La spécificité des discours à maîtriser dans chaque discipline n'est guère abordée, bien que, selon Jean-Louis Chiss (2005), ces discours possèdent « leurs particularités lexicales en fonction des matières traitées (sciences, histoire, géographie, etc.), mais aussi leurs structures syntaxiques, leurs caractéristiques énonciatives et leurs organisations textuelles » (p. 61). C'est pourquoi il serait opportun d'orienter la formation en direction de la spécificité de ces discours disciplinaires, et ce, tant en compréhension qu'en production.

Pour la compréhension, la démarche proposée par Laurence Corny (2016), dans sa thèse, vise à familiariser les élèves aux textes expositifs, présents dans les manuels d'HG de cycle 3. Ces textes qui synthétisent les savoirs à acquérir sont jalonnés de difficultés lexicales et grammaticales, telles que des propositions coordonnées, des substitutions grammaticales et des procédés de généralisation qui opacifient la compréhension du manuel. Pour ce faire, Corny (2016) propose, dans une première étape, d'enrichir à l'oral les connaissances linguistiques des élèves, avant d'effectuer un certain nombre de manipulation sur les textes. Ces activités servent également de support pour l'étude de la langue. Le travail engagé permet de mettre au jour les principales difficultés de compréhension et de faciliter, par exemple, la lecture de paysages en géographie (Corny, 2016, p. 295-298).

Enfin, pour travailler en formation sur le volet de la production de discours disciplinaires, il est particulièrement intéressant de se rapprocher des travaux coordonnés par Céline Beaugrand & Bertrand Lecocq (2018). Une approche didactique de l'enseignement/apprentissage de la production écrite est proposée aux élèves allophones à partir de modules FLSco avec un travail sur la langue à mener dans toutes les matières. Les élèves sont ainsi confrontés aux divers types de discours en usage dans les différentes disciplines. Par exemple, ils sont entrainés à décrire une construction géométrique (Beaugrand & Lecocq, 2018, p. 130) ou un paysage en géographie (p.138), ou encore à expliquer, en sciences, le phénomène des gaz à effet de serre à partir d'un schéma (p. 167).

Il ne s'agit là que de quelques pistes envisagées sur la base du recueil des représentations des enseignants d'UPE2A effectué. Toutefois ces propositions révèlent toute la complexité du français de scolarisation, et montrent combien il est nécessaire de mettre en œuvre un enseignement explicite et structuré des différents discours en usage en contexte scolaire.

CONCLUSION

L'étude des représentations des enseignants d'UPE2A à l'égard des spécificités du français de scolarisation permet de disposer de données pour alimenter des axes de réflexion lors des temps de formation dédiés. Les enquêtes menées auprès de ce groupe de professeurs a permis de constater que le français de scolarisation est, pour près de la moitié d'entre eux, une *langue de communication particulière*, et selon plus d'un quart, *une langue objet d'apprentissage* et *une langue vecteur d'apprentissages*. La comparaison de ces représentations à celles d'étudiants en master 2 MEEF (1er degré) et de professeurs des écoles de classe ordinaire a montré que, selon le profil des enseignants interrogés, les représentations à l'égard du français de scolarisation changent. Une photographie des représentations propres aux professeurs/coordonnateurs d'UPE2A a été établie. Cependant, malgré la spécialisation de ces enseignants, certaines spécificités du FLSco n'ont pas été significativement abordées, tels les différents discours en usage en contexte scolaire, décrits dans la littérature. Des axes de formation ont donc été proposés en direction des particularités des discours pédagogiques, métalinguistiques et disciplinaires. L'explicitation de ces différentes formes discursives scolaires a pour but de faciliter leur appropriation.

Cette étude, utilisée comme un point d'appui pour orienter la formation des enseignants, vise l'évolution des représentations initiales à l'égard du FLSco. La prise en compte des représentations vient soutenir la mise en œuvre d'un enseignement explicite des particularités du français de scolarisation qui, pour l'heure, ne peut s'adosser à aucun référentiel ou programme commun. *In fine*, il s'agit de préparer les élèves, dont les EANA, à ce « saut discursif », et dès lors œuvrer à « l'équité, la qualité en éducation et pour la réussite scolaire » comme le recommande le Conseil de l'Europe (2014).

• Bibliographie

Allorgue, L.-P. (2018). *Texstat.* En ligne : https://telecharger-gratuit.com/textstat-2/ (consulté le 5 avril 2021)

Beacco, C., Fleming, M., Goullier, F., Thürman, E., Vollmer, H. & Sheils, J. (2016). *Guide pour l'élaboration de curriculums et pour la formation des enseignants. Les dimensions linguistiques de toutes les matières scolaires*. Strasbourg : Éditions du Conseil de l'Europe. En ligne : https://rm.coe.int/guide-pour-l-elaboration-des-curriculums-et-pour-la-formation-des-ense/16806ae61c (consulté le 5 avril 2021)

Beaugrand, C. & Lecocq, B. (dir.). (2018). *Écrire en FLS et FLSCO. Apprendre à écrire en français aux élèves allophones.* Futuroscope : Réseau Canopé

Blanchet, P. & Chardenet, P. (2011). *Guide pour la recherche en didactique des langues et des cultures. Approches contextualisées.* Paris : Editions des archives contemporaines

Cherqui, G. & Peutot, F. (2015). *Inclure : français de scolarisation et élèves allophones.* Paris : Hachette Français Langue Etrangère

Chiss J.-L. (2005). « Enseigner et apprendre en français. Des « langues » de l'école aux discours didactiques ». *Le français dans le monde,* Numéro spécial, p. 59-65

Collegia, J.-P. (dir.). (2012). *Premier pas vers la compréhension du discours pédagogique.* Réseau Canopé. En ligne : https://www.reseau-canope.fr/comprehension-discours-pedagogique/mode-demploi.html (consulté le 5 avril 2021)

Conseil de l'Europe. (2009). *Langues dans l'éducation, langues pour l'éducation. La/les langue(s) de scolarisation.* En ligne : https://www.coe.int/fr/web/platform-plurilingual-intercultural-language-education/languages-of-schooling#{%2228069842%22:[6]} (consulté le 5 avril 2021)

Conseil de l'Europe. (2014). *Recommandation CM/Rec(2014)5 du Comité des Ministres aux États membres sur l'importance de compétences en langue(s) de scolarisation pour l'équité et la qualité en éducation et pour la réussite scolaire*. En ligne : https://search.coe.int/cm/Pages/result_details.aspx?ObjectID=09000016805c610b (consulté le 30 avril 2021)

Corny, L. (2016). *Les discours d'enseignement en français langue seconde. Le cas de la compréhension des textes expositifs d'histoire et de géographie par les élèves allophones nouvellement arrivés en France et scolarisés au cycle 3.* Thèse de doctorat en didactique des langues et des cultures : Université de Paris 3 – Sorbonne Nouvelle

Cuq, J.-P. (1991). *Le Français langue seconde : origines d'une notion et implications didactiques*. Paris : Hachette FLE

Cuq, J.-P. & Davin-Chnane, F. (2007). « Français langue seconde : victime de son succès ? », dans M. Verdelhan-Bourgade, M. (éd.), *Le français langue seconde : un concept et des pratiques en évolution* (p. 11-28). Bruxelles : De Boeck Université

Chnane-Davin, F. & Cuq, J.-P. (2009). « FOS-FLS : des relations en trompe l'œil ? ». *Le français aujourd'hui*, n° 164, p. 75-89

Dabène, L. (1984). « Pour une taxinomie des opérations métacommunicatives en classe de langue étrangère ». *Études de linguistiques appliquée*, n° 55, p. 39-46

Davin-Chnane, F. (2007). « La difficile maïeutique du manuel FLS/FLSco en France ». M. Verdelhan-Bourgade (éd.), *Le français langue seconde : un concept et des pratiques en évolution* (p. 196-204). Bruxelles : De Boeck Université

Fisher, C. & Nadeau, M. (2014). « Usage du métalangage et des manipulations syntaxiques au cours de dictées innovantes dans les classes de primaires ». *Repères*, n°49, p. 169-191. En ligne : https://journals.openedition.org/reperes/742

Goï, C. (2015). *Les élèves allophones nouvellement arrivés.* Futuroscope : Réseau Canopé

Goï, C. & Huver, E. (2012). « FLE, FLS, FLM : continuum ou interrelations ? », *Le français aujourd'hui*, n°176, p. 25-35

Gomila, C. (2011). *Parler des mots, apprendre à lire : La circulation du métalangage dans les activités de lecture.* Bruxelles : P.I.E-Peter Lang S.A., Éditions Scientifiques Internationales

Jallerat, P. (2013). *Devenir élève en français langue de scolarisation. Guide de l'enseignant.* Créteil : CRDP de l'académie de Créteil

Klein, C. (dir.). (2012). *Le français comme langue de scolarisation*. Futuroscope : ScérÉn, CNDP-CRDP

Klein, C. (2013). « Les usages du numérique pour l'enseignement du FLE/FLS/FLSCO », *L'école numérique. La revue du numérique pour l'éducation,* n° 16, p. 8-11

Lahire, B. (2000). *Culture écrite et inégalités scolaires. Sociologie de l'« échec scolaire » à l'école primaire.* Lyon : Presses universitaires de Lyon

Lecocq, B. (dir.). (2012). (2018). (2nde édition) *Entrer dans la lecture. Quand le français est langue seconde*. Lille : ScérÉn, *CRDP Nord Pas de Calais*

MEN. (2002). *Organisation de la scolarité des élèves nouvellement arrivés en France sans maîtrise suffisante de la langue française ou des apprentissages.* Bulletin officiel Spécial n°10 du 25 avril 2012. Circulaire n° 2002-100. En ligne : https://www.education.gouv.fr/botexte/sp10020425/MENE0201119C.htm (consulté le 5 avril 2021)

MEN. (2009). *La scolarisation des élèves nouvellement arrivés en France.* Rapport IGEN n°2009-082. En ligne : http://media.education.gouv.fr/file/2009/06/7/2009-082_-_IGEN-IGAENR_216067.pdf (consulté le 5 avril 2021)

MEN. (2012). *Organisation de la scolarité des élèves allophones nouvellement arrivés.* Bulletin officiel n°37 du 3 octobre 2012. Circulaire n°2121-141. En ligne : https://www.education.gouv.fr/bo/12/Hebdo37/MENE1234231C.htm (consulté le 5 avril 2021)

DVD. (2008). *Mieux comprendre la classe.*

Paul, S. (2016). *L'enseignement du français comme langue seconde / langue de scolarisation (FLS / FLSco) aux élèves allophones nouvellement arrivés en France et scolarisés en classe ordinaire à l'école élémentaire*. Thèse de doctorat en sciences du langage : Université de Strasbourg. En ligne : https://seafile.unistra.fr/f/c6bb3f1903a241d0b2e7/ (consulté le 1er août 2022)

Verdelhan-Bourgade, M. (2002). *Le français de scolarisation pour une didactique réaliste*. Paris : Presses Universitaires de France

Verdelhan-Bourgade, M. (2004). « Du français langue étrangère au français langue seconde et au français langue de scolarisation : des compétences différentes ». *Les cahiers de l'ASDIFLE,* n°15, p. 135-150

Verdelhan-Bourgade, M. (2005). « Construire la communication de l'environnement scolaire en français langue seconde ». *Le français dans le monde*, Numéro spécial, p. 123-132

Viala A., Bertrand, D. & Vigner, G. (2000). *Le Français Langue Seconde*. DESCO/CNDP

Vigner, G. (1987). « Français langue seconde : une discipline spécifique ». *Diagonales,* n°4, p. 42-45

Vigner, G. (1989). « Le français, langue de scolarisation », *Diagonales,* n°12, p. 41-45

Vigner, G. (1992). « Le français langue de scolarisation », *Études de linguistique appliquée*, n°88, p. 39-54

Vigner, G. (2001). *Enseigner le français comme langue seconde*. Paris : CLE International

Vigner, G. (2009). (2015). (2nde édition). *Le français langue 2econde : comment enseigner le français aux élèves nouvellement arrivés.* Paris : Hachette Éducation

Warström, J. (2014). *Mentimeter*. En ligne : http : https://www.mentimeter.com (consulté le 5 avril 2021)

• Résumé et mots-clés

L'étude des représentations des enseignants d'UPE2A relatives aux spécificités du français en usage en contexte scolaire vise à disposer de points d'appui pour orienter la formation de ces enseignants. Selon la circulaire officielle actuelle, l'inclusion scolaire des EA-NA implique un enseignement du français comme langue de scolarisation. Mais quelles sont les représentations de ces enseignants à cet égard ? Dans les enquêtes menées, le FLSco est décrit comme une langue de communication particulière, une langue objet d'apprentissage et une langue vecteur d'apprentissages. La comparaison de ces réponses à la littérature et aux représentations d'étudiants et de professeurs des écoles de classe ordinaire a permis d'établir une photographie des représentations propres aux enseignants d'UPE2A. Les propositions de formation s'appuyant sur cet état des lieux visent prioritairement l'explicitation des différentes formes discursives scolaires afin de préparer les élèves aux particularités du FLSco. ***Mots-clés*** *: représentations - professeurs d'UPE2A - spécificités - français langue de scolarisation – FLSco.*

- **Annexes**

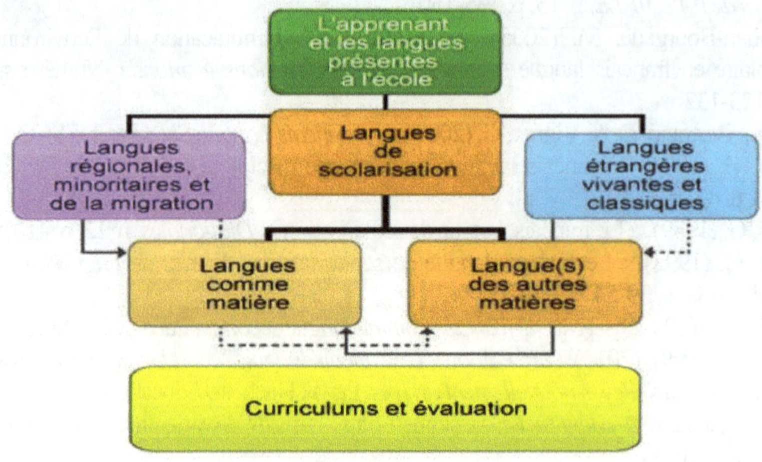

Document n° 1

Les langues dans l'éducation et langues pour l'éducation (Conseil de l'Europe, 2009)

Document n° 2

Résultats de l'enquête sur les représentations des professeurs d'UPE2A à l'égard des spécificités du français de scolarisation via Mentimeter

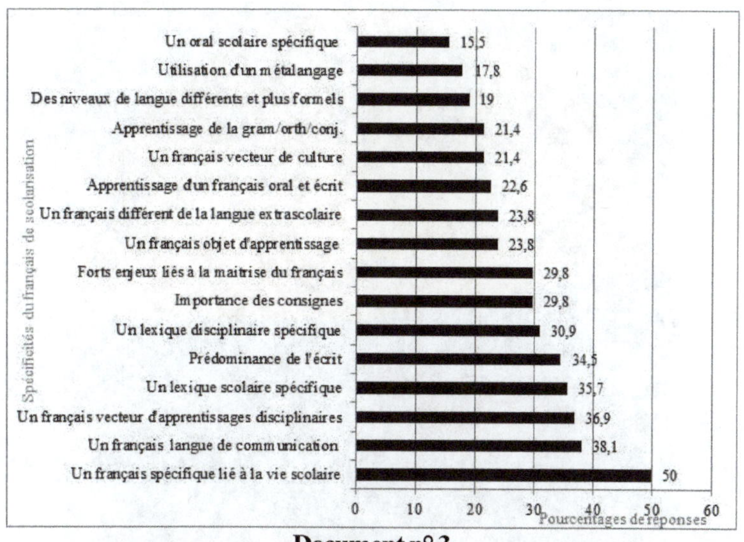

Document n° 3

Résultats de l'enquête sur les représentations des professeurs d'UPE2A à l'égard des spécificités du français de scolarisation

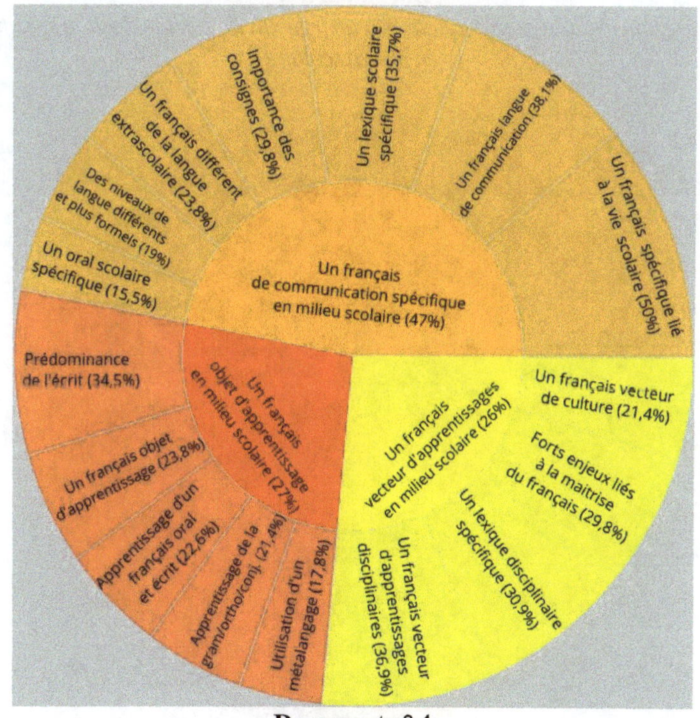

Document n° 4

Regroupement thématique des réponses des professeurs d'UPE2A interrogés sur les spécificités du français de scolarisation

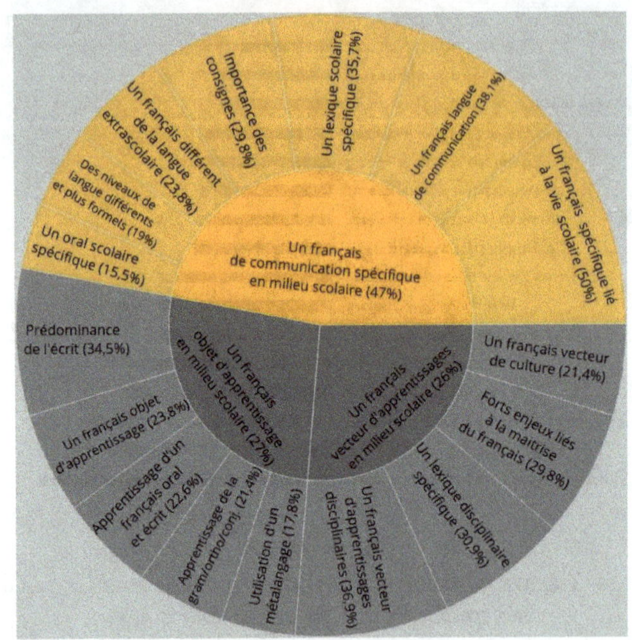

Document n° 5

Regroupement des réponses relatives à un français de communication spécifique en milieu scolaire

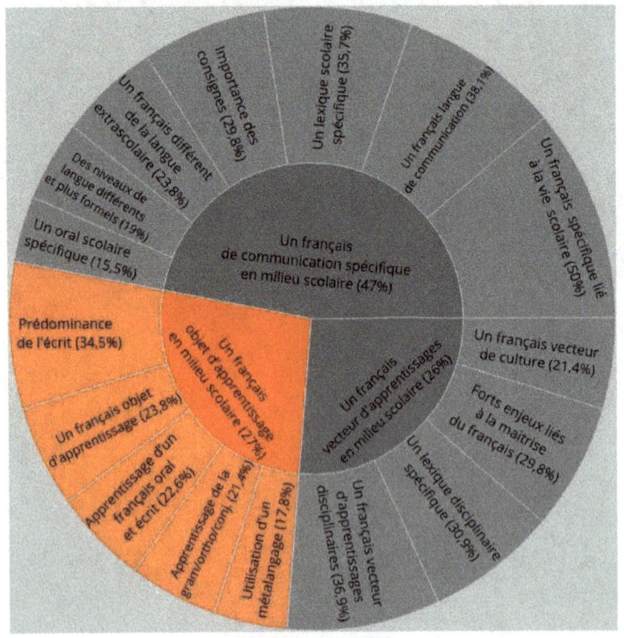

Document n°6

Regroupement des réponses relatives à un français objet d'apprentissage en milieu scolaire

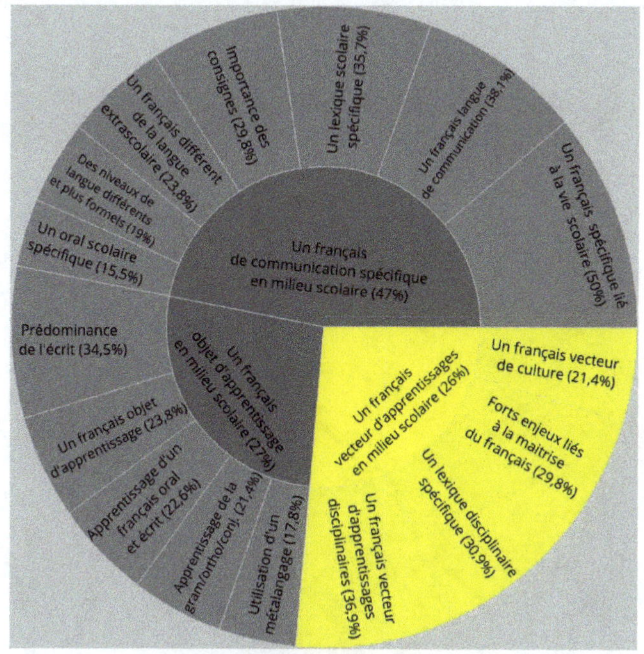

Document n° 7

Regroupement des réponses relatives à un français vecteur d'apprentissages en milieu scolaire

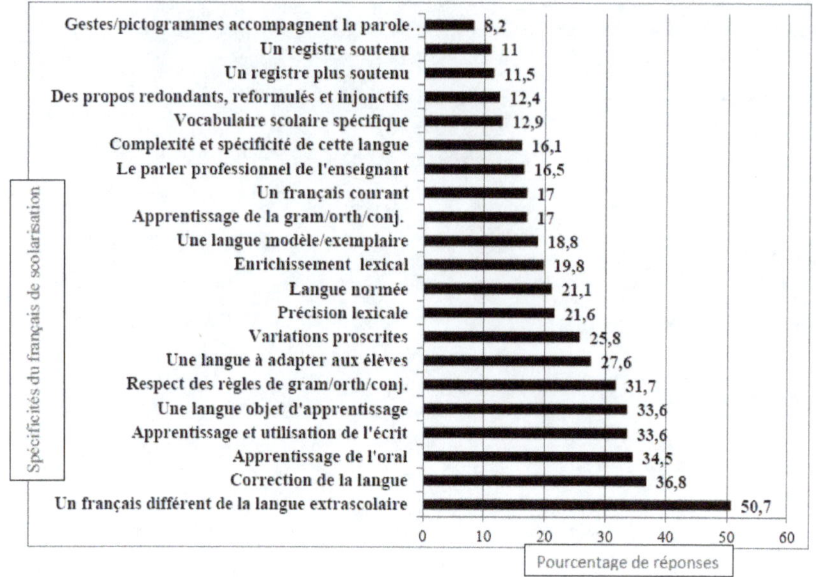

Document n° 8

Résultats de l'enquête sur les représentations des professeurs d'écoles de classe ordinaire et des étudiants de master 2 MEEF à l'égard des spécificités du français de scolarisation

LES REPRÉSENTATIONS DES ENSEIGNANTS AU SEIN D'UNE MOBILITÉ ENSEIGNANTE FRANCO-ALLEMANDE PILOTÉE PAR L'OFAJ

Chloé PROVOT[1]
Université de Lorraine, France

INTRODUCTION

La recherche que nous menons porte sur une mobilité enseignante franco-allemande, le programme Élysée-Prim, géré par l'Office franco-allemand pour la Jeunesse (OFAJ). Il concerne des enseignants du premier degré de France et d'Allemagne qui partent pendant un an dans l'autre pays pour enseigner le français ou l'allemand langue étrangère dans des écoles élémentaires. Notre objectif est d'étudier de quelle manière cette expérience touche ces enseignants, d'un point de vue personnel et professionnel. Personnel, concernant principalement les aspects identitaires, culturels et linguistiques, et professionnel, concernant notamment leurs pratiques enseignantes ainsi que leurs représentations sur l'enseignement et l'éducation en France et en Allemagne.

Les représentations ont une place importante dans une telle mobilité : les participants ont des représentations sur différents éléments, que ce soit concernant le dispositif en lui-même, l'expérience qu'ils vivent pendant une année, les cultures et les langues avec lesquelles ils sont en lien, l'enseignement, et plus particulièrement l'enseignement d'une langue-culture.

Cette contribution aura pour fil conducteur les représentations au sein de la mobilité enseignante franco-allemande Élysée-Prim. Nous commencerons par présenter notre problématique de recherche, le contexte auquel elle est associée ainsi que notre méthodologie. Ensuite, nous définirons le terme de représentation et détaillerons ce à quoi correspondent les représentations sociales.

---

[1] Chloé Provot est doctorante dans le domaine de la didactique des langues. Sa thèse porte sur la mobilité enseignante franco-allemande Élysée-Prim. Elle est rattachée au laboratoire ATILF (Analyse et Traitement Informatique de la Langue Française, UMR 7118) à l'Université de Lorraine et au CNRS. La thèse est co-dirigée par Dominique Macaire (ATILF, Université de Lorraine) et Julia Putsche (LiLPa, Université de Strasbourg). Enseignante contractuelle au sein du DLADL (Département de linguistique appliquée et de didactique des langues) de l'Université de Strasbourg, elle est en charge d'enseignements en lien avec la didactique des langues, pour un public de Licence (options en didactique des langues) et de Master (Master 1 Didactique des langues et Master 2 FLE-FLS-FLI).

Enfin, nous nous pencherons sur les représentations qu'ont les enseignants, et plus particulièrement celles des participants à cette mobilité enseignante franco-allemande.

1. Problématique et contexte de recherche

1.1 Problématique de recherche

Nous cherchons à savoir de quelle manière cette expérience de mobilité va jouer un rôle pour les enseignants participants, du point de vue tant personnel que professionnel.

En ce qui concerne l'aspect personnel, nous nous intéressons principalement à leur rapport à la langue, à la culture ainsi qu'à leur identité. En quoi cette expérience est-elle une expérience culturelle et/ou interculturelle ? En quoi les enseignants ont-ils l'impression de vivre une expérience linguistique ? L'identité des enseignants participants a-t-elle évolué à la suite de cette mobilité ? Si oui, de quelle manière ?

D'un point de vue professionnel, nous nous penchons sur différents éléments : leurs pratiques enseignantes, leur manière d'enseigner, leurs représentations de l'enseignement et de l'éducation en France et en Allemagne, leur identité professionnelle, leur découverte et/ou co-construction de diverses communautés. En quoi cette expérience a-t-elle contribué à faire évoluer les pratiques et outils d'enseignement ? Quelles sont leurs représentations de l'enseignement et de l'éducation en France et en Allemagne ? Après un an d'expérience, ont-elles changé ? Ont-ils découvert ou co-construit de nouvelles communautés professionnelles ?

Le dispositif Élysée-Prim est géré par l'OFAJ, l'Office franco-allemand pour la Jeunesse, en partenariat avec le ministère de l'Éducation nationale, de la Jeunesse et des Sports du côté français et différents représentants au sein des *Bundesländer* participant du côté allemand.

1.2 Contexte de recherche

L'OFAJ est un organisme qui a été créé en 1963 à la suite de la signature du Traité de l'Élysée, traité d'amitié franco-allemande. Cette organisation internationale au service de la coopération franco-allemande a « pour mission d'encourager les relations entre les jeunes des deux pays, de renforcer leur compréhension et, par là, de faire évoluer les représentations du pays voisin » (OFAJ, 2021). Il soutient divers échanges et projets franco-allemands tels que des échanges scolaires et universitaires, des jumelages de villes et de régions, des stages et échanges professionnels, des bourses de voyage, etc. Cette organisation est financée à parts égales par les deux États français et allemand.

La mobilité Élysée-Prim est organisée en différents temps. Au printemps précédant le départ, les enseignants se rencontrent dans l'objectif de préparer leur mobilité et de rencontrer d'anciens participants et différentes personnes de l'Éducation nationale ou des *Bundesländer* qui ont un lien avec l'organisation. En été, ils vont suivre deux formations obligatoires : une formation pédagogique pour les préparer à l'enseignement du français ou de l'allemand langue étrangère et une formation linguistique pour approfondir la langue du pays où ils vont se rendre.

Les enseignants débutent, après ces trois semaines de formation, leur expérience professionnelle et personnelle. Ils vont à nouveau se rencontrer en milieu d'année scolaire, en janvier, pour faire le point à mi-parcours sur leur mobilité. Ce sera également le moment de demander le retour en fin d'année ou le renouvellement pour une année supplémentaire. Ceux qui ne restent qu'un an sur place se retrouveront au printemps pour une réunion de clôture réunissant les personnes rentrantes et les futurs participants.

L'objectif de ce programme est de permettre aux enseignants de découvrir un système éducatif différent et d'avoir à leur retour un regard nouveau sur leur propre système éducatif et pédagogique, mais aussi, à plus grande échelle, de développer les liens entre les communautés éducatives et de promouvoir l'ouverture européenne et internationale (Perrefort, 2013, p. 15).

Les participants vont enseigner le français ou l'allemand langue étrangère dans des écoles élémentaires. La charge d'enseignement dépend de la demande des établissements : certains effectuent leur mission dans une seule école, d'autres sont répartis dans plusieurs écoles.

1.3 Protocole de recherche

Pour répondre au mieux à notre question de recherche, nous avons voulu avoir différentes perspectives. C'est pourquoi nous avons rencontré différentes personnes en lien avec ce dispositif. La récolte des données s'est faite sur l'année universitaire 2020-2021.

Nous avons commencé par les premiers concernés : les enseignants. Nous avons sélectionné douze enseignants, six Allemands et six Français, que nous avons suivis sur une année de mobilité. Nous les avons rencontrés en août 2020 pour un premier entretien avant leur départ, puis les avons revus en fin d'année scolaire 2021 pour faire le point sur cette année d'expérience. Nous cherchions une certaine représentativité lors de la sélection de nos sujets. Nous les avons choisis sur différents critères : l'âge, la région de départ en France et en Allemagne, la région d'affectation, leur niveau de langue étrangère (français ou allemand langue étrangère) et nous avons également cherché à rencontrer quelques personnes qui avaient déjà participé à la mobilité. Nous aurions aimé avoir une parité hommes/femmes, mais n'ayant qu'un seul homme dans le groupe de participants de 2020-2021, nous n'avons pu conserver ce critère.

Nous avons observé, de manière non participante (Norimatsu & Cazenave-Tapie, 2017, p. 530), la formation pédagogique à laquelle l'ensemble des enseignants ont participé pendant plusieurs jours en août 2020. Nous avons également observé, de la même manière, une rencontre virtuelle qui a été organisée par l'OFAJ en octobre 2020, dont l'objectif était de faire le point sur le début de l'année scolaire.

Les entretiens menés tout au long de cette recherche de thèse sont des entretiens individuels, semi-directifs et à visée compréhensive. La technique de l'entretien individuel permet de mettre au jour les représentations de la personne interviewée et de discuter sur l'un ou l'autre point en particulier (Baribeau & Royer, 2012, p. 26). L'entretien (ou entrevue) semi-dirigé consiste en une interaction menée par le chercheur de façon souple : il ressemble à une conversation, guidée par le rythme et le contenu de l'échange, tout en possédant des thèmes généraux que le chercheur souhaite explorer avec le participant (Savoie-Zajc, 2009, p. 340). Par ailleurs, nous avons utilisé la méthode de l'entretien compréhensif proposée par Jean-Claude Kaufmann (2011) : la personne interviewée doit se sentir à l'aise, ne pas avoir le sentiment de passer un entretien de type questions-réponses. L'enquêteur, de son côté, doit mener l'entretien, c'est-à-dire maintenir sa structure et aborder les éléments qui lui semblent importants, tout en apportant de la sécurité et de l'intérêt à ce que dit son interlocuteur (Kaufmann, 2011 ; Romelaer, dans Roussel & Wacheux, 2014).

En complément des entretiens menés avec les enseignants, nous avons voulu rencontrer des personnes qui sont en lien avec ce programme : des représentants de l'OFAJ, de l'Éducation nationale française et des *Bundesländer* allemands. Le recueil des données a commencé en août 2020 et s'est poursuivi jusqu'à l'été 2021.

Au sein de l'OFAJ, nous avons rencontré la cheffe de projet en charge de l'organisation de cette mobilité professionnelle ainsi que la cheffe du bureau « Formation interculturelle » qui a pu répondre à nos questions d'un point de vue plus global et politique. Nous avons également échangé avec une formatrice de la formation pédagogique à laquelle les enseignants participent l'été avant leur départ en mobilité.

Nous nous sommes également entretenue avec la représentante du *Bundesland* de Berlin pour ce programme. En ce qui concerne les autres personnes (représentants d'autres *Bundesländer* et de l'Éducation nationale), la collecte de données a été prévue pour le courant de 2021.

L'objectif de ces échanges est de compléter et de comparer les points de vue sur cette mobilité, pour avoir plusieurs perspectives en complément de celle des enseignants.

2. Représentations d'un vécu

2.1 Un processus mental individuel permettant une représentation du réel

En participant à cette mobilité, les enseignants vont non seulement la vivre mais également se représenter mentalement ce qu'ils vivent ou voient au cours de cette expérience. En effet, chaque individu perçoit le monde à sa manière. Il se représente les événements qu'il vit ou les éléments qu'il voit : « les représentations constituent les fenêtres par lesquelles les individus perçoivent le monde et chaque perception est unique » (Eid & Fadel, 2013, p. 93). Cette interprétation de la réalité se base sur les connaissances que la personne a de la situation ou de la tâche, mais également de sa personnalité, de son passé et de son expérience (Eid & Fadel, 2013, p. 93-94). Il s'agit d'une représentation de quelque chose (l'objet) et de quelqu'un (le sujet) (Jodelet, 2003, p 59). Elle est unique puisque la perception appartient à l'individu qui la crée (Eid & Fadel, 2013, p. 93).

La représentation est « le produit et le processus d'une activité mentale par laquelle un individu ou un groupe reconstitue le réel auquel il est confronté et lui attribue une signification spécifique » (Abric, 1988, p. 64, cité par Jodelet, 2003, p. 206). Il s'agit d'un ensemble organisé d'opinions, de comportements, de croyances, d'informations qui sont en lien avec un objet ou une situation. Elle est déterminée par l'individu (à travers son histoire, son vécu), par le système socio-idéologique et l'histoire du groupe auquel il est rattaché et par la nature des liens qu'il a avec ce système social (Abric, 2005, p. 59 ; Jodelet, 2003, p. 206).

Une représentation est, comme son nom l'indique, une « re-présentation » d'un élément ou d'un événement vécu. Elle le présente encore une fois, malgré son absence ou sa non-existence éventuelle. Elle le modèle à partir d'une pensée conceptuelle. La condition de son existence est l'effacement de l'objet ou de l'entité, tandis que, par ailleurs, cet effacement n'est pas total puisque la représentation récupère et utilise cet objet ou entité pour le recréer (Moscovici, 1976, p. 56).

La représentation fonctionne comme un système d'interprétation de la réalité, qui régit les relations qu'a un individu avec son environnement physique et social ; elle détermine ses comportements ou ses pratiques (Abric, 2011, p. 18 ; Eid & Fadel, 2013, p. 93). Elle est une sorte de guide pour l'action puisqu'elle oriente les actions et les relations sociales. Elle est un système de « prédécodage de la réalité » en ce sens qu'elle détermine un ensemble d'anticipations et d'attentes (Abric, 2011, p. 18).

Une représentation est toujours une approximation, un moyen d'interpréter le réel. Elle va omettre les éléments dont elle n'a pas besoin et retenir ceux qui lui sont nécessaires pour les opérations pour lesquelles elle fait sens (Moore, 2008, p. 10). Elle va reconstituer, retoucher, changer le texte et pas seulement dédoubler, répéter ou reproduire l'élément en question. Le lien entre le concept et la perception, l'un se mélangeant à l'autre et le transformant, donne l'impression que cette représentation est réelle. Cette création intellectuelle fait oublier qu'elle est l'œuvre d'une pensée, qu'elle a un commencement et aura une fin et qu'elle est passée par le psychisme individuel et social pour exister (Moscovici, 1976, p. 56-57). La réalité perçue ou exprimée est toujours subjective (Demorgon & Lipiansky, 1999, p. 151).

La connaissance du monde est bâtie par les individus et se réalise par des représentations individuelles et collectives qui appartiennent à la culture à laquelle sont rattachés les individus en question. Le groupe construit des savoirs sociaux conservés, transmis et transformés par le langage, et des représentations, ancrées dans l'histoire collective et individuelles (Narcy-Combes, 2009, p. 95-96).

2.2 Les représentations sociales

Jodelet (2003, p. 53) définit la représentation sociale comme « une forme de connaissance, socialement élaborée et partagée, ayant une visée pratique et concourant à la construction d'une réalité commune à un ensemble social. » Les représentations sociales sont des systèmes d'interprétation de la réalité, qui gouvernent la relation qu'a l'individu au monde et aux autres, orientent et organisent les conduites et les communications sociales. Elles interviennent dans des domaines variés, tels que la diffusion et l'assimilation de connaissances, le développement individuel et collectif, la définition des identités personnelles et sociales, l'expression des groupes et les transformations sociales (Jodelet, 2003, p. 53). Elles sont définies comme le produit et le processus d'une activité de compréhension de la réalité extérieure à la pensée et de transformation psychologique et sociale de cette réalité. Ce phénomène amène l'individu à représenter ou se représenter un objet, qui peut être « aussi bien une personne, une chose, un événement matériel, psychique ou social, un phénomène naturel, une idée, une théorie, etc. ; il peut être aussi bien réel qu'imaginaire ou mythique, mais il est toujours requis » (Jodelet, 2003, p. 54). Il n'existe pas de représentation sans objet.

Les représentations sociales sont des constructions sociocognitives, en ce sens qu'elles sont soumises à une double logique : la logique cognitive et la logique sociale. Elles sont régies par leurs propres règles. La concomitance de ces deux logiques permet de comprendre pourquoi une représentation peut être à la fois rationnelle ou irrationnelle, ou qu'elle puisse apparaitre comme illogique et incohérente (Abric, 2011, p. 19). En effet, une représentation sociale est un processus cognitif et social qui transforme une réalité en une construction psychique.

2.3 Les représentations des enseignants

Les représentations participent à la construction identitaire, au rapport entre soi et les autres et à la construction des connaissances (Castellotti & Moore, 2002, p. 21). Il n'est pas possible de considérer que certaines représentations soient meilleures que d'autres (Moore, 2008, p. 10) puisqu'elles ne sont ni justes, ni fausses, ni définitives (Castellotti & Moore, 2002, p. 21). Elles prennent part à l'auto-catégorisation et à la détermination des critères que les individus estiment pertinents pour construire leur identité par rapport à d'autres. Ainsi, les représentations ont leur place dans un enseignement, et plus particulièrement dans un enseignement de langue étrangère : elles jouent un rôle dans le rapprochement entre un besoin d'auto-centration et de rattachement au connu et l'ouverture que nécessite l'appropriation des langues (Castellotti & Moore, 2002, p. 21).

Les représentations varient en fonction des macro-contextes et des micro-contextes : des macro-contextes, qui incluent le programme d'enseignement de la langue, les orientations pédagogiques et les relations entre les langues dans la société au sens large et dans la classe, etc., et des micro-contextes qui prennent en compte les activités proposées en classe et les dynamiques (attitudinales et d'apprentissage) mises en place. Les représentations peuvent évoluer grâce à des stratégies qui combinent macro et micro-contextes d'enseignement (Castellotti & Moore, 2002, p. 22).

Borg (2003, p. 81) utilise le terme de *teacher cognition*, ou cognition enseignante en français, pour désigner la dimension cognitive de l'enseignement, c'est-à-dire ce que les enseignants savent, croient et pensent. Les enseignants ont des habitudes d'enseignement qui sont calquées sur des modèles rencontrés dans leur biographie scolaire (Cadet & Causa, cité par Chiss & Cicurel, dans Beacco et al., 2005, p. 7).

Les représentations qu'ont les enseignants d'une langue étrangère concernent différents éléments : elles portent sur la langue, mais aussi, plus spécifiquement « sur le statut de la langue à enseigner, sur qui enseigne cette langue, sur le public à qui l'on s'adresse et sur les besoins communicatifs de ce public » (Causa et Vlad, cité par Blanchet et al., 2009, p. 115). Elles sont liées à des paramètres plus globaux, tels que le statut socioculturel de l'enseignant et le contexte d'enseignement-apprentissage où cette langue est enseignée (Causa et Vlad, dans Blanchet et al., 2009, p. 115).

Les pratiques enseignantes ne dépendent pas seulement de l'enseignant, mais sont également influencées par l'environnement scolaire de l'enseignant, par les réalités sociales, psychologiques et environnementales de l'école et de la classe. Ces facteurs comprennent les parents, l'aménagement de la classe et de l'école, la disponibilité des ressources, les exigences des supérieurs hiérarchiques, les politiques et programmes scolaires, la société et les collègues (Borg, 2003, p. 94 ; 2006, p. 40).

Les représentations des apprenants sont essentielles dans leur apprentissage d'une langue. Les apprenants se construisent une représentation de la distance interlinguistique présente entre leur langue et la langue à apprendre. Cette séparation est en lien avec leurs représentations sur leur langue première, sur la langue à apprendre et sur leurs différences. Toutes ces représentations que se font les apprenants des langues de leurs locuteurs et des pays dans lesquels elles sont pratiquées ont un rôle dans l'apprentissage et les aident à développer des stratégies d'apprentissage. Il existe une corrélation entre l'image que se fait l'apprenant d'un pays et les représentations qu'il construit au sujet de son propre apprentissage de la langue de ce pays (Castellotti & Moore, 2002, p. 10-11).

Il arrive que ces représentations soient construites ou reconstruites dans le cours de langue étrangère, voire que les enseignants renforcent les stéréotypes qui servent de base à ces représentations (Castellotti & Moore, 2002, p. 12).

2.4 Les représentations des enseignants dans le cadre de cette mobilité

Les enseignants concernés par la mobilité Élysée-Prim vont d'un côté vivre cette expérience personnelle et professionnelle et de l'autre se représenter ce qu'ils voient et vivent.

2.4.1 Concernant leur vécu personnel

Différents points nous intéressent d'un point de vue personnel : les aspects culturels, linguistiques et identitaires. Les enseignants qui participent à cette mobilité sont, avant d'être des enseignants d'une langue-culture, des individus singuliers. Ils font partie de cultures. L'adhésion à ces sociétés ou communautés leur permet de créer leur identité.

Chaque culture est représentée par des expressions culturelles, qui sont vécues et partagées à différentes échelles (régionale, nationale, religieuse, ethnique…) et qui forment le patrimoine commun, hérité du passé et enrichi par le présent. Ces caractéristiques peuvent être visibles ou invisibles. Les réalisations visibles peuvent être « la langue, les rites (sociaux, religieux, nationaux ou collectifs institutionnalisés), les coutumes, les fêtes, les calendriers (dates et hommes historiques célébrés), les modes d'habitats (urbains, ruraux, régionaux), les habitudes alimentaires, vestimentaires, culturelles dans le sens restrictif (danses, chants, costumes, légendes, contes, récits, etc.) » (Gohard-Radenkovic, 2004, p. 115). Les réalisations invisibles constituent un ensemble d'éléments partagés par une communauté, qui possèdent les mêmes références, les mêmes valeurs et les mêmes règles implicites lors d'une interaction. Elles incluent « des règles de découpage et d'organisation du temps, de distribution de l'espace, de mise en scène ou "présentation de soi", aussi bien corporelle que langagière au cours d'interactions sociales ; le rapport de l'individu aux institutions éducatives, politiques, religieuses, économiques, médiatiques (hérité et modelé par les strates historiques) ; le rapport au travail, à l'idéologie, à la science, à la technique ; le rapport à l'autre, à la famille, à son groupe d'appartenance ; à la nature, au corps, à la vie, la mort, le cosmos, etc. » (Gohard-Radenkovic, 2004, p. 116).

Une identité collective se crée au sein de la communauté, à partir des références communes acquises et transmises au fil du temps, de génération en génération, et évolue à travers l'influence de l'environnement. Les individus qui appartiennent au groupe se reconnaissent dans ces caractéristiques communes, quelle que soit leur appartenance sociale (Gohard-Radenkovic, 2004, p. 121).

Un individu a la possibilité voire l'obligation d'appartenir à plusieurs groupes et ainsi d'adhérer à d'autres cultures (ou sous-cultures) telles que des cultures régionales, sexuelles, générationnelles, professionnelles, religieuses. Il a le droit d'être un individu singulier et d'échapper au(x) groupe(s) d'origine. Culture et identité sont des termes qui peuvent désormais se décliner au pluriel ; cette pluralité n'est pas seulement à prendre en compte, elle « constitue désormais la norme » (Abdallah-Pretceille, 2017, p. 16).

De même que la culture, l'identité devient de plus en plus mouvante, fluide (Dervin, 2008b, p. 41), flexible, dynamique. Elle évolue constamment (Dervin, 2008b, p. 41) ; elle est « source d'ajustements, de contradictions, voire de conflits, de manipulations et de dysfonctionnements » (Devereux, 1979, cité par Abdallah-Pretceille, 2017, p. 16). Les identités et les cultures solides sont rattachées à des espaces géographiques bien délimités, par exemple « les pays francophones » (Dervin, 2008a, p. 96).

Nous cherchons à voir de quelle manière les individus participant à la mobilité vont vivre et se représenter ce vécu culturel et/ou interculturel et identitaire. Se représentent-ils différemment les concepts de culture et d'interculturalité entre le début et la fin de leur mobilité ? Ressentent-ils un changement dans leur identification à une ou des cultures ? Ont-ils l'impression que leurs(s) identité(s) a/ont changé suite à cette expérience ? Ce sont les questions qui nous intéressent et auxquelles nous essayons de répondre dans notre recherche de thèse.

2.4.2 Concernant leur vécu professionnel

La question du vécu professionnel est vaste. En effet, les enseignants ont des représentations diverses et variées à propos de l'enseignement. Nous allons aborder ci-dessous différents points que nous envisageons d'étudier grâce aux entretiens menés. La liste n'est néanmoins pas exhaustive et évoluera au gré des données recueillies.

Premièrement, les enseignants se représentent les institutions scolaires de France et d'Allemagne et l'organisation scolaire des deux pays. Leurs opinions sur l'organisation scolaire au sein du pays (la France ayant un système plus centralisé que l'Allemagne, par exemple) vont peut-être être amenées à évoluer.

De même, ils vont découvrir un autre environnement scolaire et éducatif, où le rapport avec l'enfant et/ou l'élève est sûrement différent de ce qu'ils connaissent ou de ce à quoi ils sont habitués. Le cas échéant, il nous intéresse d'étudier l'évolution de leurs représentations concernant la place de l'enfant, de l'élève, ainsi que de l'enseignant au sein de l'école et de la société.

Par leur nouvelle expérience d'enseignement, ils vont découvrir une autre organisation scolaire dans le pays et à l'école. La France a un système centralisé et nationalisé tandis que l'Allemagne fonctionne par *Bundesland* : chaque *Bundesland* est autonome et indépendant, c'est-à-dire décide de son système et de son programme scolaire. Le système français est commun à tous les citoyens : école maternelle, école primaire, collège unique puis lycée. En Allemagne, un système scolaire global est commun à l'ensemble du pays : il se divise en trois cursus distincts et a pour objectif une orientation précoce (Geiger-Jaillet, 2016, p. 14). Chaque *Bundesland* est néanmoins libre de choisir l'organisation au sein de ces trois cursus : le nombre d'années de scolarité, le programme scolaire, les matières enseignées, le recrutement des enseignants, etc.

Les enseignants n'ont pas la même charge d'enseignement dans les deux pays : en France, un professeur des écoles est formé pour enseigner toutes les disciplines de l'école élémentaire (maternelle et primaire). En Allemagne, l'enseignant se spécialise en général dans deux à trois disciplines. Il n'est pas rare qu'il suive une classe pendant plusieurs années, voire les quatre années de *Grundschule* (correspondant à l'école primaire française), l'objectif étant d'éviter de bousculer les repères et les liens affectifs des enfants (Geiger-Jaillet, 2016, p. 22).

Les enseignants qui participent à la mobilité Élysée-Prim vont être amenés à enseigner le français ou l'allemand langue étrangère. D'après Louis Porcher (1995, p. 53, cité par Cuq & Gruca, 2017, p. 73), « toute langue véhicule avec elle une culture dont elle est à la fois la productrice et le produit ». Ainsi, l'enseignement d'une langue, qui plus est étrangère, est lié à une culture. La langue enseignée n'est pas qu'un objet de communication, elle est liée à un contexte, à une culture, elle ne peut être réduite à une « simple fonction instrumentaliste » (Windmüller, 2011, p. 35) puisqu'elle comporte implicitement et explicitement des références culturelles et est par conséquent liée aux individus (Windmüller, 2011, p. 35). Le langage véhicule l'ensemble des connaissances et des pratiques sociales qui forment la culture (Demorgon & Lipiansky, 1999, p. 130). L'enseignement de cette discipline constituera a priori une nouvelle expérience puisqu'il y a peu d'enseignants qui enseignent une langue étrangère à l'école élémentaire. Ils vont utiliser, créer et développer d'autres outils, d'autres méthodes d'enseignement. Nous cherchons à savoir de quelle manière ils ont l'impression que leurs pratiques enseignantes ont évolué.

Après une année scolaire d'une telle expérience, les enseignants auront expérimenté de nouvelles pratiques enseignantes, découvert de nouvelles méthodes, échangé sur différents points. Notre objectif est d'étudier quels sont, d'après eux, ces éléments, et quelles sont leurs représentations sur l'évolution de leur enseignement ainsi que sur l'enseignement et l'éducation en France et en Allemagne.

CONCLUSION

Les représentations sont présentes sous plusieurs aspects dans cette mobilité : pour les participants, en tant qu'individu singulier ou en tant qu'enseignant, ainsi que pour les enfants qui vont être concernés par l'apprentissage du français ou de l'allemand langue étrangère.

Les personnes qui partent faire cette mobilité ont différentes motivations. Par ailleurs, elles auront des représentations, avant leur départ, sur le programme en lui-même, sur la langue française et allemande, sur le pays dans lequel elles s'apprêtent à aller et sur celui dont elles viennent, sur leur identité, sur leur expérience… La liste n'est pas exhaustive. Ces représentations vont vraisemblablement évoluer au cours de leur expérience personnelle et professionnelle en France ou en Allemagne. De plus, leurs représentations de l'enseignement et de l'éducation dans ces deux pays vont probablement être également influencées par leur vécu pendant cette année de mobilité.

Les représentations individuelles des enseignants vont être liées aux représentations sociales des communautés auxquelles ils adhèrent ou dont ils font ou ont fait partie.

Par ailleurs, les enfants, public cible du programme, vont aussi être impactés. En effet, ils vont découvrir l'allemand ou le français ou développer leurs compétences en langue française ou en langue allemande et échanger sur différents éléments (notamment langagiers et culturels) pendant les cours de langue étrangère ou de manière informelle en-dehors du cours.

La question se pose également concernant l'influence de nos propres représentations, en tant que chercheuse, sur la transcription des entretiens et l'analyse des données. En effet, en tant que Française ayant le français comme langue première et ayant appris l'allemand en tant que langue étrangère par la suite, nous sommes vraisemblablement également influencée par nos propres représentations des deux langues et de l'enseignement d'une langue étrangère. De plus, lors de la transcription des entretiens qui se sont passés en allemand ou en français suivant la langue de la personne interviewée, il n'est pas toujours facile de transcrire l'oral de la manière la plus transparente possible (puisqu'il y a transcription de l'oral vers l'écrit) et il se peut que nous soyons nous-même dépendante de nos propres représentations.

- **Bibliographie**

Abdallah-Pretceille, M. (2017). *L'éducation interculturelle* (5ème éd.). Presses universitaires de France.

Abric, J.-C. (2005). *Méthodes d'étude des représentations sociales*. Erès.

Abric, J.-C. (2011). *Pratiques sociales et représentations* (2ème éd.). Presses universitaires de France.

Baribeau, C. & Royer, C. (2012). L'entretien individuel en recherche qualitative : Usages et modes de présentation dans la Revue des sciences de l'éducation. *Revue des sciences de l'éducation*, *38*(1), 23-45.

Beacco, J.-C., Chiss, J.-L., Cicurel, F. & Véronique, D. (2005). *Les cultures éducatives et linguistiques dans l'enseignement des langues*. Presses universitaires de France.

Blanchet, P., Moore, D. & Asselah Rahal, S. (2009). *Perspectives pour une didactique des langues contextualisée*. Éditions des Archives Contemporaines.

Borg, S. (2003). Teacher cognition in language teaching: A review of research on what language teachers think, know, believe, and do. *Language Teaching*, *36*(2), 81-109. https://doi.org/10.1017/S0261444803001903

Borg, S. (2006). *Teacher cognition and language education : Research and practice*. Continuum.

Castellotti, V. & Moore, D. (2002). *Représentations sociales des langues et enseignements =Social representations of languages and teaching: Guide pour l'élaboration des politiques linguistiques éducatives en Europe, de la diversité linguistique à l'éducation plurilingue =Guide for the development of language education policies in Europe : From linguistic diversity to plurilingual education : Étude de référence =reference study*. Conseil de l'Europe.

Cuq, J.-P., & Gruca, I. (2017). *Cours de didactique du français langue étrangère et seconde* (4ème éd.). PUG.

Dervin, F. (2008a). Contre la solidification des identités : Faire vivre les diverses diversités francophones. *Synergies Monde*, *5*, 95-104.

Dervin, F. (2008b). *Métamorphoses identitaires en situation de mobilité* [Thèse de doctorat, Universités de Turku, Finlande et de la Sorbonne Nouvelle Paris, 3]. https://www.utupub.fi/bitstream/handle/10024/36411/B307. pdf?sequence=1

Eid, C., & Fadel, F. (2013). *Les Interculturalités : Etat des lieux et perspectives, théories et pratiques*. EME Editions. http://sbiproxy.uqac.ca/login?url=https://international.scholarvox.com/book/88854392

Geiger-Jaillet, A. (2016). Cultures d'apprentissage et cultures d'enseignement : Comparaison France – Allemagne. *Synergies Pays germanophones*, *9*, 13-31.

Gohard-Radenkovic, A. (2004). *Communiquer en langue étrangère : De compétences culturelles vers des compétences linguistiques* (2ème éd.). Peter Lang.

Jodelet, D. (2003). *Les représentations sociales* (7ème éd.). Presses universitaires de France.

Kaufmann, J.-C. (2011). *L'entretien compréhensif* (3ème éd.). Armand Colin.

Lipiansky, E. M., & Demorgon, J. (1999). *Guide de l'interculturel en formation*. Retz.

Moore, D. (2008). *Les représentations des langues et de leur apprentissage : Références, modèles, données et méthodes*. Didier.

Moscovici, S. (1976). *La psychanalyse : Son image et son public*. Presses universitaires de France.

Narcy-Combes, M.-F. (2009). Développer la compétence interculturelle : Un défi identitaire. *Cahiers de l'APLIUT*, *28*(1), 93-104.

Norimatsu, H., & Cazenave-Tapie, P. (2017). Techniques d'observation en Sciences humaines et sociales. In B. Barthe & C. Brun, *Techniques d'observation en Sciences humaines et sociales* (p. 529-532). https://ergonomie-self.org/wp-content/uploads/2017/09/ActesSELF2017.pdf

OFAJ. (2021). *L'institution.* OFAJ/DFJW. https://www.ofaj.org/institution. html

Perrefort, M. (2013). *L'échange franco-allemand des enseignants du premier degré. Paroles partagées.* Téraèdre.

Roussel, P., & Wacheux, F. (2014). *Management des ressources humaines : Méthodes de recherche en sciences humaines et sociales.* De Boeck Supérieur.

Savoie-Zajc, L. (2009). L'entrevue semi-dirigée. In B. Gauthier, *Recherche sociale : De la problématique à la collecte de données* (5ème éd., p. 337-360). Presses de l'Université du Québec.

Windmüller, F. (2011). *Français langue étrangère (FLE) : L'apprentissage culturel et interculturel.* Belin.

• Résumé et mots-clés

Cette contribution porte sur la mobilité enseignante franco-allemande Élysée-Prim organisée par l'OFAJ (Office franco-allemand pour la Jeunesse). Ce dispositif concerne des enseignants d'écoles élémentaires de France et d'Allemagne qui partent enseigner le français ou l'allemand langue étrangère dans l'autre pays pendant une année scolaire. Les représentations sont le fil conducteur de la contribution. Nous commençons par présenter la problématique de recherche, son contexte ainsi que le protocole de recherche mis en place. Ensuite, nous définissons la notion de représentations et étudions plus particulièrement les représentations des enseignants au sein de la mobilité étudiée. ***Mots-clés*** *: mobilité enseignante, dispositif franco-allemand, enseignement, représentations, OFAJ.*

REPRÉSENTATIONS GRAPHIQUES POUR UNE AUTRE APPROCHE DE LA REPRÉSENTATION DE LA VOIX FÉMININE DANS LES CHANSONS DE TROUVÈRES DES XIIE ET XIIIE SIÈCLES

Emmanuelle DANTAN[1]
Université de Strasbourg, France
ORCID : 0000-0003-4528-6519

INTRODUCTION

La représentation graphique est aujourd'hui considérée comme « un moyen de surplomber [l'information] pour mieux la comprendre » (McCandless, 2011, p. 8). Les « méthodes statistiques » doivent permettre « d'organiser logiquement une vaste matière bibliographique en révélant l'amplitude des mouvements et le dessin des tendances » (Dufrénoy, 1954, p. 196) d'un courant, d'un genre, « dans l'espoir que le graphique sera plus que la somme de ses parties, qu'il fera émerger une forme, un motif qui pourrait *ajouter* quelque chose à l'information à partir de laquelle on l'a construit » (Moretti, 1998, cité par Bernard, 2017, p. 93).

Marie-Louise Dufrénoy (1954) a utilisé ces méthodes pour étudier le cycle de vie du roman oriental au XVIIIe siècle. Guy Philippart et Michel Trigalet (2002) se sont intéressés à l'hagiographie latine du XIe siècle, sa production et son édition médiévales dans le temps. Franco Moretti (2008), pour sa part, a étudié l'essor du roman du XVIIIe au XXe siècle, en utilisant les modèles et représentations de « disciplines avec lesquelles les études littéraires ont toujours eu peu ou pas du tout de relations : les graphes de l'histoire quantitative, les cartes de la géographie et les arbres de la théorie de l'évolution » (p. 33).

[1] Doctorante en linguistique au sein de l'Unité de Recherche LiLPa (Linguistique, Langues et Parole), Emmanuelle DANTAN débute sa quatrième année de thèse sur les voix féminines représentées dans les chansons de trouvères des XIIe et XIIIe siècles, sous la direction du Professeur Thierry Revol. Son étude suit une approche pragmatique (analyse des discours, de l'énonciation, de la modalisation et de la rhétorique). En contrat doctoral, elle assure aussi une mission d'enseignement depuis le début de son doctorat, à la Faculté des Lettres de l'Université de Strasbourg. Elle a eu sous sa responsabilité des cours intégrés de *Grammaire pour les concours* (L3), *Littérature et Linguistique* (L1) et *Choix et valorisation du projet personnel* (L3), ainsi que des TD de *Dimensions énonciatives* (L3), *Linguistique pour non-spécialistes* (L1) et *Classes de mots en langue et en discours* (L1). Elle a coorganisé le Colloque Jeunes Chercheurs LiLPa sur les *Représentations*, qui s'est tenu en décembre 2020.

Ainsi, l'utilisation des représentations graphiques au service de l'étude littéraire ne semble plus à démontrer. Les données statistiques peuvent-elles être pertinentes pour une étude de la représentation de la voix féminine dans les chansons des XIIe et XIIIe siècle ?

1. Réflexions notionnelles et épistémologiques

1.1 Définitions

Le terme de représentation se définit comme l'« action de rendre quelque chose présent à quelqu'un en montrant, en faisant savoir » (https://www.cnrtl.fr/definition/repr%C3%A9sentation, consulté le 21 novembre 2020), l'idée étant donc de faire connaitre, de transmettre une information, une idée, un objet, dans une démarche sensible passant par la vue ou l'ouïe. La représentation graphique en est un certain type, qui vise à utiliser des lignes ou des figures pour donner à voir des informations, faisant donc appel à la vue. « La représentation graphique fait partie des systèmes de signes que l'homme a construits pour retenir, comprendre et communiquer les observations qui lui sont nécessaires » (Bertin ; 2005, p. 6). Elle constitue ainsi un moyen de traiter et d'analyser l'information, à l'aide de réseaux, de diagrammes ou de cartes, dans une forme de « langage » qui a ses propres caractéristiques.

1.2 Sémiologie graphique

La sémiologie graphique met ainsi en œuvre un système monosémique, c'est-à-dire où « la connaissance de la signification de chaque signe précède l'assemblage des signes » (Bertin, 2005, p. 6), par opposition aux systèmes polysémiques où les significations sont déduites de l'observation et peuvent donc être plurielles, en fonction de l'interprétation que chacun leur donne. Les différents signes d'un système monosémique sont définis à l'avance et ne sont pas discutables. Ainsi, on peut décider que l'axe des abscisses représente une échelle de temps, que l'axe des ordonnées représente une quantité, et que le graphique pourra donc donner à voir l'évolution dans le temps d'une quantité. Ce ne sont pas les significations données aux signes qui pourront être discutées, mais la sélection et l'analyse des informations représentées, et le choix du graphique utilisé pour le faire.

1.3 Intérêt des représentations graphiques

L'intérêt d'un travail utilisant les représentations graphiques pour obtenir une vision d'un contexte de production littéraire tient, en premier lieu, dans son aspect rationnel, car il sollicite des données statistiques chiffrées. Comme le fait remarquer Pletnev (1958) :

> Cela ne veut pas dire que la méthode statistique puisse nous donner des solutions et des réponses catégoriques, mais l'expérience nous dit que cette méthode, appliquée *avec précaution* et attentivement, peut nous fournir des faits et des éléments de caractère rationnel, souvent utiles (p. 87).

Cette méthode suppose que les données recueillies puissent être analysables, comparables et présenter une certaine régularité, tout comme un fait social. Et c'est ainsi qu'un certain nombre d'auteurs considèrent la littérature. Pour Lanson (1904), « toute œuvre littéraire est un phénomène social » car son caractère fondamental est « d'être une communication d'un individu et d'un public » (p. 626). Et l'œuvre produite doit alors correspondre à ce public, suivre des tendances et répondre à l'« horizon de l'attente » (Jauss, 1970, cité par Genette, 1986, p. 41) de ce public. Ainsi, les tendances littéraires pourraient suivre des lois mathématiquement vérifiables, comme l'on peut observer, par exemple, les lois naturelles qui commandent les épidémies. La théorie développée et démontrée par Dufrénoy (1945) considère ainsi et analyse les mouvements littéraires comme des phénomènes de contagion qui suivent toujours un même cycle (émergence, croissance et déclin). Les chansons de trouvères, telles qu'elles se présentent aux XIIe et XIIIe siècles, semblent aussi suivre un tel schéma. Elles ont connu un développement fulgurant au cours du XIIIe siècle, pour finalement tomber en désuétude à la fin du XIVe siècle. Ainsi, il semble possible d'utiliser des représentations graphiques pour en observer les mouvements, ainsi que ceux liés à la place des voix féminines dans ces chansons.

Le deuxième intérêt des représentations graphiques réside dans leur caractère visuel, qui permet, en un court instant, de saisir et d'appréhender un grand nombre d'informations, leurs relations et leurs évolutions. L'utilisation d'un système spatial permet de représenter en un seul objet graphique les relations entre trois variables différentes, ce que ne peut faire un système linéaire (Bertin, 2005, p. 7). Le graphique permet ainsi de « surplomber » l'information, de la rendre plus compréhensible, voire de lui donner une esthétique visuelle pour la rendre « belle » (McCandless, 2011, p. 8-9), et donc plus attrayante.

Enfin, les outils et représentations liés à la statistique s'avèrent très utiles pour traiter un grand nombre de données, organiser et structurer une masse d'informations peu lisible dans sa forme brute. Or, le corpus de l'étude menée ici est vaste et complexe.

2. Objet de l'étude : les voix féminines dans les chansons de trouvères

2.1 Sources : les manuscrits

L'étude présentée porte sur la lyrique médiévale des XIIe et XIIIe siècles du Nord de la France, autrement dit, sur la production conservée dans les manuscrits des trouvères qui composaient en langue d'oïl. Une cinquantaine de manuscrits, considérés par Linker (1979) comme principaux ("Major manuscripts", p. 25) ont permis de recenser plus de 2600 chansons. Ces manuscrits peuvent être des chansonniers *purs*, qui ne contiennent que des chansons, d'autres sont appelés *mixtes*, pouvant contenir des chansons mais aussi d'autres pièces profanes ou religieuses. Nous sont parvenus aussi une dizaine de fragments dont on ne peut dire s'ils proviennent de chansonniers purs ou de manuscrits mixtes. Au total, 25 des manuscrits étudiés sont mixtes, ainsi qu'un fragment (suffisamment volumineux pour que d'autres pièces puissent y être identifiées), et 17 sont des chansonniers purs. Cette première observation permet de comprendre que les chansons de trouvères étaient mises au même niveau que les œuvres littéraires, puisqu'on pouvait les trouver dans des manuscrits aux côtés de romans, de pièces épiques, ou encore de fabliaux. Elles étaient aussi considérées comme appartenant à une catégorie littéraire à part entière, car elles ont été souvent regroupées dans des recueils qui leur étaient exclusivement consacrés.

Le caractère littéraire de ces chansons, reconnu dès leur époque de diffusion, est confirmé dans l'incipit du *Roman de la Rose* de Jean Renart qui donne à son œuvre une véritable vocation conservatoire et mémorielle de ces chansons :

Cil qui mist cest conte en romans
Ou il a fet noter biaus chans
Por ramenbrance des chançons
Veut que ses pris et ses renons
Voist en Raincien en Champaigne
Et que li biaus Miles l'apregne
De Nantuel uns des preus del regne
Car aussi com l'en met la graine

Es dras por avoir los et pris
Einsi a il chans et sons mis
En cestui romans de la rose
Qui est une novele chose
Et s'est des autres si divers
Et brodez par lieus de biaus vers
Que vilains nel porroit savoir.
(Bibliothèque Apostolique du Vatican, Reg.lat.1725, f. 68r.)

L'auteur qui a fait de ce conte un roman où il a mis en musique de beaux chants afin que demeure le souvenir des chansons courtoises, veut que sa réputation et sa gloire atteignent le pays de Reims en Champagne et parviennent jusqu'au noble Milon de Nanteuil, l'un des hommes valeureux de ce siècle. Car, comme on imprègne de teinture rouge les vêtements pour qu'on les admire et les prise, ainsi a-t-il inséré des chansons et leur musique dans ce *Roman de la Rose*. C'est une œuvre originale, si différente des autres, si bien tissée çà et là de beaux vers, qu'un rustre ne saurait l'apprécier. (Traduction de Jean Dufournet, Jules Renart, *Le Roman de la Rose ou de Guillaume de Dole*, Paris : Honoré Champion, 2008) [➲ Annexes, doc. 1 : *Classification des manuscrits étudiés*].

2.2 Corpus : les chansons

Le corpus ainsi constitué à partir de ces manuscrits contient environ 2620 chansons différentes. La difficulté de les comptabiliser précisément est due au fait que certaines chansons apparaissent plusieurs fois dans différents manuscrits (avec parfois des variantes, ou à l'intérieur de motets qui rassemblent plusieurs textes en une seule pièce), ce qui porte à un total de 7161 le nombre de lignes d'enregistrements remplies pour pouvoir recenser toutes les chansons conservées dans les différents manuscrits. C'est à partir de cette vaste base de données que l'étude statistique va pouvoir être menée, afin d'observer d'éventuelles tendances quant à la représentation des voix féminines dans ces textes.

2.3 Sujet : les voix féminines

Les chansons les plus connues de la lyrique médiévale sont celles appelées « chansons courtoises », qui mettent en scène un chevalier-poète exprimant sa détresse de n'être pas entendu par celle qu'il aime. Ces chansons sont effectivement majoritaires, puisqu'elles représentent environ 65 % de la production conservée. Mais au sein des 35 % restants, de nombreuses chansons font entendre des voix féminines (des bergères, des femmes nobles discutant dans un verger, des femmes se plaignant de leur mariage, des nonnes regrettant leur liberté…). Ce sont ces voix qui sont au cœur de l'étude, et que les représentations graphiques nous permettront peut-être de mieux percevoir.

3. Représentations graphiques

3.1 Les manuscrits

Le travail mené s'est intéressé à observer les chansons dans leur contexte de reproduction : les manuscrits. L'idée était de savoir si la représentation de la voix féminine pouvait être différente selon les manuscrits, et si oui, quelles pouvaient en être les causes.

La réflexion est rendue difficile par le manque d'informations précises au sujet des manuscrits (datation précise, localisation du lieu de production, commanditaires, copistes…). Il serait intéressant de savoir si les voix féminines sont plus présentes à une certaine époque, si les genres qui font parler des femmes émergent plutôt au XIIe, au début du XIIIe, ou à la fin du XIIIe siècle, par exemple. Ou encore, si la provenance géographique du manuscrit peut avoir une incidence sur la présence plus ou moins forte de ces voix, ou si le type de copiste (moine ou laïc) ou le type de commanditaire fait varier le genre des pièces présentes dans le manuscrit. Faute d'informations détaillées, nous avons néanmoins essayé de dégager une vision des choses à partir des éléments présents. Voici les représentations qui en découlent.

3.1.1 Localisations géographiques

Le premier type de représentation qu'il semble intéressant de convoquer est celui de la cartographie. Malgré des informations peu précises sur l'origine géographique des manuscrits, nous souhaitions malgré tout observer les zones majoritaires de production, à partir des informations bibliographiques recueillies, le plus souvent sur le site de l'IRHT, Jonas (Répertoire des textes et des manuscrits médiévaux d'oc et d'oïl). Lorsqu'une information plus précise était fournie par l'éditeur d'un manuscrit, nous l'avons conservée. Bien évidemment, comme le font remarquer Philippart et Trigalet (2002) dans leur étude de l'hagiographie latine, « nous restons tributaires de l'expertise paléographique des auteurs de catalogues de manuscrits » (p. 284).

En général, les informations sont de cet ordre-ci : *facture artésienne* (Arras Ms 139), *Metz* (Oxford Douce 308), *Paris* (Montpellier H196), *Dijon* (BNF fr. 846), *Picardie* (BNF NAF 21677, BNF fr. 1553), *Nord de la France* (BNF fr. 12786, BNF fr. 12581)…

Sur les 48 manuscrits recensés, 33 disposent d'une information plus ou moins précise sur leur localisation géographique d'origine, soit grâce à la langue d'écriture, soit grâce à l'iconographie. Les cartes présentées ne sont donc représentatives, et de façon approximative, que d'une partie du corpus [➲ Annexes, doc. 2 : *Provenances géographiques des manuscrits (avec Google Maps via Heurist)*].

Cette carte permet de se faire une certaine idée de la provenance géographique des manuscrits, sur la base des informations, plus ou moins précises, recueillies dans les bibliographies de manuscrits. On remarque cependant que la majorité d'entre eux semblent provenir du Nord de la France. Quelques spécimens sont localisés en Italie ou en Angleterre, mais ils ne sont que quatre sur les trente-trois représentés [➲ Annexes, doc. 3 : *Localisation géographique de la majorité des manuscrits (avec Google Maps via Heurist)*].

Si l'on effectue un zoom sur la zone majoritaire, on observe une concentration autour d'Arras, du pays d'Artois et de la Picardie. La taille des zones dépend de la précision de l'information que l'on possède. Plus la zone est grande, moins l'information géographique est précise. On ne dispose de provenance géographique précise que pour quelques manuscrits, souvent issus d'abbayes, comme celle de Saint Vaast à Arras, ou celle de Saint Victor à Paris.

3.1.2 Informations quantitatives

Les 48 manuscrits recensés ne sont pas équivalents du point de vue de leur importance, si on considère le nombre de chansons qu'ils présentent. Ainsi, certains ne contiennent que deux ou trois chansons, tandis que d'autres (principalement les chansonniers purs, mais quelques mixtes aussi) présentent plus de quatre cents pièces.

Une première représentation graphique peut nous donner un aperçu des manuscrits principaux et secondaires, selon le nombre de chansons qu'ils présentent [➲ Annexes, doc. 4 : *Manuscrits par nombre de chansons (avec Rawgraphs)*].

Ce graphique, appelé carte proportionnelle, permet de visualiser plus clairement qu'un « camembert » les manuscrits les plus importants du corpus. Néanmoins, la disposition proposée ici par l'outil Rawgraphs ne permet pas une visualisation très précise en termes de proportion. Entre T et C, et C et I, par exemple, lequel contient-il le plus de chansons ? La réponse est difficile à donner si les chiffres ne sont pas indiqués sur le graphique.

Mais Excel propose une autre version de carte proportionnelle, organisée différemment, et qui permet une meilleure représentation hiérarchique des éléments. Ici, on comprend rapidement que le manuscrit T est le plus important, suivi de C, puis de I, puis de M, Mo et K [➲ Annexes, doc. 5 : *Manuscrits par nombre de chansons (avec Excel)*].

Ainsi, avec 579 chansons, le manuscrit T (BNF fr. 12615) est le plus imposant du corpus. C'est un chansonnier pur, appelé aussi *Chansonnier de Noailles*, daté du dernier quart du XIIIe siècle et localisé dans le pays d'Artois.

Cependant, sur le panel étudié, la majorité des manuscrits recensés comportent moins de 100 chansons [➲ Annexes, doc. 6 : *Répartition des manuscrits en fonction du nombre de chansons qu'ils contiennent (avec Excel)*].

Il y a effectivement quelques manuscrits (une quatorzaine) qui présentent à eux seuls un grand nombre de chansons, mais les petits manuscrits comportant moins de 100 chansons sont les plus nombreux. Les manuscrits contiennent en moyenne 147 chansons, mais la médiane tombe à 49 chansons, ce qui signifie que la moitié des manuscrits présente moins de 49 chansons, et l'autre moitié plus de 49. Ces disparités de taille entre les manuscrits pourront apporter quelques difficultés à une analyse pertinente des données qui vont suivre.

3.1.3 Informations chronologiques

La datation des manuscrits contenant des chansons est souvent très vague, ce qui contraint à procéder par approximations. Pour une première représentation, nous avons choisi de définir une date arbitraire en fonction de l'information bibliographique, selon ces critères : (1) début du XIIIe siècle = 1220 ; (2) XIIIe siècle = 1250 ; (3) fin du XIIIe siècle = 1280 ; (4) fin XIIIe – début du XIVe siècle = 1300 ; (5) début du XIVe siècle = 1320 ; (6) XIVe siècle = 1350 ; (7) fin du XIVe siècle = 1380.

Heureusement, certains manuscrits sont datés plus précisément ; pour ceux-là, nous avons conservé la date précise proposée, ou une date se situant dans la fourchette de dates indiquées.

Malgré cette approximation des datations, il est possible de se faire une idée des époques de production principales des chansonniers, et de visualiser, par la même occasion, ceux qui présentent le plus de chansons [➲ Annexes, doc. 7 : *Manuscrits selon leur époque de production et le nombre de chansons qu'ils contiennent (avec Rawgraphs)*].

Ce graphique à bulles permet à la fois de situer les manuscrits dans le temps et de visualiser leur importance en termes de nombre de chansons qu'ils renferment. La position ainsi que le diamètre de la bulle permettent cette représentation. Ainsi, les manuscrits comportant le plus de chansons ont été produits, majoritairement, dans la deuxième moitié du XIIIe siècle.

Un autre graphique, construit à partir des époques larges, permet de visualiser la courbe de production des chansonniers, avec un pic manifeste à la fin du XIIIe siècle [➲ Annexes, doc. 8 : *Nombre de manuscrits par époque, nuage de points (avec Chartblocks)* et doc. 9 : *Nombre de manuscrits par époque, histogramme (avec Excel)*].

Le graphique sous forme de nuage de points permet de visualiser la courbe de production, tandis que l'histogramme permet de comparer plus aisément les périodes entre elles et celles qui sont les plus riches en manuscrits. La courbe suivant les modèles de la contagion semble bien apparaitre ici et présenter une production plus importante de manuscrits au cours du XIIIe siècle, avant le déclin et l'extinction.

3.2 Les voix féminines au discours direct dans les manuscrits

Pour observer la place des voix féminines dans les chansons, il a été nécessaire de faire des choix et de se questionner sur ce qui allait être représenté.

Le choix a été fait, ici, d'observer la présence des voix féminines représentées en discours direct. Il s'agit d'une première approche, une autre étude pourra porter sur les discours rapportés de façon indirecte et les discours narrativisés.

L'identification du discours direct féminin n'est pas toujours facile dans les chansons, et il est possible que certains éléments n'aient pas été identifiés correctement. En effet, les manuscrits en langue vernaculaire ne présentent aucune ponctuation comme nous la connaissons aujourd'hui, et les discours ne sont pas toujours introduits par un verbe introducteur de parole. Cependant, sur la quantité de données recensées, quelques erreurs ne devraient pas fausser l'analyse d'ensemble.

Pour identifier ces discours directs féminins, les marqueurs linguistiques sont le plus souvent des verbes de parole introduisant un discours rapporté : *Et lors que je suis venus / Ele me dit levez sus* (Chanson attribuée à Adam de la Halle, cote Linker 2.32, Manuscrit BNF 846, f. 104.)

Servent aussi à l'identification de la parole féminine toutes les flexions nominales féminines dans les discours à la première personne, ainsi que les interpellations adressées à un destinataire masculin : *Amis vos m'aves perdue / li jalos m'a mis en mue* (Chanson attribuée à Moniot d'Arras, cote Linker 34.2, Manuscrit BNF 12615, f. 79).

En général, ces éléments suffisent à l'identification du sexe du locuteur.

Si, dans la chanson, un personnage féminin s'exprime, même sporadiquement, de façon directe, la chanson est comptabilisée. Selon ce critère, on peut observer la présence des voix féminines suivant différents aspects.

Un des objectifs de l'étude est d'observer la présence de la voix féminine en fonction de l'époque de production du manuscrit, et éventuellement de sa position géographique. Les questions posées sont : (1) Existe-t-il une période plus propice à la présence de voix féminines dans les manuscrits ? (2) Existe-t-il une zone géographique dans laquelle les manuscrits comporteraient plus de chansons contenant un discours direct féminin ? (3) La proportion de chansons à voix féminines est-elle la même dans tous les manuscrits, ou certains manuscrits se démarquent-ils des autres ?

3.2.1 Vision quantitative

Tout d'abord, quelle est, pour chaque manuscrit, la part de chansons comportant une voix féminine au discours direct sur la totalité des chansons présentées [➲ Annexes, doc. 10 : *Nombre de chansons dont chansons avec DD féminin, par manuscrits, vision chronologique (avec Excel)*] ?

Ce premier histogramme permet de visualiser, au cours du temps, les différents manuscrits, avec le nombre de chansons qu'ils comportent, dont la part de chansons mettant en scène une voix féminine au discours direct. Ce graphique ne nous permet pas de tirer de conclusion franche sur les voix féminines en fonction du temps. En effet, on n'observe pas de période présentant une part plus importante de chansons contenant un discours direct féminin ; la proportion semble plutôt dépendre du manuscrit lui-même. Mais il permet de voir que la part de chansons laissant entendre une voix féminine directe est assez faible, et vraisemblablement dans des proportions assez proches d'un manuscrit à l'autre. Quelles sont donc ces proportions par manuscrit ?

3.2.2 Vision proportionnelle

[➲ Annexes, doc. 11 : *Part (%) de chansons avec DD féminin par manuscrit (avec Rawgraphs)*]

Ce premier histogramme permet de visualiser la part des chansons comportant un discours direct féminin dans chaque manuscrit. Il permet de voir très clairement que cette part est très variable d'un manuscrit à l'autre. Quelques chiffres sont à expliciter. Le manuscrit *n*, qui présente 100 % de chansons à voix féminines, est un recueil de textes de jurisconsultes romains, en latin. Il ne contient qu'une chanson, en marge, qui présente un discours féminin. C'est donc un cas particulier qui n'est pas représentatif du reste du corpus. De même, le manuscrit *f* est un glossaire en latin du début du XIVe siècle qui contient, dans ses derniers feuillets, trois chansons marquées de picardismes, dont deux font intervenir une voix féminine. Le manuscrit *v*, pour sa part, est celui du *Roman de la Violette* de Gerbert de Montreuil, qui met en scène de nombreux extraits de la lyrique médiévale (plus de 30 extraits de chansons présentés), lesquels sont majoritairement introduits par une voix féminine et contiennent du discours direct féminin.

3.2.3 Vision chronologique

[➲ Annexes, doc. 12 : *Part des chansons avec DD féminin par manuscrit, vision chronologique (avec Chartblocks)*].

Mêmes informations dans ce graphique, mais cette fois-ci, les manuscrits sont ordonnés de façon chronologique, d'après leur date approximative de production. Il nous permet de confirmer la conclusion esquissée à la lecture de la figure 10 : la proportion de voix féminines directes dans les manuscrits ne dépend pas de l'époque de production du manuscrit. Plusieurs manuscrits ne contiennent aucune chanson à voix féminine (16 sur 49), la majorité en contiennent entre 10 et 20 % (28 sur 49) et quelques-uns se démarquent avec plus de 20 %. La moyenne globale du pourcentage de chansons avec discours direct féminin par manuscrit est de 11,71 %, mais lorsqu'on regarde la part de ces chansons sur le total des chansons recensées, le pourcentage monte à 15,51 % (406 chansons sur 2618). Cette différence est justement liée à l'hétérogénéité des manuscrits, et aux grandes variations de pourcentage d'un manuscrit à l'autre. Quand 32,65 % des manuscrits ne présentent aucune chanson avec discours direct féminin, la moyenne globale des parts de chansons à voix féminine par manuscrit est tirée vers le bas. Et le graphique nous permet effectivement de constater que, pour la majorité des manuscrits présentant ce type de chanson, leur pourcentage tourne autour de 15 %.

Ce pourcentage est-il aussi dépendant de la taille du manuscrit [➲ Annexes, doc. 13 : *Part des chansons avec DD féminin par manuscrit, en fonction de la taille du manuscrit, vision chronologique (avec Rawgraphs)*] ?

Ce graphique à bulles permet de croiser trois variables : la date approximative de production des manuscrits (axe des abscisses), la proportion de chansons avec discours direct féminin dans chaque manuscrit (axe des ordonnées), et la taille du manuscrit en fonction du nombre de chansons qu'il contient (diamètre de la bulle représentée). Ce graphique contenant tous les manuscrits, ainsi que les quelques cas particuliers mentionnés plus haut (*n*, *v*, *i*, *f*, *c*, *E*), la lisibilité est délicate et peu propice à l'analyse. Nous reproduisons donc le même graphique ci-dessous sans les cas particuliers peu représentatifs [➲ Annexes, doc. 14 : *Part des chansons avec DD féminin, en fonction de la taille des manuscrits, vision chronologique, sans f, n, c, i, E, v (avec Rawgraphs)*].

Ce graphique permet de constater que ce n'est pas la taille du manuscrit qui détermine la part de chansons avec discours direct féminin qui s'y trouvent. De gros manuscrits, comme *I*, en contiennent une bonne part, et de petits manuscrits comme *k* ou *B* aussi. Un *noyau* central apparait à la fin du XIIIe siècle, avec plusieurs manuscrits gravitant autour des 12 %. Cette période est aussi celle qui correspond au pic de production des chansonniers observé précédemment dans les figures 8 et 9.

Peut-on trouver une corrélation entre les chansons à voix féminine et l'origine géographique du manuscrit ?

3.2.4 Vision géographique

[➲ Annexes, doc. 15 : *Répartition des manuscrits selon leur origine géographique et leur part de chansons avec DD féminin (avec Ma Carte IGN)*].

Cette représentation cartographique permet de visualiser l'origine des manuscrits estimée par les paléographes et la proportion de chansons comportant un discours direct féminin dans chacun d'eux. Plus le disque représenté est grand et de couleur foncée, plus le manuscrit contient, proportionnellement, de chansons avec une voix féminine. Pour réaliser cette carte, nous avons dû, pour chaque manuscrit dont les informations de localisation étaient vagues, placer une référence de géolocalisation arbitraire, dans la zone estimée.

On observe à nouveau que la production des manuscrits qui nous sont parvenus est concentrée autour de Paris et d'Arras. Néanmoins, les deux manuscrits localisés dans le Sud de la France/Nord de l'Italie présentent aussi des taux intéressants, de même que les deux localisés à Metz [➲ Annexes, doc. 16 : *Zoom sur la zone plus dense des manuscrits présentant proportionnellement plus de chansons avec DD féminin (avec Ma Carte IGN)*].

En opérant un zoom sur la zone du Nord de la France, on observe que les manuscrits présentant la part la plus importante de discours direct féminin sont situés autour de Paris et de la Picardie, ainsi que de Cambrai. Une modification des intervalles de pourcentages représentés peut-elle donner une autre représentation [➲ Annexes, doc. 17 : *Part des DD féminins dans les chansons par manuscrit, vision géographique*] ?

En effet, le choix de l'intervalle représenté peut aussi avoir une incidence sur les conclusions de l'observation. Ce changement de focalisation permet de confirmer la concentration parisienne, lorraine et picarde des manuscrits contenant plus de chansons avec discours direct féminin. La majorité des manuscrits du pays d'Artois ne présentent pas des taux très importants (souvent autour de 10 %).

Ces représentations cartographiques sont éclairantes pour mieux saisir les grands pôles de copie de manuscrits (avec la réserve exprimée ci-après) mais sont difficilement exploitables pour une réflexion sur d'éventuelles tendances régionales en lien avec les voix féminines. On ne saurait affirmer que le public d'Arras appréciait davantage les chansons présentant des voix de femmes que celui de Lorraine. Par ailleurs, et voici la réserve susmentionnée, cette représentation est tributaire des informations actuelles, tant sur le plan des manuscrits qui nous sont parvenus (les lettrés d'Arras auraient-ils été plus attentifs à la conservation des manuscrits que ceux de Champagne, par exemple ?) que sur celui des données concernant leur origine géographique. Nous devons donc rester prudents et ne pas tirer de conclusions hâtives.

Nous pouvons seulement dire que la majorité des chansonniers subsistants ont probablement été copiés autour d'Arras, en Picardie et en Île-de-France, mais à nouveau, que la proportion de chansons présentant un discours direct féminin semble davantage liée au manuscrit lui-même qu'à son origine géographique.

4. Difficultés et limites

Un travail statistique sur la totalité des chansons de trouvères des XIIe et XIIIe siècles à partir des manuscrits qui nous sont parvenus est semé d'embuches et de difficultés liées à différents éléments :

(1) La datation des manuscrits, sur laquelle l'étude se fonde, est très problématique. En effet, les informations, pour la majorité des manuscrits, sont très vagues (*début du XIIIe siècle, fin du XIIIe siècle, XIIIe siècle…)*, ce qui rend les représentations graphiques délicates à analyser, voire non pertinentes. Il est donc nécessaire de les observer avec prudence et lucidité.

(2) Les problèmes de variations, d'erreurs, entre les manuscrits pour une même chanson rendent l'identification précise plus complexe. Le travail des différents bibliographes permet de réduire les incertitudes, mais il reste quelques chansons non identifiées dans le recensement.

(3) Les manuscrits ne sont pas toujours homogènes, c'est-à-dire qu'ils contiennent parfois des feuillets écrits d'une autre main, voire une partie complète qui se démarque du reste de l'ouvrage. C'est le cas des manuscrits *V* et *W* qui présentent chacun deux parties distinctes, clairement identifiables, et que nous avons traitées séparément. Mais dans plusieurs autres, des feuillets ont été

ajoutés ou complétés ultérieurement, ce qui rend l'analyse de l'ensemble moins certaine.

(4) L'analyse est réalisée sur la *partie émergée de l'iceberg*, c'est-à-dire à partir des pièces qui nous sont parvenues grâce aux manuscrits préservés. Mais combien d'autres chansons ont-elles été composées ? Les chansons que les copistes ont choisi de coucher sur le papier ont sans doute été sélectionnées, par eux-mêmes ou par leur commanditaire. Peut-on considérer que cette sélection soit représentative de l'« horizon d'attente » du moment ? Ou n'est-elle que la représentation du gout personnel et subjectif de celui qui les a choisies ?

(5) Les représentations graphiques impliquent de réaliser des simplifications des données pour obtenir une information exploitable (suppression de données négligeables, peu significatives ou trop peu fiables). Toute simplification induit une approximation, et donc un manque de précision. Au regard du nombre de valeurs présentes, la suppression de quelques éléments reste pertinente. Mais à force d'accumuler les approximations, on peut s'interroger sur la représentativité des chiffres, au final.

(6) Le choix du type de graphique et des données à représenter est toujours à questionner dans ce type d'étude et peut aussi être remis en question ici. Certains graphiques sont plus pertinents que d'autres, et donnent à voir une autre réalité selon ce qu'on en fait. Les problèmes de catégorisation peuvent aussi conduire à des représentations toutes différentes. Par exemple, une partie des œuvres étudiées est constituée de motets, or, un motet est composé en général de deux à trois chansons distinctes. Faut-il considérer le motet comme une entité unique ou comme un regroupement de plusieurs chansons ? Ce type de choix peut conduire à des représentations très différentes, et donc à des conclusions d'analyse différentes.

CONCLUSION

Les représentations graphiques offrent de nombreux avantages : approche quantitative, rationnelle et visuelle d'un type de littérature, mise en relief des relations entre les différentes données, et analyses facilitées par la mise en espace de ces données, ce qui permet une nouvelle perception de la lyrique médiévale. Ainsi, nous avons pu constater que la majorité des manuscrits avaient été produits à la fin du XIIIe siècle, principalement dans le Nord de la France, et qu'ils étaient de typologie variée (taille, contenu, origines géographiques, présence de voix féminines au discours direct…). Les statistiques, assorties de leurs représentations, n'ont pas permis de tirer de conclusions sur une période ou une zone géographique plus propice à la conservation des chansons contenant des voix féminines. Il semblerait que la présence de ces chansons soit davantage liée à la production du manuscrit lui-même qu'à son contexte de production. La question reste donc ouverte.

Qui décidait de ce qui devait apparaître dans un chansonnier ? Était-ce le commanditaire du manuscrit ? Le copiste qui le confectionnait ? Y avait-il une discussion entre différents protagonistes pour décider du contenu de ces recueils de chansons ?

• Bibliographie

Bernard, M. & Bohet, B. (2017). *Littérométrie. Outils numériques pour l'analyse des textes littéraires*. Paris : Presses Sorbonne Nouvelle.

Bertin, J. (2005). *Sémiologie graphique. Les diagrammes, les réseaux, les cartes*. Paris : Éditions de l'EHESS.

Dufrénoy, M.-L. (1945). « Étude statistique des tendances en littérature ». Journal de la société statistiques de Paris, tome 86, p. 260-270.

Dufrénoy, M.-L. (1954). « La statistique et les tendances littéraires », Journal de la société statistique de Paris, tome 95, p. 196-204.

Genette, Ge. (1986). *Théorie des genres*. Paris : Éditions du Seuil.

Jonas, IRHT. Répertoire des textes et des manuscrits médiévaux d'oc et d'oïl, CNRS, http://jonas.irht.cnrs.fr/.

Lanson, G. (1904). « L'histoire littéraire et la sociologie ». Revue de Métaphysique et de Morale, tome 12, N° 4, p. 621-642.

Linker, R. W. (1979). *A Bibliography of Old French Lyrics*. University Mississippi: Romances Monographs.

McCandless, D. (2011). *Datavision (Information is beautiful)*. Paris : Robert Laffont.

Moretti, F. (1998). *Atlas of the European novel 1800-1900*. Londres : New Verso.

Moretti, F. (2008). *Graphes, cartes et arbres ; Modèles abstraits pour une autre histoire de la littérature*. Paris : Les Prairies ordinaires.

Philippart, G. & Trigalet, M. (2002). « L'hagiographie latine du XIe siècle dans la longue durée : données statistiques sur la production littéraire et sur l'édition médiévale ». Latin Culture in the Eleventh Century: Proceedings of the Third International Conference on Medieval Latin Studies Cambridge, 9-12 September 1998, p. 281-301.

Pletnev, R. (1958). « Quelques remarques sur la méthode statistique dans l'étude de la littérature russe ». Études slaves et Est-Européennes, vol. 3, n° 2, p. 85-90.

Raynaud, G. (1884). *Bibliographie des chansonniers français des XIIIe et XIVe siècles comprenant la description de tous les manuscrits, la table des chansons classées par ordre alphabétique de rimes et la liste des trouvères*. Paris : Vieweg.

Spanke, H. (1980). *G. Raynauds Bibliographie des altfranzösischen Liedes*. Leyde : Brill.

Outils utilisés :
Heurist (outil de création de bases de données Open Source hébergé par l'Université de Sydney) https://heuristplus.sydney.edu.au/
Microsoft Excel (pour le recensement des données, les analyses statistiques simples, et les représentations graphiques).
Rawgraphs (outil en ligne de création de graphiques), https://app.rawgraphs.io/
Chartblock (outil en ligne de création de graphiques), https://app.chartblocks.com
Ma carte IGN (outil de création de cartographies statistiques), https://macarte.ign.fr/edition

• Résumé et mots-clés

La littérature s'aborde le plus souvent sous son aspect textuel et discursif. Elle est plus rarement étudiée grâce aux outils de représentation relevant du domaine des statistiques. Et pourtant, ne peuvent-ils pas aussi éclairer notre vision de l'histoire littéraire et de son évolution dans le temps et dans un espace donné ? Suivant les traces de Franco Moretti, qui propose cette nouvelle approche dans son ouvrage Graphes, cartes et arbres (2008), nous proposons d'appliquer l'apport des disciplines de la statistique et de la cartographie à l'étude de la représentation des voix féminines dans les chansons des XIIe et XIIIe siècles du Nord de la France. Les représentations graphiques et cartographiques nous permettent-elles de tirer des conclusions sur le développement et le succès de ces chansons ?
***Mots-clés** : Littérature, statistiques, graphiques, chansons de trouvères, voix féminines.*

- **Annexes**

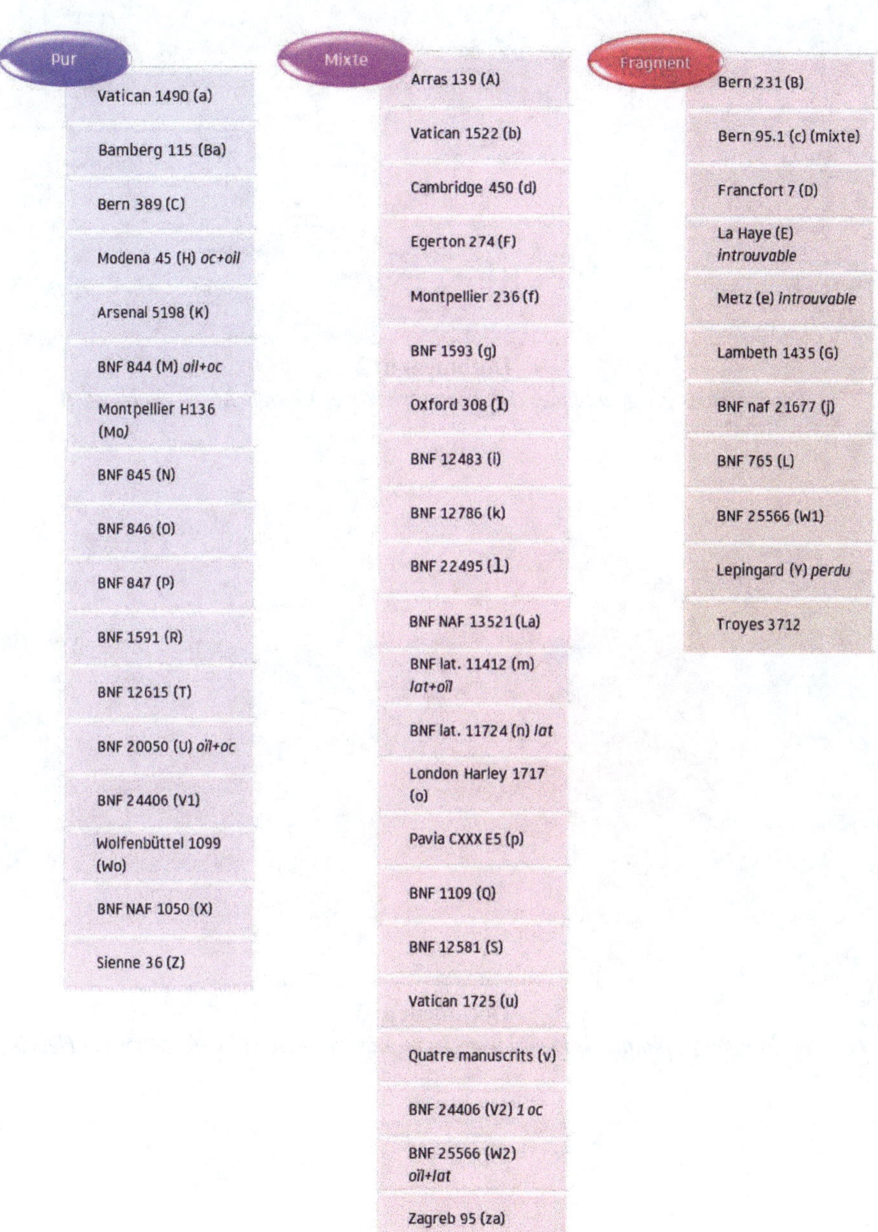

Document n° 1

Classification des manuscrits étudiés

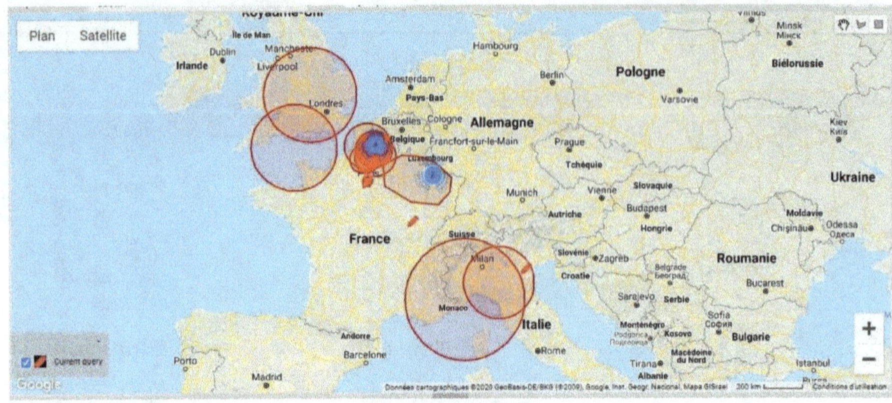

Document n° 2

Provenances géographiques des manuscrits (avec Google Maps via Heurist)

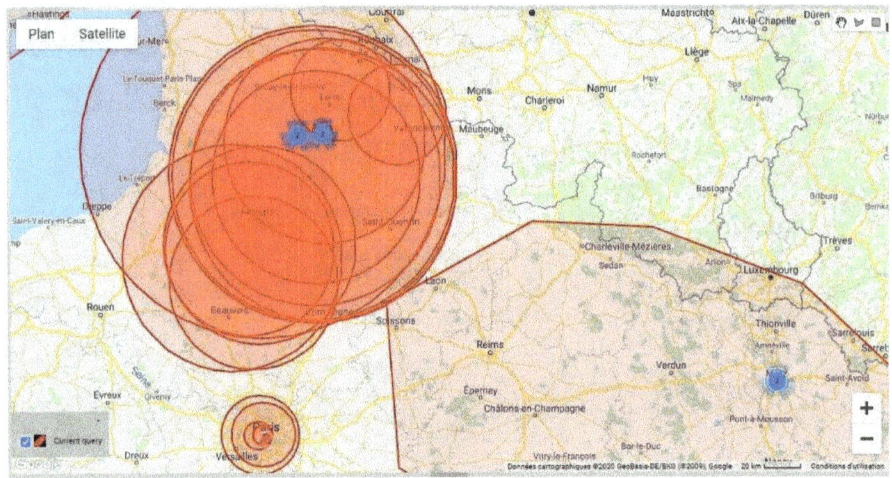

Document n° 3

Localisation géographique de la majorité des manuscrits (avec Google Maps via Heurist)

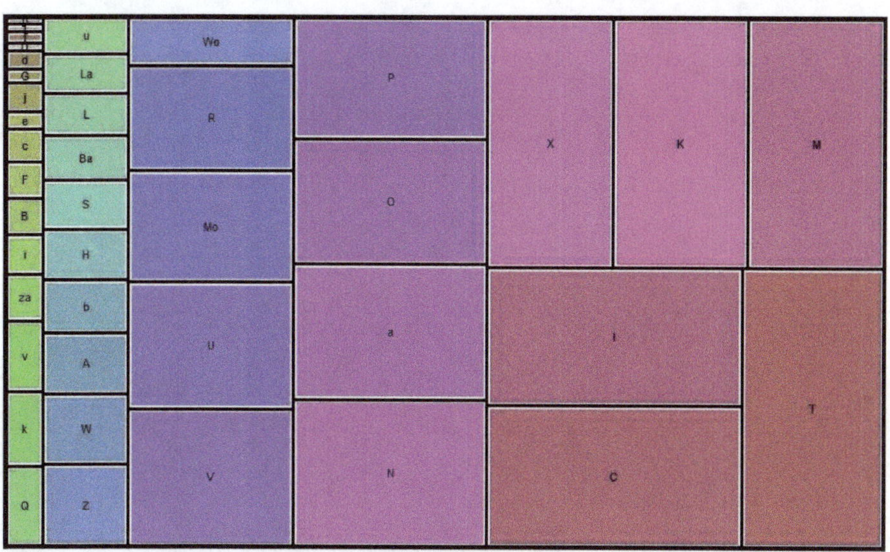

Document n° 4

Manuscrits par nombre de chansons (avec Rawgraphs)

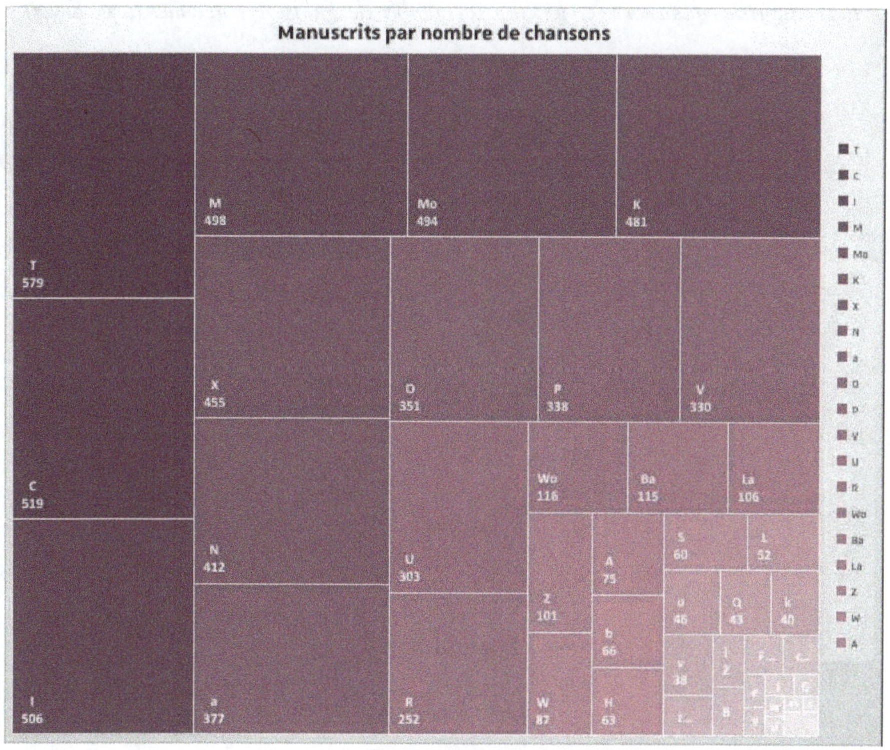

Document n° 5

Manuscrits par nombre de chansons (avec Excel)

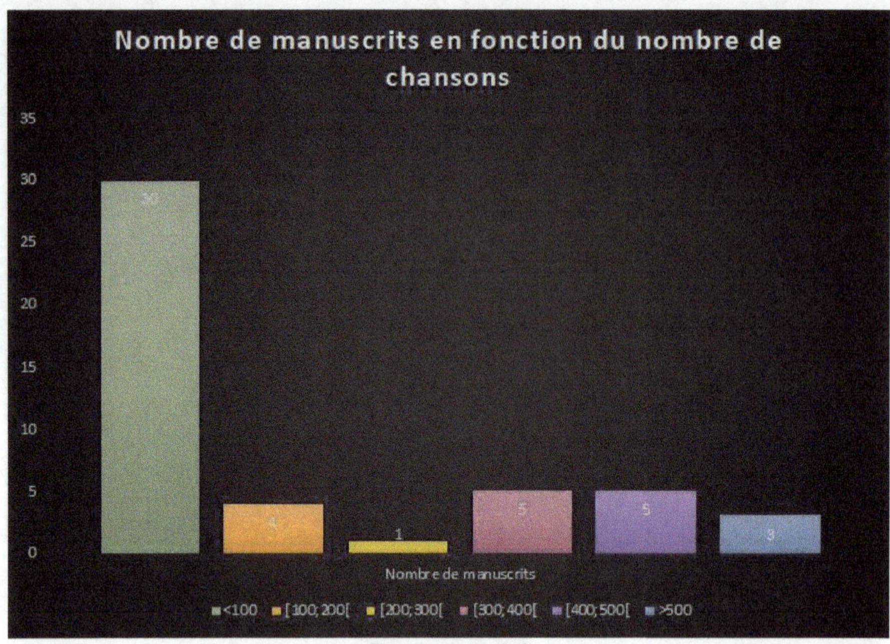

Document n° 6

Répartition des manuscrits en fonction du nombre de chansons contenues (avec Excel)

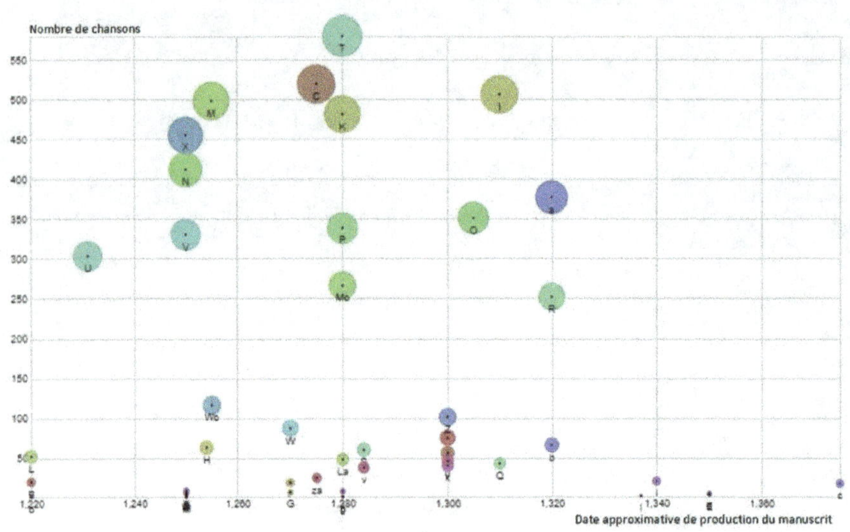

Document n° 7

Manuscrits selon leur époque de production et le nombre de chansons s'y trouvant (avec Rawgraphs)

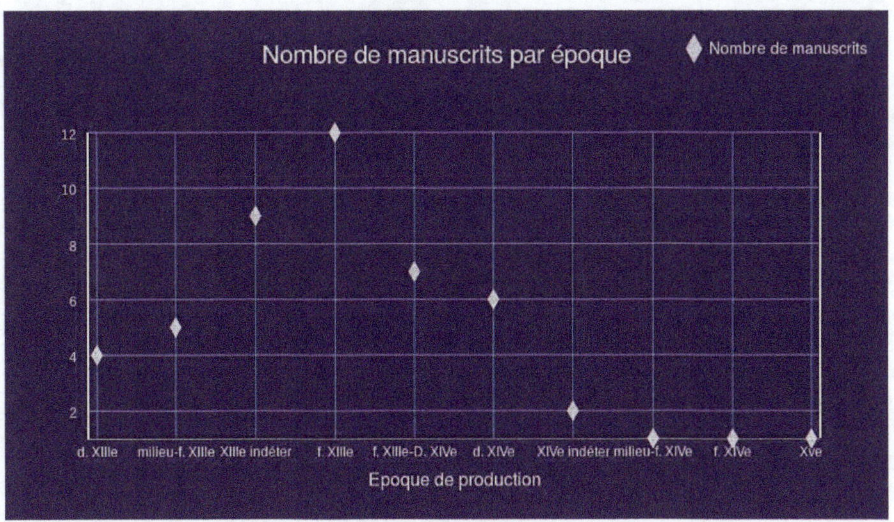

Document n° 8

Nombre de manuscrits par époque, nuage de points (avec Chartblocks)

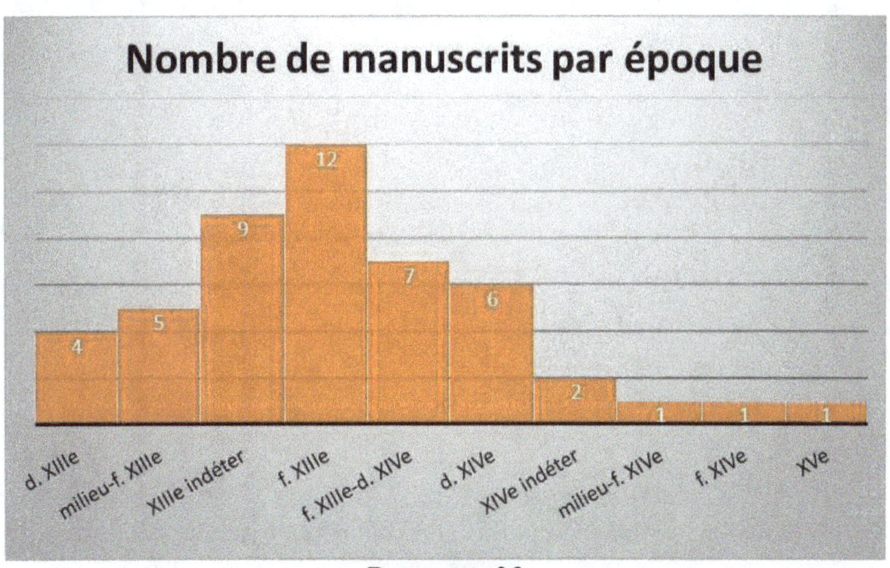

Document n° 9

Nombre de manuscrits par époque, histogramme (avec Excel)

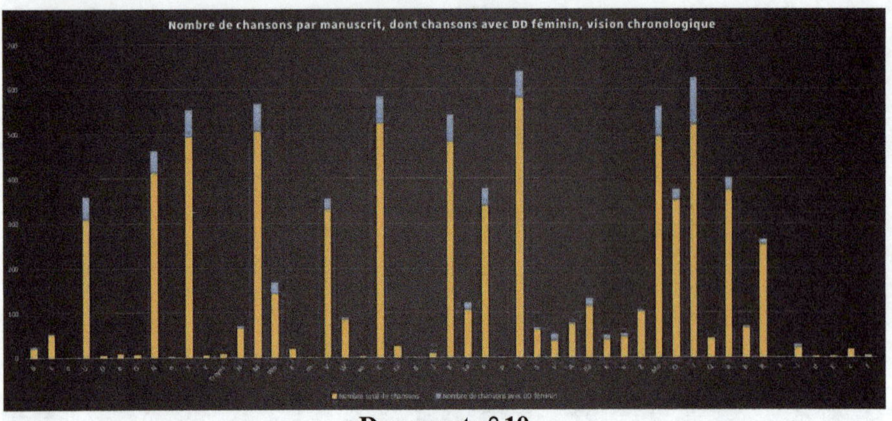

Document n° 10

Nombre de chansons dont chansons avec DD féminin, par manuscrits, vision chronologique (avec Excel)

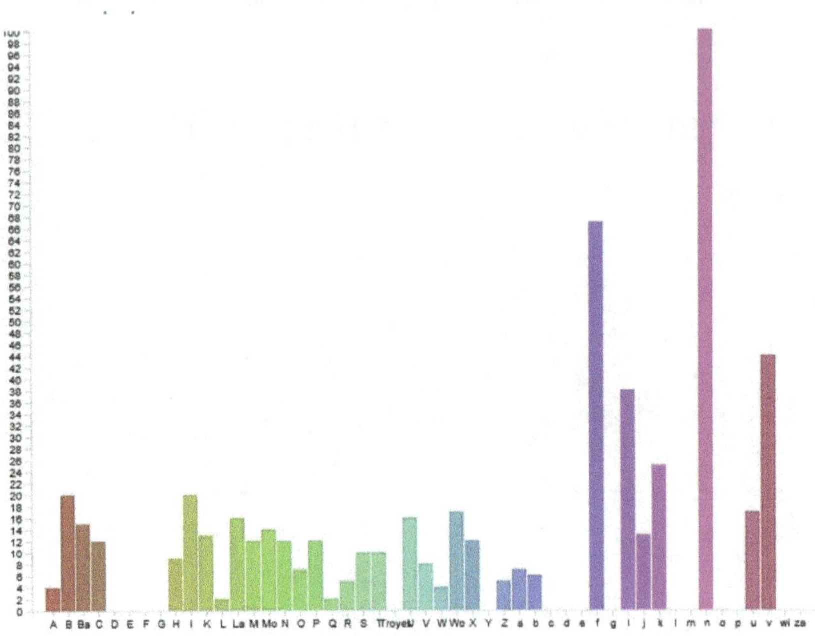

Document n° 11

Part (%) de chansons avec DD féminin par manuscrit (avec Rawgraphs)

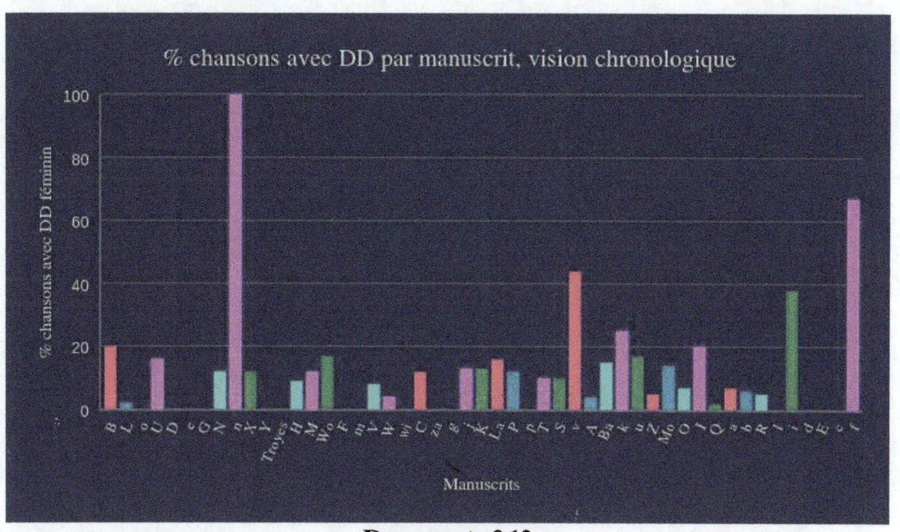

Document n° 12

Part des chansons avec DD féminin par manuscrit, vision chronologique (avec Chartblocks)

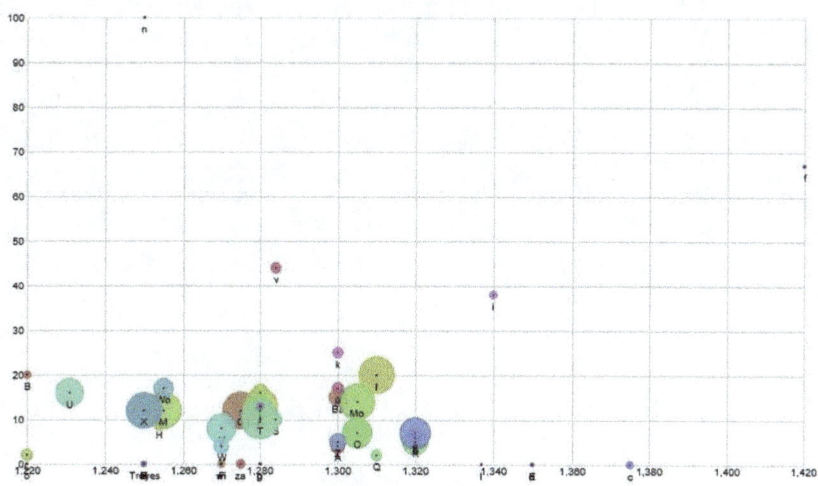

Document n° 13

Part des chansons avec DD féminin par manuscrit, en fonction de la taille du manuscrit, vision chronologique (avec Rawgraphs)

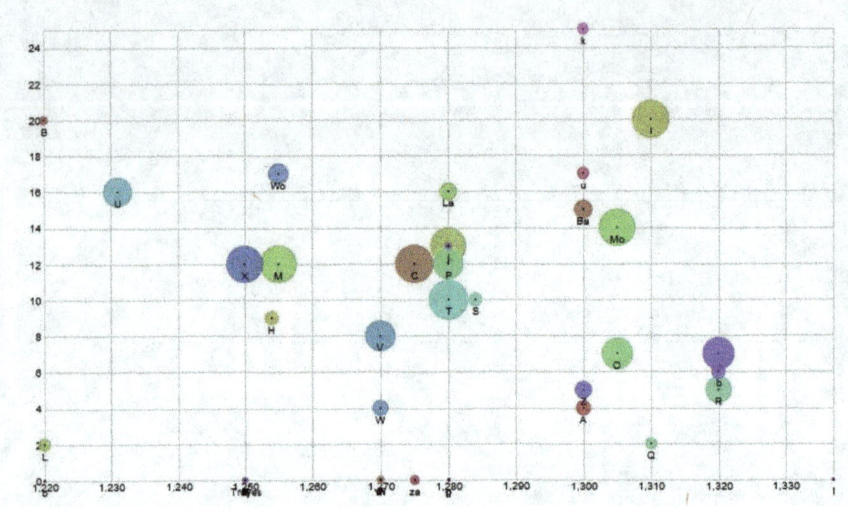

Document n° 14

Part des chansons avec DD féminin, en fonction de la taille des manuscrits, vision chronologique, sans f, n, c, i, E, v (avec Rawgraphs)

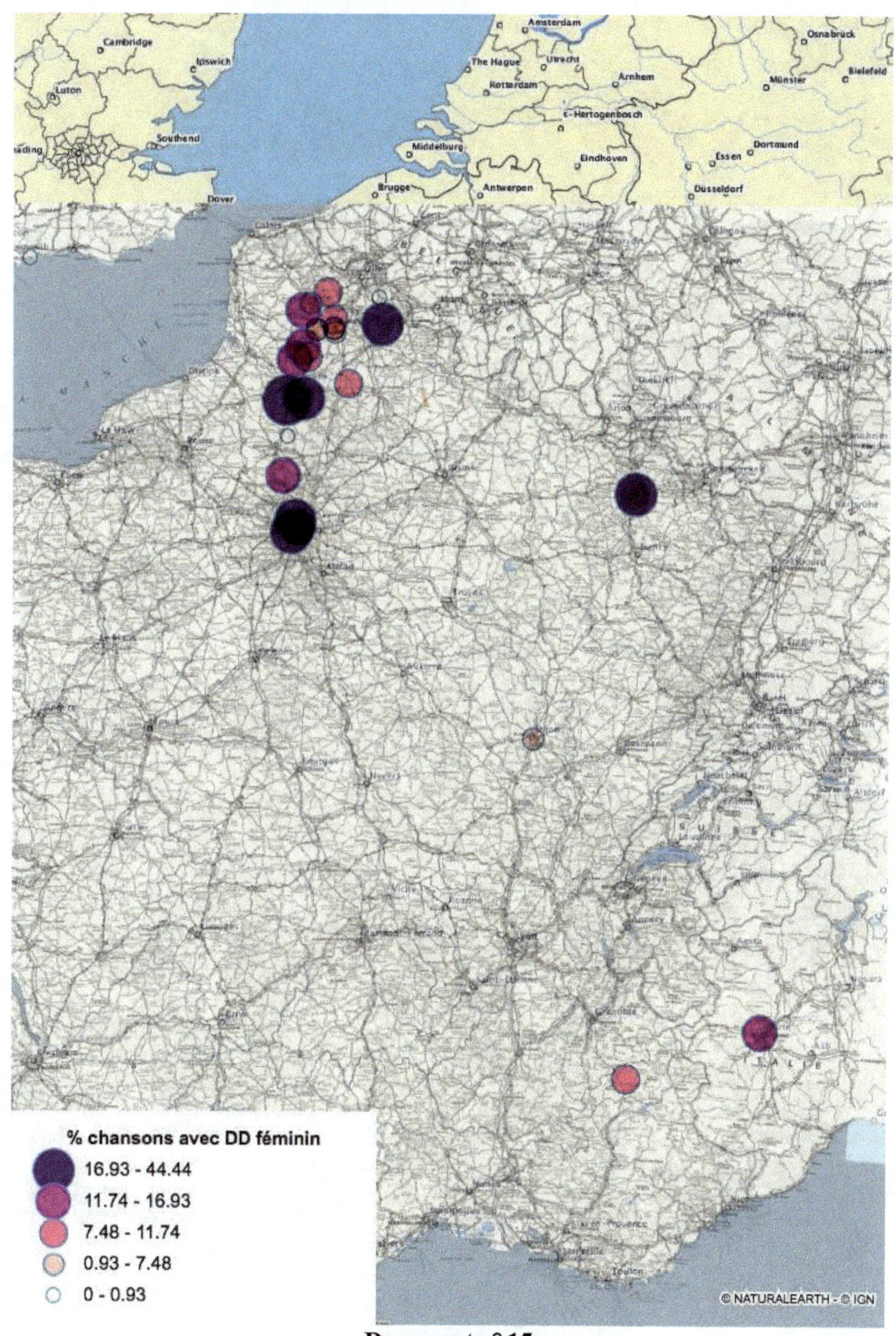

Document n° 15

Répartition des manuscrits selon leur origine géographique et part des chansons avec DD féminin (avec Ma Carte IGN)

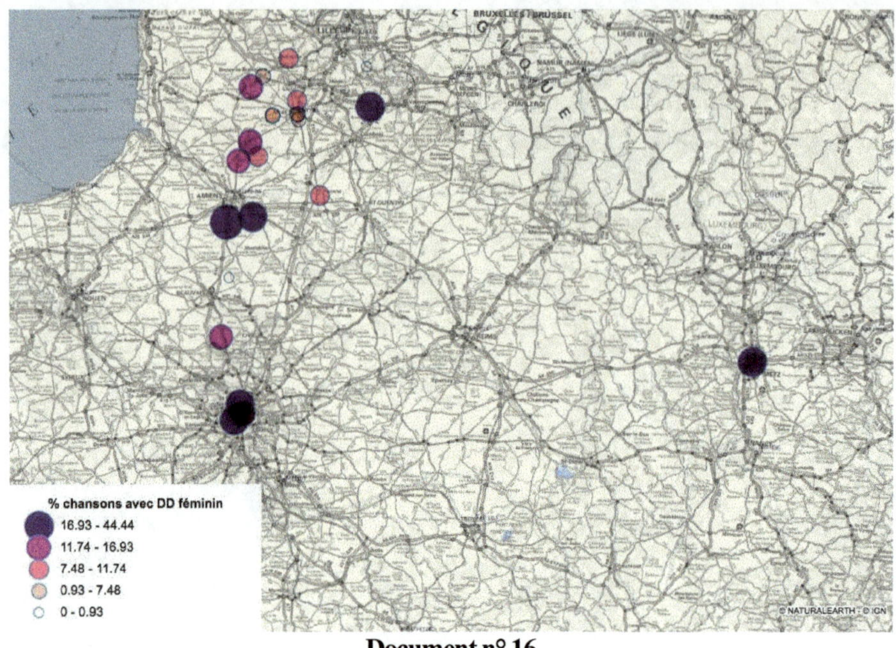

Document n° 16

Zoom sur la zone plus dense des manuscrits présentant proportionnellement plus de chansons avec DD féminin (avec Ma Carte IGN)

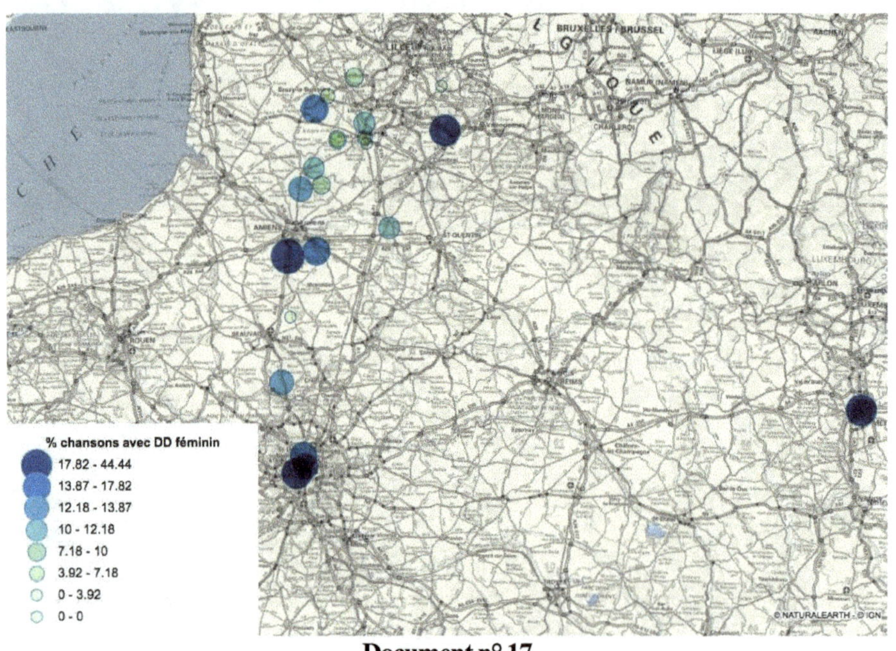

Document n° 17

Part des DD féminins dans les chansons par manuscrit, vision géographique

LA REPRÉSENTATION SPATIO-TEMPORELLE DES MOUVEMENTS RESPIRATOIRES EN PAROLE

Delphine CHARUAU[1]
Université de Strasbourg, France
ORCID : 0000-0002-0664-219X

INTRODUCTION

Le lien entre la respiration et la structuration linguistique du discours est indéniable. Les prises de souffle apparaissent à des endroits prévus par la langue, rassemblant ainsi les mots au sein de groupes selon les rapports logiques que ces mots entretiennent entre eux (Winkworth et al., 1995). Toutefois, il convient de préciser que la respiration seule ne suffit pas à agencer le message (Grosjean & Collins, 1979). Les pauses silencieuses agrémentent également les productions orales afin d'accentuer la syntaxe ou de mettre en évidence certains éléments des énoncés. La présence de ces pauses indique que la nécessité de marquer un temps d'arrêt ne dépend pas uniquement de besoins physiologiques, mais qu'elles répondent aussi aux contraintes linguistiques imposées par la langue.

À travers son ouvrage *Motor Phonetics*, Stetson (1951) a tenté de décrire le fonctionnement complexe de l'appareil respiratoire durant la phonation. Depuis, de nombreuses méthodes ont permis d'établir des représentations graphiques complémentaires des mécanismes respiratoires afin d'enrichir la connaissance et la compréhension de ce système sur différents points. L'examen de l'activité des muscles respiratoires a été rendu possible par l'emploi de l'électromyographie (EMG), offrant la perspective d'observer et d'évaluer leur contribution lors du processus de phonation (Lebrun, 1966). Par son étude, Marchal (1989) démontre l'action coordonnée des muscles inspirateurs

[1] Doctorante en phonétique clinique et expérimentale à l'Université de Strasbourg, Delphine Charuau est rattachée à l'unité de recherche 1339 Linguistique, Langues, Parole (LiLPa). Ses activités scientifiques sont centrées sur l'exploration des mécanismes respiratoires en production de la parole chez les enfants, et plus spécifiquement, ceux porteurs de fentes labio-palatines. À travers l'étude des pauses et des mouvements respiratoires au niveau thoracique et abdominal, notamment dans un contexte de parole perturbée, l'objectif est d'examiner le lien entre l'organisation spatio-temporelle des gestes respiratoires et la structuration du message linguistique. Chargée d'enseignement à la Faculté des Lettres de Strasbourg durant quatre ans, elle a dispensé des cours de phonétique et la phonologie du français, de linguistique pour non-spécialistes ainsi que d'analyse de la voix chantée et parlée.

et expirateurs, allant à l'encontre de la catégorisation biphasique des muscles respiratoires généralement admise dans la littérature. Si cette méthode est relativement efficace et précise, elle reste néanmoins invasive en raison de l'insertion d'aiguilles dans les muscles situés plus en profondeur dans l'intention d'en mesurer l'activité. Draper et al. (1960) ont combiné l'analyse électromyographique à la spirométrie, afin d'examiner la corrélation entre l'activité des muscles intercostaux internes et externes, et la gestion des volumes d'air pulmonaire et de la pression trachéale lors de la phonation. En outre, leurs observations contestent l'implication active du diaphragme dans le contrôle de la pression sous-glottique. Une autre méthode d'analyse enrichit la description de la gestion des flux aérodynamiques : le pneumotachographe. Cet appareillage est muni de capteurs mesurant les débits d'air oral et nasal durant la respiration. Ghio et Teston (2002) associent ce dispositif au système d'Évaluation Vocale Assistée (Eva 2) offrant des représentations graphiques acoustiques et aérodynamiques simultanées. Cela permet d'étudier différentes caractéristiques acoustiques de la parole telles que l'intensité ou la hauteur, et des paramètres aérodynamiques comme la pression ou le débit d'air, pendant le processus de phonation. Afin d'observer les mouvements thoraciques et abdominaux lors de la production de la parole, l'utilisation de la pléthysmographie respiratoire par inductance (PRI) est fortement recommandée (Hixon et al., 1973). Ce système capte la variation des périmètres thoraciques et abdominaux en fonction du temps, nous permettant d'obtenir une représentation visuelle, de quantifier ces mouvements, et d'estimer les volumes pulmonaires.

Si de multiples connaissances quant au fonctionnement de la respiration en production de la parole ont pu émerger de ces études, de nombreuses zones d'ombre persistent pour appréhender la physiologie respiratoire, sa contribution au processus de phonation et ses limites dans sa globalité. Les dispositifs présentés ci-dessus forment une liste non exhaustive des appareillages employés pour l'analyse et l'évaluation des mécanismes respiratoires. Parmi les méthodes évoquées, nous nous intéresserons plus particulièrement dans cet article à la pléthysmographie respiratoire par inductance.

Récemment utilisée pour enrichir la description et la catégorisation des pauses silencieuses (Lalain et al., 2016), pour dépeindre les mécanismes respiratoires en parole conversationnelle (Włodarczak & Heldner, 2019) ou pour mesurer le degré d'anticipation de l'inspiration par rapport à la longueur de la phrase à venir (Fuchs et al., 2013), la PRI trouve aisément sa place au sein des recherches dans le domaine de la phonétique. Weston (2019) emploie cette méthode pour identifier des stratégies compensatoires mises en place par des sujets lors d'un effort physique. Elle relève une diminution conséquente des pauses non respiratoires à mesure que l'effort s'intensifie. Fauth et al. (2018)

évoquent une réorganisation des pauses après l'effort : les locuteurs ne produisent pas moins de pauses, mais remplacent les pauses silencieuses par des pauses respiratoires. Des faits similaires sont observés par Grosjean et Collins (1979) dans un contexte de perturbation naturelle de la parole. L'élévation de la vitesse d'élocution entraîne la disparition des pauses silencieuses. Les temps d'arrêt ne sont consacrés qu'à l'inspiration, répondant essentiellement aux besoins physiologiques.

Ces études traitent exclusivement de la respiration chez l'adulte. Dans la littérature, peu d'études portent sur les répercussions des spécificités respiratoires des enfants sur l'organisation spatio-temporelle de la parole.

Des recherches ont montré que l'un des principaux facteurs de variabilité respiratoire chez l'enfant est l'âge (Hoit et al., 1990 ; Stathopoulos, 1995). Ainsi, Hoit et al. (1990) relèvent une différence affirmée entre les enfants de 7 ans et ceux plus âgés, différence associée à la taille du système respiratoire. Ces distinctions se manifestent à travers des gestes respiratoires thoraciques et abdominaux plus amples, générant des volumes pulmonaires plus importants et un taux de syllabes par groupe de souffle inférieur à celui des locuteurs de plus de 8 ans. D'autre part, la pression intra-orale a tendance à être plus élevée chez les enfants que chez les adultes (Stathopoulos, 1995), mais ces valeurs fluctuent selon l'âge (Solomon & Charron, 1998). Cette disposition est potentiellement liée à l'amplitude importante des mouvements respiratoires réalisés par les jeunes sujets. Stathopoulos (1995) émet l'hypothèse selon laquelle cette forte pression est induite par l'étroitesse de la trachée et du conduit vocal des enfants par rapport à ceux d'un adulte. Beckett et al. (1971) observent des écarts dans la gestion des flux d'air à travers le conduit vocal selon le sexe des locuteurs, écarts dont l'origine n'est pas clairement établie. Cependant, le sexe ne semble pas être un facteur de variabilité des mouvements respiratoires lors de la phonation (Hoit et al., 1990).

Quelques chercheurs se sont intéressés à l'organisation des pauses chez l'enfant. Lalain et al. (2012) constatent une augmentation du nombre de pauses en parole lue par rapport aux productions orales spontanées, justifiée par des difficultés de décodage liées à la lecture. Par ailleurs, conformément aux patterns des pauses chez l'adulte, la durée de celles-ci est influencée par la condition de parole et sa localisation syntaxique. Le temps d'arrêt phonatoire s'allonge en parole spontanée, notamment en raison de la nécessité de ce temps en vue de planifier les énoncés à venir. La parole lue est d'autant plus contrôlée qu'elle est régie par la ponctuation, offrant un repère visuel au locuteur et une certaine facilité à anticiper la continuité du discours. En revanche, la parole spontanée nécessite un temps de préparation plus important. Les locuteurs mettent ainsi à profit les pauses pour planifier la suite de leurs productions orales. Par ailleurs, les enfants réalisent des pauses plus longues pour marquer la fin d'un énoncé ou d'un paragraphe (Esposito et al., 2007).

1. Objectif et hypothèses

L'objectif de cet article est d'investiguer les liens entre les mécanismes respiratoires et la production de la parole chez l'enfant à partir de la représentation spatio-temporelle de leurs mouvements respiratoires thoraciques et abdominaux, en lecture et en parole semi-spontanée.

Ce travail s'inscrit dans la continuité d'une étude dont la finalité est d'exploiter les représentations de l'organisation des patterns respiratoires dans un contexte de parole perturbée afin d'examiner les stratégies compensatoires (Vaxelaire, 2007) mises en place par des enfants porteurs de fentes labio-palatines. Couplée à une analyse linguistique, cette étude nous permettra d'évaluer l'incidence qu'une telle réorganisation pourrait avoir sur la structuration des énoncés et du discours.

Nous émettons l'hypothèse que la condition de parole serait une source de variabilité impactant les caractéristiques spatio-temporelles de la respiration. Cette fluctuation pourrait se manifester à travers la distribution et la durée des pauses, puisqu'il a été admis que le style de parole influait sur leur longueur. Ainsi, nous devrions observer davantage de pauses silencieuses que de pauses respiratoires en parole lue, et un allongement de leur durée, toutes pauses confondues, en contexte semi-spontané. Par ailleurs, les stratégies et capacités respiratoires étant propres à chacun, nous envisageons d'observer une forte variabilité interindividuelle quant à l'amplitude des mouvements inspiratoires.

2. Méthodologie

2.1 Locuteurs et corpus

Cette étude expose les résultats obtenus auprès de quatre locuteurs de contrôle, âgés de 7 à 12 ans et de langue maternelle française. Ils ne présentent ni trouble de la parole diagnostiqué ni pathologie respiratoire. Ils ont été enregistrés dans la chambre insonorisée de l'Institut de phonétique de Strasbourg.

Notre corpus comporte deux conditions de parole : la parole lue et la parole semi-spontanée. Dans un premier temps, les enfants ont lu, à haute voix et à un rythme habituel, la fable *La bise et le soleil*. Cette tâche était répétée une seconde fois. Par ailleurs, un temps était accordé en amont, afin que les locuteurs prennent connaissance du texte. Dans un second temps, il leur était demandé de raconter une histoire à partir d'une bande dessinée sans texte. Cette bande dessinée était constituée de neuf images. Les locuteurs avaient la possibilité de choisir les noms et les traits de caractère des personnages, et de les faire converser. Un exemple leur a été donné au préalable à l'aide d'un support similaire.

2.2 Recueil des données

Les données respiratoires ont été recueillies grâce à la méthode de la pléthysmographie respiratoire par inductance (PRI), avec le système Respitrace ©, de la société ADInstrument. Deux ceintures élastiques électromagnétiques sont disposées sur le thorax et l'abdomen, permettant de détecter et de mesurer les changements des périmètres thoracique et abdominal. Cet appareillage présente l'avantage d'être non invasif et parfaitement adapté aux enfants. Les capacités pulmonaires variant d'un individu à l'autre, nous avons calibré les ceintures entre chaque locuteur. Pour ce faire, nous avons demandé aux sujets de produire cinq cycles respiratoires normaux, puis d'en produire cinq autres en respiration forcée. Ainsi, nous recueillons les déplacements maximum du thorax et de l'abdomen.

Les données acoustiques ont été collectées à l'aide d'un microphone relié à un enregistreur numérique. La station PowerLab, de la société ADInstrument, permet de synchroniser l'ensemble des signaux obtenus (figure 1). De ce fait, nous pouvons observer l'évolution des mouvements thoraciques et abdominaux tout au long de la phonation [➲ Annexes, doc. 1 : *Représentations graphiques des mouvements respiratoires thoraciques (2e canal) et abdominaux (3e canal) en fonction du temps, synchronisés au signal acoustique de parole (1er canal) avec démarcation et annotation des pauses à l'aide du logiciel MATLAB*].

2.3 Segmentation et annotation des données

Les signaux synchronisés ont été traités à l'aide du programme informatique MATLAB (The Matworks, version R2020b). Nous avons délimité et annoté les différentes catégories de pause (figure 1) ainsi que les phases inspiratoires, caractérisées par de nettes pentes respiratoires positives. Nous avons effectué une analyse complémentaire avec le logiciel PRAAT (Boersma & Weenink, 2001) afin de contrôler et préciser la segmentation des pauses (figure 2). Nous avons utilisé l'extension EasyAlign (Goldman, 2011) pour annoter le signal acoustique de la parole de manière semi-automatique. Nous avons ensuite procédé à une vérification manuelle. Pour cette étude, nous avons conservé les lignes *+ortho*, *+syll* et *+phono*, ces dernières nous permettant de localiser les pauses au sein des énoncés. Nous avons ajouté la ligne *+pauses* afin d'indiquer la catégorie des pauses [➲ Annexes, doc. 2 : *Annotation des pauses respiratoires et silencieuses, à l'aide du logiciel PRAAT*].

2.4 Classification des pauses

Diverses typologies des pauses sont recensées dans la littérature, où elles sont discriminées selon leur durée, leur fonction, leur rôle stylistique, etc. Pour notre étude, nous avons choisi de distinguer les pauses respiratoires (PR) des silencieuses (PS). Nous considérons comme pauses respiratoires celles caractérisées par un arrêt momentané du signal sonore associé à un accroissement évident des courbes respiratoires thoraciques et abdominales. Les pauses silencieuses correspondent à des intervalles silencieux sur le signal acoustique et ne présentent aucun changement respiratoire. Tenant compte de la nouvelle classification proposée par Weston (2019), nous incluons à nos analyses les micro-inspirations (MI), équivalant à une expansion des courbes respiratoires inférieure ou égale à la moitié de la portée d'une inspiration complète. Nous avons également relevé les disfluences. Par ce terme, nous comprenons l'allongement vocalique des syllabes non accentuées, la présence d'éléments phrastiques tels que [ə] ou [m], les répétitions de sons, de syllabes ou de mots ou encore, les phénomènes d'autocorrection (Pallaud & Bertrand, 2020). Ces annotations ont été effectuées à titre informatif, nous ne les avons pas incluses dans nos analyses statistiques.

2.5 Analyse des données respiratoires thoraciques et abdominales

Nous intéressant aux gestes respiratoires dans leur globalité, nous avons rééchantillonné les signaux en additionnant les courbes thoraciques et abdominales (Hixon et al., 1973) : 1 thorax + 1 abdomen. L'analyse des données respiratoires que nous exploiterons repose sur le calcul de l'amplitude des mouvements inspiratoires durant la phonation. Rochet-Capellan & Fuchs (2013) définissent l'amplitude comme la différence entre la valeur minimale et la valeur maximale du mouvement inspiratoire.

Les capacités pulmonaires dépendent exclusivement de l'individu. De ce fait, elles sont relativement changeantes d'une personne à l'autre. Afin d'uniformiser nos données, nous exprimerons ces mesures en % MD (Hixon et al. 1973 ; Poole et al., 2000). Comme suggéré par Rochet-Capellan et Fuchs (2013), nous avons choisi de présenter le pourcentage par rapport au déplacement maximum thoraco-abdominal (MD = maximal displacement), et non vis-à-vis de la capacité vitale, comme cela est couramment pratiqué. La raison en est que notre méthodologie n'est pas adaptée pour évaluer ce paramètre. La valeur du déplacement maximal est calculée pour chacun des locuteurs à partir des cinq mouvements maximaux réalisés en respiration profonde, au début des enregistrements.

3. Résultats préliminaires

Nous avons réalisé nos analyses statistiques à l'aide du logiciel RStudio (version 3.5.1, 2018). Le seuil de significativité est estimé comme suit : $p < 0{,}05$.

3.1 Analyse des pauses en fonction de la condition de parole

La première partie de notre travail porte sur l'organisation des pauses dans le discours. Dans un premier temps, nous nous sommes intéressée à la fréquence des pauses respiratoires, silencieuses et des micro-inspirations selon la tâche de parole. Dans un second temps, nous avons comparé les organisations temporelles des différents types de pauses en lecture et en condition semi-spontanée.

L'analyse de la distribution des pauses, tous locuteurs confondus, révèle que le nombre de pauses respiratoires est significativement plus élevé que celui des pauses silencieuses, aussi bien en parole lue qu'en parole semi-spontanée. Nous remarquons également un faible taux de micro-inspirations dans les deux conditions [➲ Annexes, doc. 3 : *Distribution des pauses (en %) en parole lue et semi-spontanée*].

Nous avons analysé la durée des pauses respiratoires et silencieuses, tous locuteurs confondus. Nous constatons que la durée moyenne des pauses respiratoires est significativement plus longue que celle des pauses silencieuses (temps moyen des PR = 0,572 sec ; temps moyen des PS = 0,258 sec ; p = 0,006 396), en parole lue. Cette différence s'observe également en contexte semi-spontané, toutefois elle n'est pas significative (PR = 1,053 sec ; PS = 0,948 sec ; p = 0,880).

La durée des pauses, toutes pauses confondues, est allongée et soumise à davantage de variabilité en parole semi-spontanée qu'en lecture, excepté pour les micro-inspirations [➲ Annexes, doc. 4 : *Durée des pauses (en seconde) selon la condition de parole*, doc. 5 : *Durée moyenne des pauses (PR, PS et*

MI), exprimée en seconde, puis en % sur le temps total de pause, en fonction de la condition de parole].

Afin de compléter la description des pauses respiratoires, nous avons calculé l'intervalle temporel consacré à l'inspiration par rapport au temps total de la pause.

En lecture, la durée de l'inspiration représente 74 % du temps de pause tandis qu'en parole semi-spontanée, seuls 61 % de la pause sont consacrés à la prise de souffle [➲ Annexes, doc. 6 : *Durée moyenne de l'inspiration par rapport au temps total de la pause respiratoire (en %), selon la condition de parole*].

3.2 Étude des groupes de souffle

Nous nous sommes également intéressée à l'organisation temporelle des groupes de souffle en fonction de la condition de parole. Nous considérons comme groupe de souffle un ensemble de syllabes délimité par deux pauses respiratoires. Plus spécifiquement, il s'agit de l'intervalle entre la fin d'une inspiration et le début de la suivante.

La durée moyenne de ces groupes, tous locuteurs confondus, a tendance à être plus longue en lecture (durée = 2,545 s) qu'en production semi-spontanée (en parole lue = 2,016 s ; parole semi-spontanée = 1,871 s). Toutefois, cette différence n'est pas significative (p = 0,237) [➲ Annexes, doc. 7 : *Durée des groupes de souffle (en seconde) en parole lue et semi-spontanée*].

3.3 Étude de l'amplitude inspiratoire

La figure ci-dessous indique les valeurs moyennes de l'amplitude thoraco-abdominale inspiratoire, exprimées en % MD, pour chaque enfant.

Cette représentation des données met en évidence une certaine variabilité des stratégies respiratoires entre les individus. Si deux locuteurs (2 et 4) présentent une différence d'amplitude inspiratoire importante selon la condition de parole, les locuteurs 1 et 3 produisent des mouvements relativement similaires en lecture et en parole semi-spontanée.

Nous constatons que l'amplitude inspiratoire a tendance à être plus élevée en parole semi-spontanée, excepté pour le locuteur 1. Cependant, cette différence n'est pas significative (p = 0,857 7).

Bien qu'il y ait des dissimilitudes entre les enfants, les valeurs moyennes de l'amplitude inspiratoire se concentrent dans une fourchette assez étroite, excepté pour le locuteur 4, dont la différence est nettement marquée en parole semi-spontanée [➲ Annexes, doc. 8 : *Valeurs moyennes de l'amplitude de l'inspiration (en % MD) en fonction des locuteurs et de la condition de parole*, doc. 9 : *Tableau des valeurs moyennes de l'amplitude inspiratoire, exprimées en % MD, par locuteur et selon la condition de parole*].

4. Discussion

Les résultats préliminaires obtenus nous permettent de mettre en évidence quelques tendances et d'identifier certains facteurs de variabilité.

Les résultats de l'étude des pauses réalisée auprès de nos locuteurs de contrôle présentent des similitudes avec les données attestées dans la littérature pour des sujets adultes. La catégorie de la pause (PR ou PS) et la condition de parole influent sur leur durée. Ainsi, les pauses respiratoires sont significativement plus longues que les silencieuses, quel que soit le contexte de production. L'étendue des pauses est plus importante et plus variable en parole semi-spontanée. Contrairement à la lecture, codifiée par la ponctuation et bien plus contrôlée, la parole semi-spontanée nécessite un degré de planification plus conséquent. La prolongation des pauses dans cette condition pourrait être liée à la possibilité que l'inspiration soit précédée ou suivie d'une hésitation ou d'un temps de réflexion. En outre, en examinant la longévité de l'inspiration par rapport à l'intervalle total des pauses respiratoires, nous avons constaté que celle-ci ne représente que 61 % de la pause. Ainsi, les locuteurs mettraient à profit les prises de souffle pour planifier l'énoncé à venir. La durée de ces pauses reflète l'activité cognitive de l'individu.

Par ailleurs, nous constatons que les enfants produisent davantage de pauses respiratoires en lecture et en parole semi-spontanée. La tendance inverse est observée chez l'adulte, en lecture (Fauth et al., 2018). Cela peut s'expliquer par les différences de capacités pulmonaires entre les enfants et les adultes, celles-ci étant moins importantes chez les sujets les plus jeunes. De ce fait, les enfants reprennent leur souffle plus régulièrement, utilisant davantage de pauses, celles-ci étant dictées par les besoins physiologiques. Toutefois, les prises d'air ne se produisent pas de manière aléatoire. Elles sont accomplies en tenant compte des contraintes linguistiques, ce qui indique que l'enfant a parfaitement conscience de la structure de la langue et du discours.

Les groupes de souffle sont généralement plus courts et plus stables en parole semi-spontanée. Nous avons constaté que l'enfant a tendance à réaliser des phrases simples et courtes lors de productions semi-spontanées. Ces groupes s'allongent en lecture, en raison de la présence d'énoncés complexes, induits et régis par la ponctuation. Toutefois, cette différence temporelle entre les deux conditions de parole pourrait être d'origine cognitive. En effet, Serré et al. (2019) ont démontré que la durée du groupe de souffle augmente à mesure de la diminution de la charge cognitive. La parole semi-spontanée nécessitant une activité de réflexion plus intense que la lecture, nous pouvons l'envisager comme un facteur de variabilité influençant l'étendue des groupes de souffle.

Si elles restent minoritaires, nous relevons tout de même la réalisation de micro-inspirations, tant en parole lue que semi-spontanée. Weston (2019) suggère que ces micro-inspirations pourraient correspondre à des disfluences. La synchronisation des signaux respiratoires et acoustiques annotés nous permet de confirmer partiellement cette hypothèse. En effet, nous observons qu'une grande majorité de ces phénomènes précèdent ou suivent des répétitions, corrections, hésitations, etc. Nous en visualisons quelques-unes à des endroits généralement ponctués d'une pause, par exemple : « ainsi, [MI] la bise a dû reconnaître [PR] que le soleil était le plus fort des deux ». Dans le cas cité, nous relevons que la micro-inspiration ne suffit pas pour produire la phrase dans son ensemble, obligeant le locuteur à reprendre son souffle un peu plus loin. Par ailleurs, nous constatons que la durée des micro-inspirations est supérieure à celle des pauses silencieuses, en raison de son activité physiologique, tandis que la pause silencieuse a pour vocation de marquer la structure du discours. Cependant, cette différence reste faible et peut également s'expliquer par le taux peu élevé de pauses silencieuses et de micro-inspirations. Une étude réalisée sur un panel plus large permettrait de valider les faits observés.

Nous remarquons une certaine variabilité inter et intra-individuelle quant à l'amplitude des mouvements inspiratoires. La différence interindividuelle peut s'expliquer par des capacités respiratoires propres à chacun et des stratégies de parole changeantes. Cependant, excepté pour le locuteur 4, ces différences ne sont pas significatives. Cela indique que la méthode de comparaison utilisée ainsi que l'unité de mesure choisie (% MD) favorise l'uniformisation des données respiratoires qui, en raison des caractéristiques physiologiques de chacun, sont extrêmement fluctuantes d'un individu à l'autre. En outre, la différence intralocuteur n'est pas corrélée à la condition de parole. Ces dissimilitudes pourraient s'expliquer par la longueur et la complexité syntaxique des énoncés à venir, puisqu'il a été établi dans plusieurs études que ces paramètres pouvaient influencer la profondeur de l'inspiration (Winkworth et al., 1995 ; Fuchs et al., 2013).

Bien que préliminaires, nos résultats mettent en lumière certaines spécificités de l'organisation spatio-temporelle de la respiration chez l'enfant ainsi que quelques facteurs de variabilité des paramètres étudiés. Toutefois, il est nécessaire de confirmer ces résultats auprès d'un échantillon de locuteurs de contrôle plus étendu, ce qui permettrait de déceler des patterns ou des tendances respiratoires thoraciques et abdominales chez l'enfant. L'identification de ces schémas offre la possibilité de créer des modèles respiratoires pouvant servir d'éléments de comparaison pour des travaux portant sur la parole pathologique, notamment celle des enfants porteurs de fentes labio-palatines. Bien qu'opérées chirurgicalement, ces malformations congénitales peuvent générer des troubles respiratoires importants chez le patient (Warren et al., 1992) et affecter sa production phonatoire (Bechet et al., 2012). Étudier la respiration de ces enfants nous permettrait d'examiner et d'identifier les stratégies mises en place par ces locuteurs pour compenser les difficultés respiratoires liées aux déficiences oro-nasales.

Par ailleurs, coupler l'étude spatio-temporelle des gestes respiratoires à une analyse linguistique, permettrait, d'une part, d'évaluer la relation entre l'organisation des mouvements respiratoires et la structuration des énoncés et, d'autre part, d'observer l'incidence de la variation de ces mouvements, consécutive à des perturbations aérodynamiques et phonatoires, sur la structure du discours.

CONCLUSION

Les résultats de cette étude nous permettent de confirmer partiellement nos hypothèses initiales. Contrairement à celles de l'adulte, la majorité des pauses réalisées par l'enfant sont consacrées à la prise de souffle. Cependant, ces pauses sont localisées à des endroits prévus par la syntaxe, démontrant ainsi que ces locuteurs ont pleinement conscience de la structure et des contraintes linguistiques de la langue. Si nous observons quelques différences entre les patterns respiratoires de nos sujets, celles-ci ne sont pas significatives. Par ailleurs, l'amplitude inspiratoire n'est pas corrélée à la condition de parole.

Il convient de rappeler que ces résultats ne sont que préliminaires. La confirmation de ces données ne pourra s'effectuer qu'après avoir élargi le groupe de locuteurs de contrôle afin d'identifier des patterns spatio-temporels respiratoires propres à l'enfant ainsi que les sources de variabilité potentielles. Ensuite, nous pourrons comparer ces modèles avec ceux d'enfants dont les productions phonatoires sont défaillantes en raison d'une perturbation respiratoire, en vue d'observer les stratégies compensatoires mises en place par ces locuteurs.

Les représentations fines du substrat acoustique, aérodynamique, physiologique, etc. permettent d'étudier des phénomènes phonologiques et linguistiques pertinents pour les langues sous forme de contraintes spatio-temporelles.

• Bibliographie

Boersma, P. & Weenink, D. (2001). « Praat, a system for doing phonetics by computer ». *Glot International*, n° 5(9/10), p. 341-345

Bechet, M. Hirsch, F. Fauth, C. & Sock, R. (2012). « Consonantal space area in Children with a Cleft Palate: An acoustic Study ». In *Interspeech.* Porteland, Oregon, p. 58-61

Beckett, R.L., Thoelke, W. & Cowan, L. (1971). « A normative study of airflow in children ». *British Journal of Disorders of Communication,* n° 6, p. 13-16

Draper, M.H., Ladefoged, P. & Whitteridge, D. (1960). « Expiratory Pressures and Air Flow during Speech ». *British Medical Journal*, n° 1(5189), p. 1837-1843

Esposito, A., Stejskal, V., Smékal, Z. & Bourbakis, N. (2007). « The significance of Empty Speech Pauses: Cognitive and Algorithmic Issues ». In Mele, F., Ramella, G., SAntillo, S. & Ventriglia, F. (éds), *Advances in Brain, Vision and Artificial Intelligence*, p. 542-554

Fauth, C., Duchemin, A., Vaxelaire, B. & Sock, R. (2018). « Perturbation de l'organisation temporelle de la parole suite à un effort physique. In *XXXIIes Journées d'Étude sur la Parole*, Aix-en-Provence, p. 240-248

Fuchs, S., Petrone, C., Krivokapić, J., & Hoole, P. (2013). « Acoustic and respiratory evidence for utterance planning in German ». *Journal of Phonetics*, n° 41(1), p. 29-47

Ghio, A. & Teston, B. (2002). « Caractéristiques de la dynamique d'un Pneumotachographe pour l'étude de la production de la parole : aspects acoustiques et aérodynamiques ». In *Journées d'Étude sur la Parole,* Nancy, p. 337-340

Goldman, J.-P. (2011). « EasyAlign : An automatic phonetic alignment tool under Praat ». *Interspeech 2011 12th Annual Conference of the International Speech Communication Association*, Florence, p. 3233-3236

Grosjean, F. & Collins, (1979). « Breathing, pausing and reading ». *Phonetica*, n° 36(2), p. 98-114

Hixon, T.J., Goldman, M.D. & Mead, J. (1973). « Kinematics of the Chest Wall during Speech Production: Volume Displacements of the Rib Cage, Abdomen, and Lung ». *Journal of Speech, Language, and Hearing Research*, n° 16, p. 78-115

Hoit, J., Hixon, T., Watson, P.J. & Morgan W.J. (1990). « Speech Breathing in Children and Adolescents ». *Journal of Speech, Language, and Hearing Research*, n° 33(1), p. 51-69

Lalain, M., Mendonca-Alves, L., Espesser, R., Ghio, A., De Looze, C. & Reis, C. (2016). « Lecture et prosodie chez l'enfant dyslexique, le cas des pauses ». In *XXIXes Journées d'Étude sur la Parole*, Grenoble, p. 41-48

Lalain, M., Legou, T., Fauth, C. Hirsch, F. & Didirkova, I. (2016). « Que disent nos silences ? Apport des données acoustiques, articulatoires et physiologiques pour l'étude des pauses silencieuses ». In *XXXIes Journées d'Étude sur la parole*, p. 38-45

Lebrun, Y. (1966). « Sur l'activité des muscles thoraco-abdominaux pendant la phonation ». *Folia phoniatrica*, n° 18(5), p. 354-368

Marchal, A. (1988). « Contrôle de la respiration dans la parole ». *Folia Phoniatrica et Logopaedica*, n° 40(1), p. 1-11

Pallaud, B. & Bertrand, R. (2020). « Auto-interruptions et disfluences à l'oral. C'était euh tu vois complètement loufoque comme si ouais euh comme situation ». Hirsch, F., Didirkova, I. & Dodane, C. *Manuel de pausologie. Recueil de recherches sur la parole et le discours*, L'Harmattan, p. 21-47

Poole, K.A., Thompson, J.R., Hallinan, H.M. & Beardsmore, C.S. (2000). « Respiratory inductance plethysmography in healthy infants: a comparison of three calibration methods », *European Respiratory Journal*, n° 16(6), p. 1084-1090

Rochet-Capellan, A. & Fuchs, S. (2013). « Changes in breathing while listening to read speech: the effect of reader and speech mode ». *Frontiers in psychology*, n° 4, p. 906

Serré, H. Dohen, M. Fuchs, S. Gerber, S. & Rochet-Capellan, A. (2019). « Speech and breathing in different conditions of limb movements and over time ». In *SEFOS 2019 – Breathing, Pausing, and Voice*, p. 00-102

Solomon & Charron (1998). « Speech Breathing in able-bodied children with cerebral palsy ». *American Journal of Speech-Language Pathology*, n° 7(2), p. 61-78

Stathopoulos, E.T. (1995), « Variability revisited: An acoustic, aerodynamic, and respiratory kinematic comparison of children and adults during speech ». *Journal of Phonetics*, n° 23(1), p. 67-80

Stetson, R.H. (1951). *Motor phonetics. A study of speech movements in action.* North-Holland Publishing Company

Vaxelaire, B. (2007). « La résistivité spatio-temporelle des gestes linguistiques ou comment perturber la linguistique en augmentant la vitesse d'élocution ». Vaxelaire, B., Sock, R., Kleiber, G. & Marsac, F. *Perturbation et réajustements : Langue et langage.* Strasbourg : Université Marc Bloch, p. 179-199

Warren, D.W. Drake, A.F. & Davis, J.U. (1992). « Nasal Airway in Breathing and Speech ». *The Cleft Palate-Craniofacial Journal*, n° 29(6), p. 511-519

Weston, H. (2019). « Proposal for a novel analysis of the organization of breath pauses, silent pauses and speech intervals in spontaneous speech ». In *SEFOS 2019 – Breathing, Pausing, and Voice*, p. 41-43

Winkworth, A.L., Davis, P.J., Adams, R.D. & Ellis, E. (1995). « Breathing Patterns During Spontaneous Speech ». *Journal of Speech and Hearing Research*, n° 38, p. 124-144

Włodarczak, M. & Heldner, M. (2019). « Breathing in conversation – what we've learned ». In *SEFOS 2019 – Breathing, Pausing, and Voice*, p. 13-15

- **Résumé et mots-clés**

La respiration joue un rôle essentiel dans la production et la structuration de la parole. Elle a fait l'objet d'études en vue d'appréhender son fonctionnement durant la phonation, grâce à diverses méthodes d'analyse complémentaires. Cet article valorise l'utilisation de la pléthysmographie respiratoire par inductance afin d'obtenir la représentation graphique spatio-temporelle des mécanismes thoraciques et abdominaux en lien avec la parole. Nous exposerons quelques données préliminaires collectées auprès de quatre locuteurs de contrôle, de langue maternelle française, et âgés de 8 à 12 ans. Ils ont été enregis-

trés en lecture et en parole semi-spontanée. L'exploration des pauses, des groupes de souffle et de l'amplitude des mouvements thoraco-abdominaux inspiratoires permet d'examiner les potentiels éléments soumis à la variabilité liée à la condition de parole.
Mots-clés : *Représentation graphique ; respiration ; parole ; PRI ; organisation spatio-temporelle ; perturbation.*

- **Annexes**

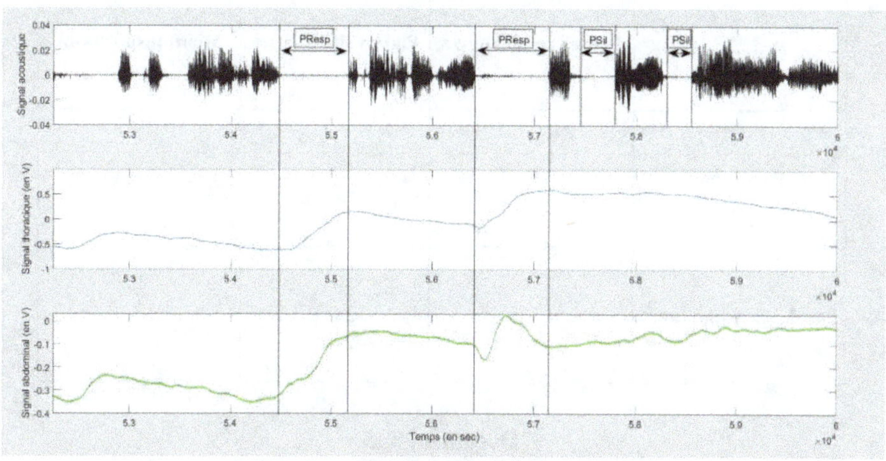

Document n° 1

Représentations graphiques des mouvements respiratoires thoraciques (2e canal) et abdominaux (3e canal) en fonction du temps, synchronisés au signal acoustique de parole (1er canal) avec démarcation et annotation des pauses à l'aide du logiciel MATLAB

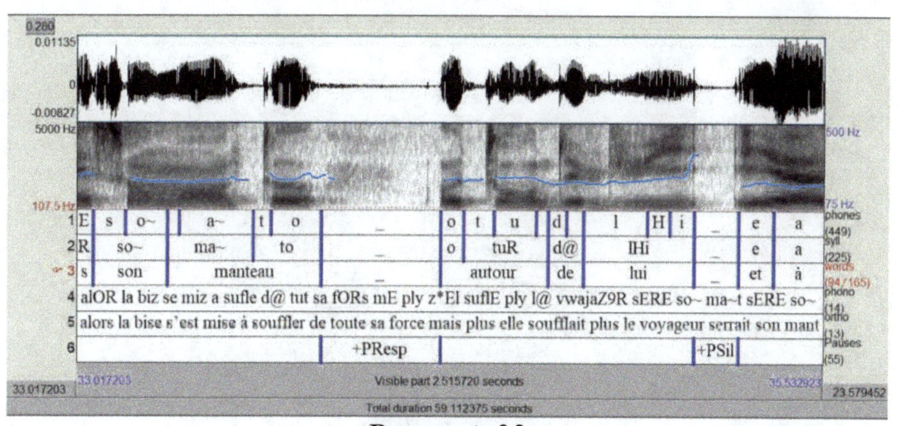

Document n° 2

Annotation des pauses respiratoires et silencieuses, à l'aide du logiciel PRAAT

	Pauses respiratoires	Pauses silencieuses	Micro-inspirations
Parole lue	71 %	23,5 %	5,5 %
Parole semi-spontanée	67 %	28 %	5 %

Document n° 3

Distribution des pauses (en %) en parole lue et semi-spontanée

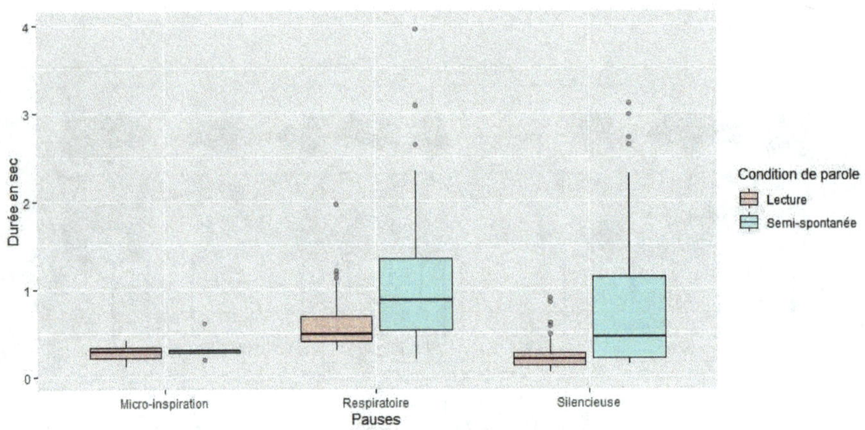

Document n° 4

Durée des pauses (en seconde) selon la condition de parole

	Lecture		Parole semi-spontanée	
	Durée moyenne (sec)	Durée en %	Durée moyenne (sec)	Durée en %
Pauses respiratoires	0,572	84%	1,053	71%
Pauses silencieuses	0,258	13%	0,948	27%
Micro-inspirations	0,280	3%	0,338	2%

Document n° 5

Durée moyenne des pauses (PR, PS et MI), exprimée en seconde, puis en % sur le temps total de pause, en fonction de la condition de parole

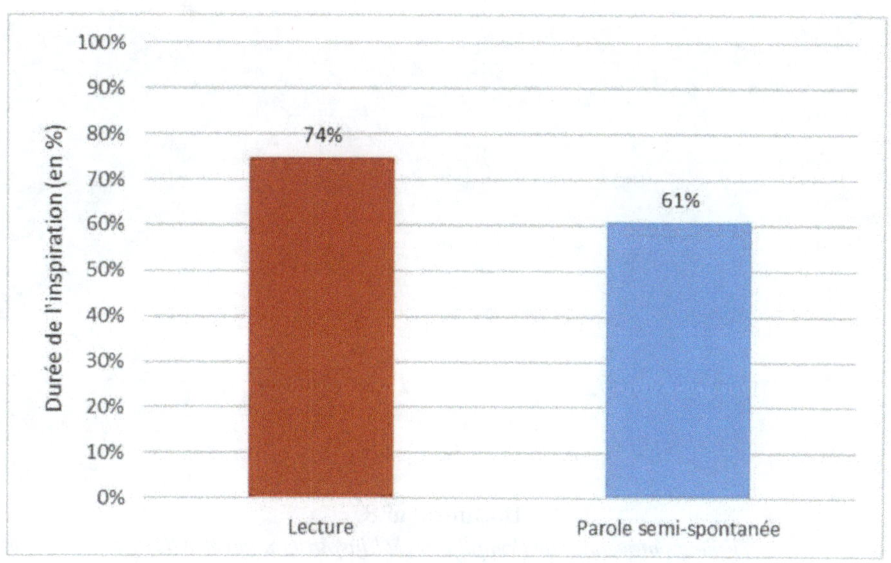

Document n° 6

Durée moyenne de l'inspiration par rapport au temps total de la pause respiratoire (en %), selon la condition de parole

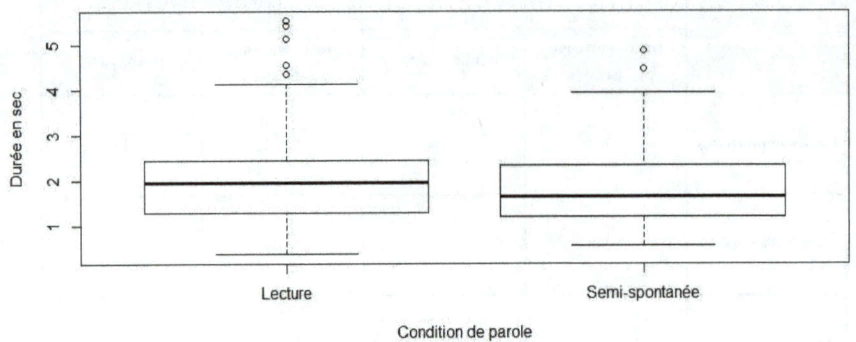

Document n° 7

Durée des groupes de souffle (en seconde) en parole lue et semi-spontanée

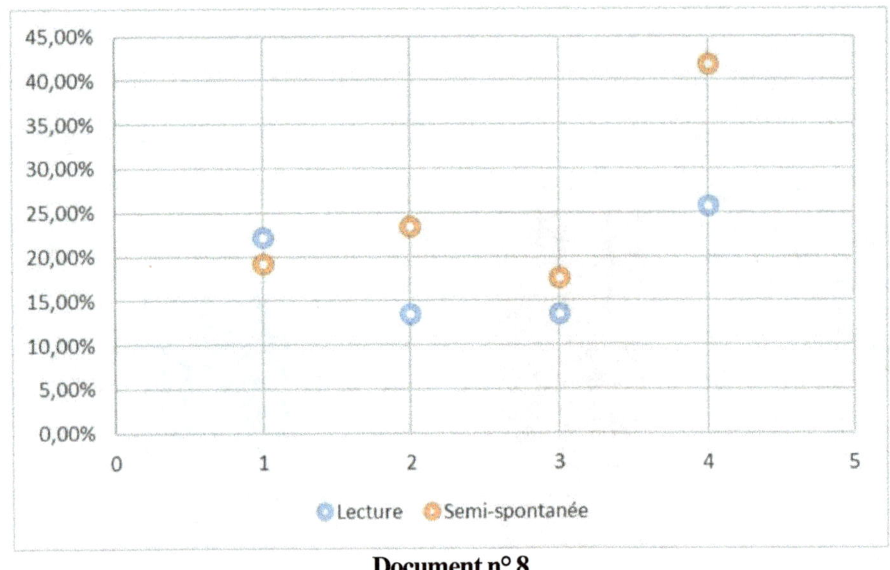

Document n° 8

Valeurs moyennes de l'amplitude de l'inspiration (en % MD) en fonction des locuteurs et de la condition de parole

	Locuteur 1	Locuteur 2	Locuteur 3	Locuteur 4
Lecture	22,19 %	13,49 %	13,50 %	25,75 %
Semi-spontanée	19,21 %	23,41 %	17,68 %	41,85 %

Document n° 9

Tableau des valeurs moyennes de l'amplitude inspiratoire, exprimées en % MD, par locuteur et selon la condition de parole

UNE REPRÉSENTATION CONTEMPORAINE DU GOULAG SOVIÉTIQUE : LA LIMITE DE L'OUBLI DE SERGUEÏ LEBEDEV

Julie GERBER[1]
Université de Strasbourg, France
ORCID : 0000-0002-5957-2260

INTRODUCTION

Représenter « la part du passé inscrite, diluée imperceptiblement dans le moment présent » : telle est l'ambition du jeune écrivain russe Sergueï Lebedev (*La Limite de l'oubli*, traduit du russe par Luba Jurgenson, Paris, Verdier, collection « Poustiaki », 2014, p. 130[2]). Auteur de plusieurs œuvres, il a publié son premier roman *La Limite de l'oubli* en 2011. Ce roman porte sur la mémoire du passé soviétique, qui est indissociable de la question du Goulag[3]. Son narrateur, un jeune homme anonyme originaire de la région de Moscou, s'avère être le petit-fils adoptif d'un étrange vieillard qui a autrefois été directeur d'un camp de travaux forcés. Le parcours et la personnalité de cet homme, qu'il appelle l'Autre Grand-Père, l'obsèdent, exerçant sur lui un mélange de fascination et de répulsion. Pour se libérer de son emprise posthume, il entreprend un voyage d'enquête dans le Grand Nord sur les traces du camp, vingt ans après l'effondrement de l'Union soviétique. Le narrateur, en détective de la mémoire, collecte les signes, les ruines et les résidus d'une époque apparemment révolue, mais qui continue à travailler le présent. Le roman se présente comme un policier métaphysique dont la clé se trouve dans le propre rapport du narrateur au passé.

---

[1] Julie Gerber, docteure en Littérature comparée, enseigne la langue et la culture russes à l'Université Jean Moulin Lyon 3. Ses recherches portent principalement sur la transmission et la réception de la mémoire des camps soviétiques par la littérature, ainsi que sur la notion de postmémoire dans le contexte de la littérature russe contemporaine. L'auteure est affiliée au Centre d'Études Linguistiques et fait partie du comité de rédaction de la *Revue russe*.

[2] Noté « LO » dans ce qui suit.

[3] Dans les recherches sur le sujet, le terme désigne en général le phénomène concentrationnaire de toute la période soviétique, même si l'institution qu'il désigne n'a existé qu'entre 1930 et 1956. Parmi toutes les graphies existantes (GOULAG, goulag, Goulag), nous avons opté pour cette dernière variante. L'acronyme *ГУЛаг* (GOULag), pour « Direction principale des camps », apparaît pour la première fois dans les documents administratifs de l'OGPOU, la police politique soviétique, le 9 novembre 1930, mais les camps étaient apparus en Russie soviétique dès les premiers mois du régime bolchévique.

Le narrateur explore des espaces post-concentrationnaires complètement abandonnés à eux-mêmes, où ne subsistent que des ruines qui disparaissent progressivement. Pourtant, le Goulag représente le plus vaste ensemble de camps de travaux forcés du XXe siècle, avec une quarantaine de camps répartis sur l'ensemble du territoire et ayant fonctionné principalement durant trois décennies, de 1917, date de la Révolution d'octobre, à 1956, date de l'amnistie de la plupart des prisonniers et du début de la déstalinisation. L'historien Nicolas Werth estime qu'un Soviétique sur six est passé par le Goulag, qui représente à la fois une structure économique (dédiée, par exemple, à l'extraction de matières premières) et une structure répressive. Les historiens s'accordent pour évaluer le nombre de morts à vingt millions (Nicolas Werth & Luba Jurgenson, *Le Goulag. Témoignages et archives*, Paris, Robert Laffont, 2017, p. 20-26.). Malgré l'importance de ce phénomène, qui a modelé les territoires et la vision du monde des Russes, le gouvernement ne juge pas nécessaire aujourd'hui de mener une politique patrimoniale ou mémorielle des répressions, politique qui devrait s'accompagner, en principe, d'un ensemble de représentations. Comme le souligne Luba Jurgenson dans son article sur la conservation de l'héritage des systèmes répressifs et la mémoire des camps du Goulag (Ewa Bérard & Luba Jurgenson, 2017, p. 144, 131-154), en l'absence de consensus sur ce que doit être la mémoire du Goulag, la patrimonialisation demeure impossible. Le roman de Lebedev se donne pour objet de mettre en évidence cette lacune pour mieux la combler. Comment la représentation textuelle de l'univers du Goulag tel qu'il apparaît à présent permet-elle à l'auteur de reconstruire la mémoire collective ? Trois aspects occupent le narrateur dans son minutieux travail de reconstitution du passé : les corps des victimes, les objets et artefacts du camp, et le paysage.

1. Représenter des corps pour « lire » le passé

1.1 Le corps malade de l'*homo sovieticus*

Le roman est traversé par une galerie de personnages fortement éprouvés sur le plan physique. Aux yeux du narrateur, c'est leur corps qui donne la mesure des diverses expériences vécues. Le passé de ces personnages, jeunes ou vieux, n'est pas forcément défini, et il n'est pas nécessairement en lien direct avec le camp. Il apparaît en tous les cas que ces êtres sont travaillés par leur passé, comme si leur corps était une simple matière soumise aux caprices du temps. Ils n'ont pas de prise sur ce qui leur arrive, ils n'offrent aucune résistance. Le lecteur pense alors à l'expression ironique d'« *homo sovieticus* », popularisée au début des années 1980 par l'écrivain et sociologue soviétique Alexandre Zinoviev, qui désigne avec dérision ceux dont la mentalité a été conditionnée par la société soviétique. Les personnages que rencontre le narrateur se caractérisent par leur résignation et leur soumission à l'ordre établi.

Le narrateur est confronté à des corps malades lorsque, enfant, il se retrouve à l'hôpital, en août 1991, au moment du putsch qui signera la fin de l'Union soviétique. Les patients se lèvent et s'approchent de la fenêtre pour regarder les chars défiler. Le narrateur rapporte en détail, dans une longue description, les particularités de ces corps et les impressions qui le frappent :

> La plastique générale des silhouettes donnait à penser que ces gens vivaient sous une pression permanente qui les brisait, les pliait, les tordait, les broyait, les écrasait, qu'ils s'étaient usés à la tâche [...]. Ils étaient même habitués à ce que ces multiples pressions définissent la forme de leur corps (LO, p. 87-88).

Pour le narrateur, les maladies et infirmités ne relèvent pas du hasard, d'accidents : elles sont la conséquence directe d'une société qui est elle-même malade. Les morphologies reflètent un déséquilibre psychique et, dans l'interprétation qu'il en donne, la destruction progressive de l'individu par le pouvoir soviétique.

1.2 Le corps estropié des mineurs

À mesure qu'il s'avance dans les territoires désolés du Nord, le jeune homme rencontre des hommes de plus en plus marqués physiquement. Arrivé dans la ville arctique près de laquelle se trouvait le camp dirigé par l'Autre Grand-Père, un combinat minier, il fait la connaissance de cinq anciens mineurs qui y ont travaillé. Ils sont tous estropiés, ayant survécu à des éboulements qui se sont produits à des moments différent. Ce sont les premiers véritables interlocuteurs du narrateur au sein de cette ville pitoyable, grise et poussiéreuse. Dans sa description, ils apparaissent à peine comme des hommes : « La mine les avait rejetés tels des déchets, des débris, mais la vigueur de leurs corps avait suffi à leur offrir une longue vie supplémentaire – la vie d'après l'éboulement [...] » (LO, p. 198). L'un d'entre eux, devenu responsable des archives de la direction des mines, confirme que l'Autre Grand-Père a bien été directeur du vaste complexe concentrationnaire. Il a aussi été l'initiateur d'une carrière démesurée dont le narrateur sent qu'elle menace d'engloutir la ville. L'archiviste à la jambe de bois consacre désormais sa vie à lutter contre les rats qui nichent dans les montagnes de documents d'archives, désormais inutiles. Les corps de ces anciens mineurs les font apparaître non comme des êtres humains bien vivants, mais comme des résidus figés dans la « post-existence du camp », selon la formule de l'auteur[4].

1.3 « L'homme minéral »

Plus loin dans le roman, le narrateur interroge un vieux gardien de cimetière dont le corps est littéralement décharné. L'homme, un ancien détenu qui se nomme Piotr (Pierre), est également le graveur de pierres tombales de ce cimetière réservé aux responsables du camp. Maigre et bossu, il porte des prothèses à la place du bras gauche et des pieds. D'après le narrateur, son corps est devenu minéral à force de graver les noms des morts :

> Il ne lui restait pas beaucoup de chair, son corps étant composé à un tiers de métal, de bois et de plastique [...]. Ce peu de chair était imprégné de poussières abrasives, ses poumons en étaient remplis, il était presque devenu un minerai, à l'instar de ces mineurs disparus dans les mines dont on avait retrouvé les corps transformés en blocs de sel des décennies plus tard. [...] Le fonctionnement de son organisme relevait davantage de la pétrologie que de la physiologie. (LO, p. 239)

Gardien d'un espace suspendu entre entre deux mondes, l'infirme est lui-même devenu une créature intermédiaire, difficilement identifiable. Ce passage du roman suggère que le camp, en tant que phénomène concentrationnaire, estompe les oppositions ordinaires entre l'organique et l'inorganique, la vie et la mort.

C'est le constat que livre Luba Jurgenson dans son ouvrage *L'Expérience concentrationnaire est-elle indicible ?* (Monaco, Éditions du Rocher, 2003), à propos des écrivains survivants des camps qui ont laissé un témoignage littéraire de leur expérience. S'appuyant principalement sur les *Récits de la Kolyma* de Varlam Chalamov, elle analyse la figure de « l'homme minéral » (p. 308-325) dans plusieurs de ses textes qui ont pour cadre l'extrême nord du continent russe, où les camps étaient particulièrement mortels. En venant à la Kolyma, précise-t-elle, les détenus ne font pas que s'éloigner de la civilisation : ils remontent vers les origines. Dans cet espace qui semble hors du monde, les éléments n'ont pas encore reçu leur forme et se trouvent à l'état brut, au cœur d'une matière indifférenciée : « L'homme [...] est perçu par

---

[4] SNCmedia, « Pisatel' Sergej Lebedev o pamjati, istorii i "Fejsbuke" načala XX veka » [L'écrivain Sergueï Lebedev à propos de la mémoire, de l'histoire et de « Facebook » au début du XXe siècle], http://www.sncmedia.ru/entertainment/lyudi-avgusta-i-facebook-na chala-xx-veka/, mis en ligne le 13 avril 2016, consulté le 15 mars 2021.

d'autres et se perçoit lui-même comme de la chair illégitime parce que vivante, mais susceptible de se figer, de se "pétrifier" d'un instant à l'autre. La banalité du cadavre transforme la mort en un simple passage de la matière à l'état inanimé » (ibid., p. 308). À la Kolyma, c'est en effet « la pierre qui est la référence universelle, la mesure de toute chose, l'état primordial et final de la matière » (ibid., p. 309). La métaphore de la pierre a également été utilisée par Soljénitsyne dans *L'Archipel du Goulag*, pour le chapitre 4 du tome 2, intitulé « L'archipel se pétrifie ». En créant cet étrange personnage de gardien de cimetière post-soviétique, devenu mi-homme mi-pierre, Lebedev prolonge à sa manière l'œuvre des témoins, dont il revendique par ailleurs l'héritage littéraire dans de nombreux entretiens[5].

Ces quelques exemples de personnages plus ou moins directement affectés par le pouvoir soviétique montrent à quel point, dans le roman, les corps portent l'empreinte de l'Histoire. En l'absence de mots posés sur les événements, le corps devient le lieu même où le narrateur peut déchiffrer le passé. La représentation des corps dans le récit est l'enjeu d'une remémoration du passé, de la même manière que les objets font office de « souvenirs ».

2. La fonction des objets et artefacts du camp

2.1 L'objet en tant que signe

Le roman de Lebedev se caractérise par la forte présence d'objets de toutes sortes, appartenant à différents registres (domestique ou industriel, rural ou urbain). Les objets apparaissent dans le récit soit de manière isolée, soit regroupés sous forme de longues énumérations.

Des objets relevant de la vie quotidienne sont mentionnés séparément en particulier dans la première partie du roman, durant laquelle le narrateur fait le récit de son enfance. Chaque objet assume alors une forte charge symbolique aux yeux du narrateur. Ceux du quotidien, lorsqu'ils sont pointus, précis et appartiennent à l'Autre Grand-Père (paire de ciseaux, crayon bien taillé), suscitent son angoisse : « s'il avait fallu créer un blason incarnant le pouvoir de l'Autre Grand-Père sur moi, j'aurais choisi ces deux objets. Avec, peut-être, le

[5] « [Je suis] un témoin […], pas au sens de Chalamov ou Soljénitsyne, bien sûr, mais […] un témoin de la post-existence du camp », SNCmedia, « Pisatel' Sergej Lebedev o pamjati, istorii i "Fejsbuke" načala XX veka », art. cit. Mentionnons également la préface de Sergueï Lebedev à l'édition suédoise des *Récits de la Kolyma* de Varlam Chalamov (Ersatz, 2019), dans laquelle il offre à la fois un hommage à l'auteur des récits et souligne son affinité littéraire avec lui.

compas » (LO, p. 45). Il semble à l'enfant que les objets sont, en général, envoûtés par la puissance du vieillard : non seulement la hache rouillée, mais également des objets aussi banals que le stylo, la cuillère, le sucrier, paraissent vouloir s'attirer ses faveurs et jouer un rôle dans la conspiration qui se joue contre l'enfant, qui se sent surveillé et prisonnier. Le grand-père donne à l'enfant l'eau du puits dans un quart en laiton « semblable à ceux des prisonniers » (LO, p. 57) : le narrateur a alors l'impression « d'avaler une gorgée de ce passé [qu'il ne peut] ni [se] représenter ni intégrer à un tableau plus vaste » (LO, p. 58). Après la mort du grand-père, les nombreuses paires de lunettes qu'il retrouve dans son appartement lui semblent révélatrices d'une manie de l'espionnage. En somme, tous ces objets annoncent et préfigurent le déroulement de l'intrigue. Tout comme le narrateur, le lecteur se voit confier le rôle de détective qui se doit de remarquer et de rassembler l'ensemble des « pièces à conviction ».

Par ailleurs, l'œuvre est présidée par un régime d'écriture générique comprenant des procédés tels que l'inventaire, la liste, le recensement et l'énumération. À mesure que le récit se déploie, les objets tendent à être regroupés dans de longues descriptions, constituant de véritables tableaux (LO, p. 14-15, 113, 118-120, 130). Dès le début du roman, le narrateur décrit ainsi un immense marécage surnommé la Flaque Reine, dont la légende locale raconte qu'elle aurait englouti plusieurs centaines de détenus dans les années 1940 :

> La terre semblait bouger tout autour, inondée d'une eau putride couleur de rouille dont émergeaient des poutres et des planches broyées par des chenilles de tracteurs, des pierres rayées par le fer, des tonneaux écrasés sur lesquels on avait cherché à poser des pontons pour recouvrir la Flaque, des îlots de gravier et de sable sur le point de sombrer, autant de traces qui révélaient les tentatives de combler ce gouffre. Sur le côté on voyait, affleurant à la surface du marécage, la carcasse d'une cabine de tracteur en passe de perdre les restes de ses couleurs, la flèche déformée d'une grue. Une drôle de forêt bordait la Flaque : des dizaines de tuyaux métalliques enfoncés dans la terre et de pylônes en béton en partie arrachés – on y avait accroché les véhicules qui s'étaient embourbés. Partout traînaient des câbles brisés, effilochés, avec une dizaine de nœuds chacun : ils n'avaient pas supporté la poigne mortelle de la Flaque. (LO, p. 14)

Cette énumération semble faire surgir aux yeux du lecteur une scène apocalyptique : les efforts des hommes, matérialisés ici par la grande quantité d'outils, de machines et de matériaux divers, ont été réduits à néant. De ce combat contre la nature dont les hommes sortent vaincus, il résulte une vision effroyable dans laquelle la flaque fait office de monstre dévoreur de vie. Ni terre ni eau, ni nature ni construction industrielle, la Flaque ne cesse de s'agrandir en engloutissant tout ce qui la traverse ou l'entoure. La vision de cet espace « damné » (LO, ibid.) prélude à la description d'autres espaces post-concentrationnaires, s'inscrit dans un monde où ni la mort, ni la vie n'ont de sens. Deux décennies après la fin du régime soviétique, les déchets industriels demeurent une trace tangible et indéniable de ce qui a été, bien qu'elles ne puissent dire rien d'autre, en l'état, que leur propre effacement. Le narrateur, en arrivant dans la ville du Grand Nord, livre une réflexion sur la place et la signification des objets :

> Près de l'arrêt de bus, on voyait des massifs de fleurs encadrés de pneus peints de différentes couleurs. Nous en faisions des comme ça lors de "samedis rouges" à l'école. Je reconnus une pauvreté qui m'était familière : les objets vivaient deux vies, compensant ainsi le manque du strict nécessaire. Des parterres de fleurs délimités avec des pneus et des culs de bouteille, des mangeoires pour oiseaux construites à l'aide de briques de lait, des cendriers en boîte de conserve. (LO, p. 164)

Ces objets misérables, apparemment confectionnés avec soin, disent quelque chose de la société et de la culture qui les a produites. À travers cette description, le narrateur reconstitue la culture matérielle soviétique dans son détail : la pratique communiste des « samedis rouges » consacrés à l'entretien ou l'édification de biens communs, la réalité économique et sociale d'une certaine indigence conduisant à trouver une double utilité au moindre objet.

Ainsi le narrateur, qui se présente comme un enquêteur et un chercheur de traces, met-il en œuvre, pour parler du réel, une stratégie de reportage dans laquelle les objets occupent une place prépondérante. Il ne s'agit pas tant de reconstituer un monde d'objets que de reconstituer un monde *par* l'objet. L'objet est la porte d'entrée vers un univers concentrationnaire difficilement saisissable, bien qu'il soit omniprésent. Les choses ne sont pas là pour faire chose, mais pour faire signe. Se pose alors le problème de la place qu'il faut consacrer à l'objet, notamment au musée, instrument de la mise en valeur de l'objet.

2.2 Les artefacts du camp

Un musée est un lieu où les objets perdent leur fonction utilitaire pour devenir pure représentation. Dans le roman, le protagoniste visite deux musées dans lesquels, justement, la représentation échoue : les objets ne disent rien. Arrivé dans la ville du Nord, le narrateur visite d'abord un musée régional dans l'espoir de collecter des informations sur le camp dirigé par son grand-père. Cependant, ce musée ignore complètement la problématique du Goulag. Il est qualifié d'« artificiel et désespérant » par le narrateur, qui remarque que « ses créateurs ne s'étaient souciés que de fabriquer un bon passé, un passé authentique. C'est pourquoi, tout entier, il n'était que mise en scène, du toc bien ficelé » (LO, p. 175). Le musée offre d'abord une reconstitution du camp, mais les matériaux choisis sont de bonne qualité et relativement esthétiques, ce qui ne correspond évidemment pas à la réalité documentée. Le narrateur mentionne en outre le caractère hétéroclite des artefacts exposés dans les vitrines : des objets retrouvés sur les lieux du camp (une gamelle fabriquée avec une boîte de conserve, des bottes, une lampe de mineur), voisinent des objets préhistoriques (dents, flèches en pointe d'os). Le mélange des époques, l'absence de commentaires et le caractère invraisemblable de l'exposition ne permettent aucune compréhension du phénomène concentrationnaire.

Les choix faits par ce musée pour (ne pas) représenter le passé concentrationnaire correspondent aux pratiques muséographiques réelles du pays. Cédric Pernette, qui a étudié la mémoire du Goulag dans les musées régionaux de Russie, estime que le traitement muséographique de la violence politique y est en général embryonnaire, voire inexistant, un fait qui reflète selon lui l'attitude de déni à l'égard des violences elles-mêmes (Delphine Bechtel & Luba Jurgenson, p. 39-55, 40). Dans le roman de Lebedev, les collections ne sont pas intégrées à un propos mais simplement présentées de manière arbitraire : aussi le visiteur sent-il le passé s'éloigner de lui au lieu de se rapprocher. Le roman représente ainsi une institution muséale dont le rôle est, précisément, de représenter le passé, mais qui ne remplit pas sa fonction. C'est le texte qui l'assume à sa place, en montrant qu'il est possible d'entrer en relation avec les objets du passé, comme le fait le protagoniste, en décrivant minutieusement chaque objet. Le récit se présente donc lui-même comme un espace muséal, cette fois, pour le lecteur. La mémoire, évacuée des institutions étatiques chargées de sa préservation, s'incarne toutefois de manière durable dans le paysage.

3. Représenter le paysage

3.1 Les ruines du camp « à la limite de l'oubli »

Au fil de ses explorations dans la steppe et la taïga, le narrateur prend conscience du fait qu'il ne reste presque plus rien de l'archipel concentrationnaire. Les matériaux de construction ont tous disparu, à tel point qu'il faut se demander s'il y a réellement eu quelque chose à cet endroit. De fait, comme l'ont souligné de nombreux chercheurs, la dissolution des traces et l'absence de leur patrimonialisation pose un problème éthique, car leur effacement engendre une disparition de l'événement dans la mémoire collective. L'existence de certains camps n'est attestée par aucune photo, aucun objet ni aucune carte. Il subsiste parfois, tout au plus, quelques photographies conservées dans les archives régionales et des vestiges archéologiques faits d'ossements et de barbelés emmêlés. Varlam Chalamov, survivant de la Kolyma, région de l'Extrême Orient russe où se trouvait l'un des Goulag les plus meurtriers, écrivait en 1972 :

> Les documents de notre passé sont anéantis, les miradors abattus, les baraques rasées, le fil de fer barbelé rouillé a été enroulé et transporté ailleurs. Sur les décombres de la Serpentine fleurit l'épilobe, fleurs des incendies et de l'oubli, l'ennemie des archives et de la mémoire humaine[6]. (*Récits de la Kolyma*, « Le gant », p. 1245)

Chalamov dénonce une destruction volontaire des traces du Goulag. Cependant, selon Luba Jurgenson, ces traces n'ont pas été détruites intentionnellement : il a suffi de laisser le terrain à l'abandon pour qu'elles disparaissent d'elles-mêmes (« L'œil comme outil de l'incertitude », 2005). En 2020, Sergueï Lebedev a commenté, comme Chalamov avant lui, la « force d'oubli de la nature » qui se manifeste à travers des processus tels que la croissance (forêts poussant sur d'anciens chantiers d'abattage), la destruction, la décomposition, l'érosion (les baraquements tombent en poussière, les miradors s'affaissent) : « la nature transforme le camp en paysage, le camoufle, dissimule le lieu et les traces du crime » (*Mémoires en jeu*, n° 11, p. 76). Le narrateur du roman collecte le « presque plus rien » de ces traces en cours d'effacement et l'offre au lecteur à travers le prisme de ses souvenirs, de ses émotions et de ses réflexions.

Pour ce faire, il repère les traces sociales qui ponctuent le paysage (barbelés, baraques, gamelles fabriquées à partir de boîtes de conserve) et les traces naturelles qui le modèlent (remblais, éboulements)[7]. Assigner une trace au paysage est un travail que doit faire le regardeur, car comme l'écrit Luba Jur-

---

[6] L'épilobe, connu pour être la première plante à repousser après les feux de forêt, recouvre la Serpentine, camp d'extermination extrêmement actif pendant la Grande Purge. Le végétal apparaît, vraisemblablement pour cette raison, comme une promesse ambiguë de régénération et d'oubli.

[7] Selon Luba Jurgenson, cette typologie, généralement pertinente dans une réflexion sur la trace en général, doit être remise en question puisque dans le cas du Goulag, les traces naturelles peuvent être converties en sociales (« Conserver l'héritage des systèmes répressifs », art. cit., p. 133).

genson, « pour émerger, une trace est tributaire d'un regard, d'une interprétation, d'un décrypteur qui a répondu à son appel » (2017, art. cit., p. 131). Le narrateur accède au paysage d'abord en tant que chercheur de traces, puis en tant que « chercheur du défaut de trace », selon la formule de Philippe Mesnard dans son ouvrage *Témoignage en résistance* (2007, p. 305-330) : il vient chercher ce que l'œil ne peut repérer spontanément, face à un paysage de ruine :

> Ni l'empilement de rochers, ni les plaques noires aux endroits où l'on avait entassé le charbon, ni les wagonnets abandonnés sur une pente, ni les terrils ne constituaient en eux-mêmes un témoignage. La pelote de barbelés [...] n'était qu'une pelote de barbelés. Pour la "dévider", pour déployer, en tirant le fil, la totalité du passé, non seulement l'apparence qu'avait ce lieu six décennies auparavant mais également le sens de ce qui s'y passait, il fallait en avoir ne serait-ce qu'une vague idée, il fallait être guidé. (LO, p. 229)

Tout au long de son récit, c'est le narrateur qui assume cette fonction de « guide » pour le lecteur, orientant son regard à travers le vide apparent qui se présente à lui.

3.2 La perception du paysage

Le narrateur de *La Limite de l'oubli* est en interaction permanente avec les paysages du Grand Nord. D'abord en tant que géologue, puis en tant que voyageur, il se confronte successivement à des ruines de baraquements, une carrière, des ateliers désaffectés, une mine d'uranium et, tout à la fin du roman, à une fosse commune. Le paysage, qui garde les marques des violences qui se sont déroulées sur les lieux, interpelle le narrateur, convoque son sens éthique. Le paysage est pour lui un espace de projections et de remémorations (y compris celles des mémoires d'autrui), ce dont il tient le compte minutieux dans son récit. La description de sa première « rencontre » avec les baraques construites par les détenus est ainsi indissociable de sa perception et de l'effet qu'elle produit sur lui :

> C'est à travers ce genre de percée dans le brouillard que je vis les baraquements sur un col. À peine perceptibles sous le givre blanchâtre, ils semblaient ne pas appartenir à un lieu concret. Découpés dans le paysage, flous, se perdant à la limite de mon champ de vision, ils se rapprochaient sans que l'image devienne plus nette. Mais les détails n'avaient pas d'importance. Des contours, des lignes non chargées de volumes se précisaient dans la brume, c'était l'essentiel. (LO, p. 99)

La subite apparition des baraques à travers la brume et le givre se fait sur le mode du trouble et du doute : elle semble surnaturelle au narrateur. Sa vision est caractérisée par le flou, car son œil échoue à faire la mise au point, comme un appareil photo trop ancien, comme si sa conscience refusait d'admettre ce qui s'impose à elle. Les ruines du camp parviennent au narrateur sous une forme spectrale : il n'en reste que quelques planches de bois gris et des pierres qui se fondent peu à peu dans la nature. Ce spectacle banal – un amas de matériaux – pourrait ne rien dire rien de particulier, mais le narrateur refuse de le laisser à l'abandon, cherchant au contraire à le ramener dans un espace éthique à travers ses sensations et ses émotions.

En effet, il n'existe pas de paysage en soi, ou en tant que pur objet esthétique. Le paysage et l'humain, la nature et la culture ne peuvent être séparés, comme le montrent les analyses de l'historien Simon Schama (*Landscape and Memory*, New York, Vintage, 1996, p. 7-10). Si le « lieu de mémoire » formulé par Pierre Nora est désormais institutionnalisé et balisé, le paysage demeure une notion fluide et mouvante conditionnée par le rapport entre le regardeur et ce qu'il voit. Les théories développées par les géographes culturels montrent qu'un paysage est une construction et une représentation[8]. La relation du visiteur avec le paysage est dans son œil même[9]. Au sens géographique du terme « lieu » se superpose l'« idée du lieu », qui implique à la fois le lieu physique et sa perception par le sujet. Dans le roman, après avoir découvert la gigantesque carrière du camp et rencontré les mineurs mutilés, le narrateur de Lebedev saisit l'importance de son engagement personnel :

> Je m'étais mentalement distancé du lieu et de ses habitants, ces derniers ne m'intéressaient que dans la mesure où ils pouvaient me communiquer des renseignements. Or j'y avais trouvé un trou infernal dans la terre et des éclopés.

---

[8] Selon Denis E. Cosgrove, le paysage désigne le monde extérieur médiatisé par une expérience humaine subjective ; c'est donc une construction : « Landscape denotes the external world mediated through subjective human experience… Landscape is not merely the world we see, it is a construction, a composition of that world », *Social Formation and Symbolic Landscape*, London/Sydney, Croom Helm, 1984, p. 13. Toujours selon l'auteur, le paysage se définit comme une « image culturelle » : « A landscape is a cultural image, a pictorial way of representing, structuring or symbolizing surroundings », Denis E. Cosgrove, Stephen Daniels (dir.), *The Iconography of Landscape: Essays on the Symbolic Representation, Design and Use of Past Environments*, Cambridge, Cambridge University Press, 1988, p. 1. John Wylie explique que le paysage est à la fois un phénomène en soi et la perception que l'on en a : « Landscape is thus not just the land itself, but the land as seen from a particular point of view or perspective. Landscape is both the phenomenon itself *and* our perception of it », J. Wylie, *Landscape*, London/New York, Routledge, 2007, p. 7.

[9] D. Lowenthal, « Past Time, Present Place: Landscape and Memory », *The Geographical Review*, vol. 65, n° 1, January 1975, p. 7.

> Les renseignements n'étaient accessibles qu'à celui qui s'impliquait. (LO, p. 62)

Le « visiteur de l'enfer » qu'il est doit s'investir émotionnellement pour « accéder à des renseignements » qui feront avancer son enquête sur l'Autre Grand-Père. Cependant, cette enquête est prétexte à la restitution sensible d'un univers post-concentrationnaire, véritable objet du récit. L'écrivain nous propose ainsi une représentation de ces lieux abandonnés, demeurés aux marges de la civilisation. En l'absence de tout dispositif de patrimonialisation, c'est donc essentiellement la nature qui, réinvestie par le narrateur, est représentée en tant que paysage de mémoire.

Ainsi, en décrivant les corps, les objets et les paysages qui l'entourent, le narrateur restitue aux yeux des fragments d'un passé demeuré hors champ ; il les intègre dans le domaine du visible et du connaissable par le moyen de la représentation littéraire. Se positionnant toujours en tant que détective et témoin, il balise ces espaces perdus et offre la possibilité d'un réinvestissement et d'une réappropriation du passé pour le lecteur. La représentation des vestiges du Goulag dans le roman vise, en un sens, à leur redonner leur statut de trace. En décrivant les ruines, en faisant entendre la voix des choses et des détails, Lebedev inscrit ces traces dans la postérité, dans une dynamique de transmission intergénérationnelle. À travers son enquête, c'est la voix des disparus, ceux que l'anthropologue Élisabeth Gessat-Anstett appelle les « fantômes de la mémoire commune » (*Une Atlantide russe. Anthropologie de la mémoire en Russie post-soviétique*, Paris, La Découverte, collection « Recherches », 2007, p. 241), que l'auteur tente de faire entendre. Dans *La Limite de l'oubli*, la représentation apparaît donc comme l'enjeu majeur d'un deuil collectif.

• Bibliographie

Anstett, É. (2007). *Une Atlantide russe : anthropologie de la mémoire en Russie post-soviétique*. Paris : La Découverte.

Anstett, É. (2011). « Mémoire des répressions politiques en Russie postsoviétique : le cas du Goulag ». Site Violence de masse et Résistance, Institut d'Études Politiques. URL : https://www.sciencespo.fr/mass-violence-war-massacre-resistance/fr/document/memoire-des-repressions-politiques-en-russie-postsovietique-le-cas-du-goulag [consulté le 03/06/20].

Chalamov V. (2003). *Récits de la Kolyma*. Traduit du russe par Catherine Fournier, Sophie Benech et Luba Jurgenson. Préface de Luba Jurgenson, postface de Michel Heller. Nouvelle édition intégrale. Paris : Lagrasse, Verdier.

Frank, S. K. (2017). « Ice as a Literary Motif in Soviet Arctic Modernities ». H. Hansson & A. Ryall (éd.), *Arctic Modernities: The Environmental, the Exotic and the Everyday* (p. 16-38). Cambridge : Cambridge Scholars Publishing.

Frank, S. K. (2019). « Natural Archives as Counter Archives: Gulag Literature from Witness to Postmemory ». S. K. Frank & K. A. Jakobsen (éd.), *Arctic Archives: Ice, Memory and Entropy* (p. 285-310). Bielefeld : Transcript-Verlag.

Gessat-Anstett, É. (2007). *Une Atlantide russe. Anthropologie de la mémoire en Russie post-soviétique*. Paris : La Découverte.

Jurgenson, L. & Werth, N. (2017). *Le Goulag. Témoignages et archives*. Paris : Robert Laffont.

Jurgenson, L. (2003). *L'Expérience concentrationnaire est-elle indicible ?* Monaco : Éditions du Rocher.

Jurgenson, L. (Mars 2005). « L'œil comme outil de l'incertitude ». *Revue des Deux Mondes*, n° « Spécial Russie », p. 141-147.

Jurgenson, L. (2008). « Le corps concentrationnaire : exemple de Šalamov ». G. Kabakova & F. Conte (éd.), *Cahiers slaves*, n° 9, « Le Corps dans la culture russe et au-delà » (p. 401-407).

Jurgenson, L. (Octobre 2010). « Paysages du désastre ». *Revue des Deux Mondes*, n° « Les espaces de la Russie », p. 123-134.

Jurgenson, L. & Mesnard, P., revue *Mémoires en jeu* :

_ n° 7, « La mémoire se fond-elle dans le paysage ? », été-automne 2018, dossier, p. 41-121.

_ n° 11, « Paysages de mémoire », été 2020, introduction (p. 4-5) ; article de Jurgenson L. « Comme si de rien n'était », p. 26-29 ; article et photographie de Lebedev S. « Canal de la mer Blanche », p. 76-77.

Jurgenson, L. (2017). « Conserver l'héritage des systèmes répressifs : la mémoire des camps du Goulag ». E. Bérard & L. Jurgenson, *Une histoire sans traces ? Le patrimoine matériel russe et la culture mémorielle actuelle* (p. 131-154). Paris : Pétra.

Lebedev S. (2014). *La Limite de l'oubli. Traduit du russe par Luba Jurgenson*. Paris : Verdier. Pour l'édition originale : (2011). *Predel zabvenija*. Moskva : Pervoe sentjabrja.

Lebedev, S., « Pisatel' Sergej Lebedev o pamjati, istorii i "Fejsbuke" načala XX veka » [L'écrivain Sergueï Lebedev à propos de la mémoire, de l'histoire et de « Facebook » au début du XXe siècle], SNCmedia, http://www.sncmedia.ru/entertainment/lyudi-avgusta-i-facebook-nachala-xx-veka/, mis en ligne le 13 avril 2016, consulté le 15 mars 2021

Mesnard P. (2007), *Témoignage en résistance*, Paris : Stock.

Morenkova, E. (2014). *Mémoire et politique : les représentations du passé soviétique en Russie*. Thèse universitaire pour le doctorat en Science politique, sous la direction de Jacques Chevallier. Paris, Université Panthéon-Assas.

Nancy, J.-L. (2001). « La représentation interdite ». J.-L. Nancy (éd.), *L'Art et la mémoire des camps. Représenter, exterminer*, numéro spécial du Genre humain, n° 36 (p. 13-39). Paris : Éditions du Seuil.

Pernette, C. (2016). « La mémoire du Goulag dans les musées régionaux de Russie ». D. Bechtel & L. Jurgenson (éd.), *Muséographie des violences en Europe centrale et ex-URSS* (p. 39-56). Paris : Kimé.

Pierali, C. (2016). Article « Abandonologie ». Encyclopédie critique du témoignage et de la mémoire. URL : http://memories-testimony.com/notice/abandonologie/ [consulté le 07/05/21].

Ricoeur, P. (2000). *La Mémoire, l'histoire, l'oubli*. Paris : Éditions du Seuil.

Schama S. (1996). *Landscape and Memory*. New York : Vintage.

Soljénitsyne A. (1974 [1973]). *L'Archipel du Goulag, 1918-1956. Essai d'investigation littéraire*. Traduit du russe par Jacqueline Lafond, José Johannet, René Marichal, Serge Oswald et Nikita Sturve. Paris : Éditions du Seuil.

Tchouïkina, S. (2011). « Les musées d'histoire et de la littérature soviétique face à la perestroïka », *Revue d'études comparatives Est-Ouest*, n° 42(3), p. 89-114.

Tchouïkina, S. (2015). « Kak rasskazat' o GULAGe jazykom istoričeskoj vystavki: "Pravo perepiski" v moskovskom "Memoriale" » [Comment parler du Goulag dans la langue des expositions historiques : "Le droit de correspondance" au Memorial de Moscou], Laboratorium, 2015, n° 1(7), p. 158-183.

- **Résumé et mots-clés**

*L'article se propose d'analyser les représentations contemporaines du Goulag soviétique à travers le roman La Limite de l'oubli de Sergueï Lebedev (2011). Pour enquêter sur son mystérieux grand-père adoptif, ancien directeur d'un camp, le narrateur se rend dans le Grand Nord où il collecte les traces en cours d'effacement des violences du passé. Cet effacement s'accompagne d'une lacune de représentations, que l'auteur se donne pour objectif de mettre en évidence. La représentation textuelle de l'univers du Goulag tel qu'il apparaît aujourd'hui permet à Lebedev de reconstruire la mémoire collective du passé concentrationnaire. Trois aspects majeurs occupent le narrateur dans son minutieux travail de reconstitution du passé. Chacun correspond à un axe thématique de cet article : les corps, malades et estropiés, de ceux qui fréquenté le camp ; les objets et artefacts du camp et la place qu'ils occupent dans les musées ; les paysages du camp, abandonnés et non patrimonialisés. **Mots-clés** : représentation ; Goulag ; traces ; corps ; objets ; paysage.*

LA PLUME SOUMISE AU PINCEAU ? REPRÉSENTATIONS ET RESTITUTIONS DE TABLEAUX DANS LES ROMANS DE PEINTRE

Soumia KRIZ[1]
Université de Haute Alsace, France
ORCID : 0000-0002-4173-7573

INTRODUCTION

La relation entre la littérature et les arts plastiques, qui s'ancre dans l'Antiquité avec la notion d'*ekphrasis*, prend une dimension singulière dans les romans de peintre qui apparaissent au XIXe siècle, dans lesquels les écrivains se mettent à explorer la représentation artistique dans le narratif. Ce phénomène de substitution d'une matière par une autre prend forme grâce aux tableaux linguistiques, peints non plus grâce à une palette de couleurs, mais plutôt par la plume des écrivains, et qui renvoient ou non à des toiles existantes. On se souvient ainsi de deux toiles fictives assez connues : *Plein Air* par Claude Lantier dans *L'Œuvre* de Zola et *Le Port de Carquethuit* que l'on doit au personnage d'Elstir dans *À la recherche du temps perdu* de Proust, qui peuvent faire écho au *Déjeuner sur l'herbe* de Claude Monet et au *Port de Bordeaux* d'Édouard Manet, mais manifestent surtout une rivalité singulière.

1. Restitution de la peinture par la littérature

L'objet peint, absent, est remplacé par une transcription descriptive qui provoque l'apparition de son image chez le récepteur du texte. Carlo Ginzburg soutient que : « La représentation est l'instrument d'une connaissance médiate qui fait voir un objet absent en lui substituant une *image* capable de le remettre en mémoire et de le *peindre* tel qu'il est » (Ginzburg,1991, p. 1220). La substitution en question se fait grâce au langage qui se présente comme le moyen de transformer le visible en lisible, ce qui répond parfaitement à l'objectif et à l'essence même de la littérature : utiliser le langage pour raconter, pour décrire,

[1] Soumia KRIZ est titulaire d'un Master recherche et doctorante en langue et littérature françaises (ED 520 – « Humanités », Université de Strasbourg – UHA). Le travail s'attache en particulier aux productions romanesques du long XIXe siècle et porte sur Les figures du peintre de Marceline Desbordes-Valmore à Proust ; il est dirigé par Mme Dominique Massonnaud.

faire voir et faire vivre les choses. Le langage, capable de faire naître dans la conscience les images des choses, acquiert de fait un pouvoir conséquent, selon Carole Talon-Hugon. Elle estime que « les mots ont le pouvoir de faire lever des images mentales » (Talon-Hugon, 2005, p. 37) assez puissantes et évocatrices pour substituer la vision primaire et usuelle qui s'effectue à travers les yeux et proposer une autre manière de visualiser des notions assez larges et complexes, de donner l'impression de visiter des endroits, de voir un personnage, et cela, en ne voyant que de simples caractères : les lettres. Il s'agit alors de « représenter le peint par des mots, de rendre sensible à l'esprit une image absente en la faisant apparaître par le moyen du langage. Rendre présent à l'esprit le visible » (ibid.).

La rencontre de la littérature et de la peinture n'est pas une exclusivité du XIXe siècle. Bernard Vouilloux (2005, p. 18) met en relief un certain nombre de couplages qui circulent depuis bien longtemps dans le champ artistique : poésie et peinture, littérature et peinture, écriture et peinture, mots et images, etc. Bien avant le XIXe siècle, on a pu constater que les deux médiums de représentation ont croisé le chemin l'un de l'autre. Cette rencontre s'annonce sous les traits d'une co-présence dans la même œuvre, où on note la présence physique du peint dans l'écrit à travers l'illustration des textes religieux, par exemple, ou des livres d'emblèmes, qui connaissent un succès retentissant en Europe entre le XVIe et le XVIIe siècles. Cependant, une rencontre spécifique s'impose, selon Marie-Françoise Melmoux-Montaubin (1999, p. 20), comme un « critère déterminant » au cours du XIXe siècle, période durant laquelle les écrivains ont choisi de s'intéresser à la peinture, en produisant à la fois des critiques d'art et des transpositions, envahissant et détournant à leur profil la richesse du pictural. La nouveauté de ce croisement se note en particulier, dans la manière dont la littérature s'efforce de restituer la peinture, dans sa tentative de la supplanter en proposant de la représenter par le langage :

> La rencontre des arts et du roman, sous la double forme d'une inscription dans le roman de la réflexion critique et de ce que l'on pourrait appeler la tentation de l'esthétisme, ambition d'emprunter aux arts, particulièrement à la peinture et à la musique, leurs procédés et leurs effets, n'est en rien l'apanage de la seconde moitié du XIXe siècle. L'insistance du motif critique et la revendication explicite et réitérée de modèles hétérogènes à l'écriture imposent en revanche l'idée d'une spécificité. (Melmoux-Montaubin, 1999, p. 25)

Désormais, l'objectif est de remplacer tout un système de signes par un autre mode représentatif. On se retrouve ainsi face à un phénomène assez particulier : il ne s'agit plus d'une co-présence mais plutôt d'une « curieuse présence-absence » (Melmoux-Montaubin,1999, p. 35) ; la peinture restituée par la littérature est bien présente dans le texte, mais en même temps, l'objet peint est absent. Il s'agit alors d'une présence camouflée sous un autre médium. Si on reprend le même exemple : une toile due au peintre fictionnel qu'est Claude Lantier, *Plein air*, manifeste la présence du *Déjeuner sur l'herbe*, mais en même temps, superpose des éléments qui peuvent l'assimiler à d'autres productions du temps. Seule une suite syntaxique provoque l'apparition de l'image du peint dans l'esprit du lecteur. Comme l'affirme Liliane Louvel : « La représentation joue un tour au sujet hypostasié, magnifié, grandi, par le lien continu avec la peinture. En même temps, le sujet disparaît sous les regards pour laisser place à une représentation fantasmatique » (Louvel, 2002).

2. Les moyens dont dispose le texte pour dire l'image

L'insertion du pictural dans le verbal connaît son apogée dans la deuxième moitié du XIXe siècle, à travers le phénomène de la restitution de la peinture par la littérature grâce aux romans de peintres, qui connaissent une vaste propagation dans la littérature française. Les écrivains conquièrent en quelque sorte la peinture et la représentent à travers la transcription picturale. Gautier exprime ainsi son contentement : « Notre grand plaisir a été de transformer dans notre art à nous, monuments, fresques, tableaux, bas-reliefs, au risque de forcer la langue et de changer le dictionnaire en palette » (Gautier, 1858, p. 49). La création de ce langage capable de transcrire et de dire le visuel permet le développement de moyens que les écrivains ont aiguisés dans ce moment historique et qu'on peut déceler dans leur production littéraire à travers les tableaux linguistiques qu'ils proposent. Bernard Vouilloux nomme ces productions des « tableaux d'auteurs » (Vouilloux, 2004, p. 9-10), qui ont la particularité d'être des objets littéraires soumis aux lois de la peinture.

Pour restituer la peinture, la littérature développe plusieurs moyens qui vont de la constitution d'un fond thématique apparenté au champ pictural, au recours à une palette de couleurs et de nuances qui enrichit la langue littéraire de différents emprunts, néologismes et vocabulaires spécifiques ; l'art du descriptif lui-même se modifie, en relevant de la virtuosité du pinceau décelée chez un nombre de littérateurs qui écrivent en artiste. Les écrivains essaient de mettre tout leur savoir-faire, leurs connaissances picturales et leur verve pour transposer la peinture grâce à une écriture que l'on dit « artiste » : non seulement pour représenter le visuel par le langage, mais aussi et surtout, pour faire du texte, en lui-même, une œuvre d'art.

L'emprunt à la peinture et à ses symboles apparaît comme une forme de culturalisme qui inonde les fictions modernes, où l'écrivain, à l'instar du peintre, puise dans la peinture et produit des tableaux à la plume en empruntant les particularités du champ pictural. *La Dame qui a perdu son peintre* (1910) de Paul Bourget est ainsi une fiction où les connaissances picturales et le « culturalisme » de l'écrivain sont évoqués précisément. Tout au long du petit roman, le narrateur – qui déclare qu'il « conte [son] histoire à la façon d'un catalogue » – décrit et commente des œuvres picturales, mais relate aussi ses visites et ses rencontres. Il tente de partager son voyage et ses découvertes avec la destinataire de sa lettre et par la même occasion avec le lecteur :

> Que d'heures j'ai passées, dans le premier voyage dont je vous parle, à contempler dans le musée de la Brera les fresques pâles du suave Luini ; dans celui de l'Ambrosiana, la Vierge couronnée de Borgognone ; au Poldi Pezzoli, le Sauveur de Solario, et les Boltraffio de la maison Borromée, et les Gaudenzio Ferrari de l'église de Saronno, et les Bernardino de'Conti, les Cesare da Sesto, les Marco d'Oggionno, les Giampietrino partout épars ! Ces noms, Madame, ne vous disent pas grand'chose. Ils évoquent, pour moi, tant d'images et de si vivantes ! Quel symbole ! Que de sensations nous portons en nous, incommunicables, d'esprit à esprit et de cœur à cœur ! Les maîtres de l'école Lombarde me représentent de si intimes sensations d'art, et j'ai l'air, en vous parlant, de réciter un catalogue de musée. (Bourget, 1910)

Les noms de musées, des peintres réels et de leurs œuvres s'accumulent. Il est question de musées et de lieux d'exposition connus : le musée de la Brera, le musée de l'Ambrosiana, le musée de Poldi Pezzoli, la maison Borromée et l'église de Saronno ; mais aussi de peintres réels de l'école lombarde, Bernardino Luini, Ambrogio Borgognone, Andrea Solario, Gaudenzio Ferrari, Bernardino de Conti, Cesare da Sesto, Marco d'Oggionno, Giampietrino.

La référence aux peintres et à la peinture italienne abonde dans un étalage de connaissances qui a pour effet d'instaurer une confusion en oscillant entre deux sphères : le fictif et le réel. Les fictions se laissent ainsi inonder par un discours critique et par des commentaires de tableaux qui supposent la maîtrise du champ pictural par le littérateur. Ce dernier acquiert de fait la fonction de guide artistique. Le lecteur se surprend, en parcourant les lignes d'un texte, à se trouver transporté par le pouvoir du vocabulaire dans un musée, à admirer telle ou telle œuvre d'art ; ou devient auditeur du commentaire d'un peintre ou d'un critique d'art. Dès 1833, *L'Atelier d'un peintre* de Marceline Desbordes-Valmore (1992, p. 319- 320) permettait ce partage :

> Tenez, vous ne versez pas une bonne lumière sur la partie éclairée de cette figure. Ce rayon de soleil compact et lourd, c'est du feu, je le vois, mais ce n'est pas la flamme ! Il rend l'effet d'un charbon rouge. Ce n'est pas ainsi que Dieu

répand le jour sur toutes les belles choses qu'il nous permet de regarder [...] de ce côté des arbres, il faut ranimer l'atmosphère où vous étendez du brouillard. La lumière, c'est la vie, mademoiselle ; si vous voulez que votre léger cortège marche, éclairez-le, car la toile dort [...] regardez ce chef-d'œuvre du modèle, poursuivit-il en désignant le portrait de Raphaël. Vers lequel Ondine osa porter tout l'amour qu'elle détournait d'Yorick. Que de souplesse et de rondeur dans la manière dont cette figure est rendue ! Ne diriez-vous pas de la nature ? [...] Il faut que votre figure se meuve dans le cadre, mais il ne faut pas qu'elle tombe ; et c'est ce qui arrive si vous la repoussez par trop d'éclat derrière.

Ces lignes manifestent des compétences picturales. Le discours tenu est celui d'un maître et les conseils prodigués par Yorick lorsqu'il commente le tableau d'Ondine attestent de fait d'un savoir pictural que Marceline Desbordes-Valmore semble maîtriser. Elle aborde le sujet en peintre, juge de la disposition de l'ombre sur la toile et de l'opacité de la lumière (« ce rayon de soleil compact et lourd »), des nuances et de la gradation des couleurs qui peuvent distinguer « la flamme » du « feu » et du « charbon rouge », mais aussi de leurs effets et du rendu sur la toile. Un tableau réussi doit évoquer « la nature » et la manière dont « Dieu répand le jour », ce qui la pousse à faire référence à la peinture de « Raphaël ». Elle insiste sur l'effet du mouvement (« Il faut que votre figure se meuve dans le cadre ») qui fait vivre le tableau et donne l'impression d'être devant un pan de la nature que le peintre doit créer, à l'instar de Dieu. La peinture doit bouger, vivre, et justement, c'est la maîtrise de l'élément *lumière* qui fait mouvoir les choses. Desbordes-Valmore propose même dans cette critique de tableau des conseils pour réussir à produire un chef-d'œuvre qui se distinguerait d'une simple croûte : « si vous voulez que votre cortège marche, éclairez-le ». Le propos d'Yorick manifeste les compétences du maître qui s'adresse à un élève ; il est un de ces discours typiques qui se disent dans un atelier. Ainsi, l'auteure brosse un tableau fidèle de l'univers pictural, recours à la langue propre au milieu des peintres : l'atelier du peintre est un lieu que le roman vient ainsi explorer et placer au centre de la fiction.

Les fictions du XIXe siècle regorgent de passages qui peuvent être considérés comme des pans de peinture grâce à l'emprunt d'un lexique spécialisé. Ce dernier renvoie au champ pictural dans lequel les écrivains puisent abondamment, au point qu'à la lecture d'un texte on ne sait plus quelle vocation l'a inspirée : peinture ou littérature, ni à quoi cela réfère : tableau ou texte. Ainsi dans le passage suivant :

[...] pour rendre des figures au premier aspect peu colorées, mais dont les détails et les demi-teintes sollicitent les plus savantes touches du pinceau ; pour restituer à ces tableaux leurs ombres grises et leur clair-obscur [...] ne faut-il pas [aux peintres littéraires] une multitude de préparations, des soins inouïs, et, pour de tels portraits, les finesses de la miniature antique. (Balzac, 1999 [1833])

À la lecture de cet extrait, sans lui donner de référence ou de contexte, le lecteur se trouve confronté à un dilemme. L'auteur de ces lignes est-il un peintre ou un écrivain ? Parle-t-il d'un projet pictural ou plutôt de la préparation d'un projet narratif ? De prime abord, et si on tient compte du langage utilisé, on pense au champ pictural car on constate la présence de plusieurs références : « figure », « colorées », « demi-teintes », « touches du pinceau », « tableau », « ombres », « clair-obscur », « portrait », « miniature », des termes qui relèvent du domaine pictural. Cependant, la vérité est autre : Balzac, car il s'agit bien de lui, dans la première préface à *Eugénie Grandet* (1833), ne fait qu'évoquer les préparatifs que lui a demandés la rédaction de son roman. Il se présente non pas en tant qu'écrivain mais plutôt comme un « peintre littéraire », il pense en peintre, s'exprime en peintre et évoque son projet à la manière d'un peintre, comme le prouve son utilisation d'un lexique technique pictural.

Un autre moyen dont dispose la littérature pour dire la peinture est la description qui provoque une pause narrative selon les catégories pensées par Philippe Hamon (1981). Il s'agit de *l'ekphrasis* moderne, actualisée, où les effets du pictural sont condensés. Les hommes de lettres proposent dans leurs fictions des transcriptions descriptives minutieuses, précises et riches en détails. Ils pastichent des toiles réelles, peignent avec les mots des natures mortes ou proposent des portraits comme on le constate dans cet extrait de *La Dame qui a perdu son peintre* (1910) de Paul Bourget :

> Madame, reprenez la petite glace sur la petite table. Regardez-vous de nouveau. Vous saurez l'autre raison pour laquelle j'ai tant aimé, j'aime tant et la douce Milan et ses peintres. C'est qu'ils ont copié un type de visage qui vous ressemble. Leurs femmes ont toutes, comme vous, ce front un peu renflé sous des cheveux bruns à reflets roux, ces yeux fins aux paupières un peu lourdes, ce nez droit rattaché au front par une ligne assez large, votre bouche sinueuse, votre menton carré, frappé d'une fossette, et votre sourire dans les joues. Que de fois vous ai-je dit que vous étiez un Vinci ? Vous preniez cela pour un compliment de vieux rapin. Je le voudrais et que votre beauté ne fût pas celle dont j'ai tant rêvé, depuis que je l'ai rencontrée sur les toiles et dans les fresques de ces peintres, élèves du divin Léonard.

L'extrait s'ouvre sur un effet de cadre qui rappelle le tableau, comme on le constate dans ce propos : « Madame, reprenez la petite glace sur la petite table. Regardez-vous de nouveau ». Comme une toile, le passage descriptif qui propose une double description, à la fois celle des femmes dans la peinture italienne et celle de la femme dont le narrateur est amoureux, est un passage encadré, limité, à travers lequel on a une vision. Roland Barthes affirme que « toute description littéraire est une *vue* » (Barthes, 1970, p. 61). De fait, le littérateur à l'instar du peintre ouvre une fenêtre sur le monde et met en évidence un morceau d'étude ; un tableau en art plastique équivaut ainsi à un passage descriptif dans la narration. Le fait d'encadrer une toile ou son pastiche linguistique sert de limiteur visuel : l'objet visé est alors découpé, distingué, mis en valeur, et prend les caractéristiques d'une œuvre d'art qui suscite l'intérêt et l'admiration des spectateurs. Dans son *Introduction à l'analyse du descriptif* (1981), Philippe Hamon soutient que la thématique de l'œuvre d'art comme une fenêtre sur la création est souvent présente et actualisée dans le champ pictural et narratif d'Alberti à Zola. On s'en sert pour ouvrir un espace et donner l'impression ou l'illusion de mettre en spectacle une vision réelle du monde dont « le miroir » et « la porte » seraient deux fragments.

Le procédé de cadrage est présent dans l'extrait de Paul Bourget. Le narrateur appelle sa dulcinée, à qui il adresse le roman, à se contempler dans un miroir qui prend la fonction d'un cadre. Le contenu ne peut être considéré de fait que comme une œuvre d'art qu'on admire. Le narrateur choisit également de présenter une description de la femme qu'il aime sous la forme d'un portrait, forme typique de l'art plastique, et fait un recours massif au détail à travers les adjectifs qualificatifs, qui viennent colorer en quelque sorte les traits du visage décrit dans ses moindres détails. Il s'agit d'un front « un peu renflé », de chevaux « bruns », dans lesquels on peut distinguer des « reflets roux », les yeux sont « fins », les paupières « un peu lourdes », le nez « droit », la bouche est « sinueuse », le menton est « carré » et porteur d'une fossette, les joues sont souriantes… Les figures de style viennent à leur tour animer la toile verbale et rappeler l'univers restitué, comme on le constate à travers la comparaison dans « Leurs femmes ont toutes, comme vous, ce front un peu renflé sous des cheveux bruns à reflets roux », et dans la référence à Léonard de Vinci à travers une figure de substitution, la métonymie, dans « Vous étiez un Vinci », où l'univers du peintre et ses techniques picturales sont convoqués pour qualifier la beauté de la femme aimée et la rapprocher de l'œuvre du peintre de la *Joconde*. Par conséquent, l'emprunt au champ pictural, le vocabulaire technique de la peinture et la description détaillée et enrichie par les figures de style sont tous des moyens de restitution. Des moyens qui ont été utilisés par l'écrivain peintre pour conjuguer le verbal et le visuel et produire des tableaux linguistiques, permettant ainsi de représenter des images dans le texte et de restituer la peinture.

3. Résultat de la restitution picturale par le texte : une rivalité des arts

La volonté de représenter la peinture dans la littérature est vue comme une tentative de conquérir de nouveaux terrains, mais aussi et surtout, est perçue comme une démarche pour rivaliser avec l'autre système. Les deux domaines, jumeaux, car mis en équivalence dès la célèbre formule d'Horace *Ut pictura poesis*, se séparent au XIXe siècle. La théorie classique de l'imitation recule sous l'influence de la pensée de Lessing développée dans son *Laocoon* (1766) qui établit des frontières et instaure la rupture entre les deux arts en donnant à chacun des particularités spécifiques grâce au couple temps/espace (la poésie s'articule dans le temps alors que les arts plastiques évoluent dans l'espace). Peinture et littérature se distinguent désormais, se libèrent et se vivifient chacune dans son domaine, mais restent assez proches et homologues car elles constituent le terrain d'intervention de l'Artiste, figure qui s'est développée et s'est concrétisée au XIXe siècle en se séparant de la notion d'artisan. Peintres et écrivains fréquentent les mêmes cercles, s'influencent, s'inspirent les uns des autres, partagent le même quotidien, les mêmes rêves et les mêmes conditions socio-économiques de l'artiste durant cette période historique. Ils développent de fait des relations complexes et diverses sur un fond de rivalité et entrent dans une lutte pour marquer leur supériorité et dominer l'autre. Nicolas Valazza soutient dans son ouvrage *Crise de plume et souveraineté du pinceau* (2013) qu'il existe une « alliance fraternelle entre l'écrivain et le peintre impliquant bien souvent une tendance fratricide, comme dans toute dynastie en lutte pour le pouvoir souverain » (p. 18). L'écrivain puise dans l'univers pictural et crée des tableaux linguistiques aussi vifs et colorés que les tableaux réels pour rivaliser avec les peintres, montrer qu'il peut aussi faire de la peinture en utilisant le langage, et surtout, pour exposer son savoir-faire et ses connaissances picturales. Il se sert de la peinture pour mettre en évidence la littérature, champ vaste capable d'englober et de représenter plusieurs domaines. Écrire et décrire en peintre pour obtenir un effet tableau souligne la volonté des littérateurs de supplanter la peinture et d'asseoir leur souveraineté sur l'univers artistique. Ceci engendre un renversement dans la rivalité : alors que c'était au texte de valoriser la peinture « poésie muette » par le passé, dans les romans de peintre, on utilise à l'inverse cette dernière pour valoriser la littérature. La peinture nourrit de fait la production littéraire, comme on peut le constater dans les écrits sur l'art dans la continuité des *Salons* de Diderot, mais aussi dans les différents écrits fictifs qui placent la peinture au cœur de la trame narrative et adoptent ses techniques pour faire voir un texte imagé. La peinture devient ainsi un sujet d'écriture dans les romans de peintres. Ces derniers apparaissent comme un espace de critique pour des œuvres plastiques, mais aussi un laboratoire et un champ créatifs où fleurissent de nouvelles pratiques telles que l'usage renouvelé de la langue, par exemple. La restitution du champ pictural propulse la littérature, l'enrichit et lui permet de renouveler la langue et de représenter dessin et couleur.

Pour conclure, on constate que les emprunts divers au champ pictural – le vocabulaire technique, les lignes, les tons, la palette de couleur, les nuances, les contrastes, les reflets de lumières et le recours à la description minutieuse vive et cadrée par l'écrivain qui écrit en peintre – actualisent l'exercice de *l'ekphrasis* traditionnelle. Cette actualisation, ou ce qu'on appelle *l'ekphrasis* moderne, qui connaît son apogée au XIXe siècle grâce aux romans de peintres, permet à son tour la restitution de la peinture par la littérature et instaure une sorte de rivalité qui s'installe entre les représentants des deux domaines.

• Bibliographie

Balzac, Honoré de (1999). « Préface ». *Eugénie Grandet* [1833]. Paris : Gallimard

Barthes, Roland. (1970). *S/Z*. Paris : Le Seuil

Bourget, Paul. (1934). *La Dame qui a perdu son peintre* [1910]. Paris : Plon & Nourrit [en ligne]

Desbordes-Valmore, Marceline (1992). *L'Atelier d'un peintre. Scènes de la vie privée* [1833]. Lille : Miroirs

Gautier, Théophile (1858). *L'Histoire de l'art dramatique en France depuis 25 ans*. Paris : Hetzel

Ginzburg, Carlo (1991). « Représentation : le mot, l'idée, la chose ». *Annales*, n° 46(6), p. 1219- 1234

Hamon, Phillipe (1981). *Introduction à l'analyse du descriptif*. Paris : Hachette

Louvel, Liliane (2002). *Texte/Image : Images à lire, textes à voir*. Rennes : Presses universitaires de Rennes

Melmoux-Montaubin, Marie-Françoise (1999). *Le Roman d'art dans la seconde moitié du XIXe siècle*. Mayenne : Klincksieck

Talon-Hugon, Carole (2005). « Dire la peinture ». Fabrice. Parisot (éd.), *Littérature et représentations artistiques* (p. 35-49). Paris : L'Harmattan

Valazza, Nicolas (2013). *Crise de plume et souveraineté du pinceau*. Paris : Classique Garnier

Vouilloux, Bernard (2004). *Tableaux d'auteurs, Après l'*Ut pictura poesis. Saint-Denis : Essais et Savoirs

Vouilloux, Bernard. (2005). « Texte et image ou verbal et visuel ? ». Henri Scepi, Liliane Louvel (éd.), *Texte/image – Nouveaux problèmes* (p. 17-31). Rennes : Presses universitaires de Rennes

• Résumé et mots-clés

La relation entre la littérature et les arts plastiques, qui s'ancre dans l'Antiquité avec la notion d'Ut pictura poesis, perd de son ancrage rhétorique à un moment de l'émergence de la modernité qui engage des transpositions d'art renouvelées. Elle prend alors une dimension originale avec ce phénomène de substitution d'une matière par une autre et prend forme grâce aux tableaux linguistiques, peints par la plume des écrivains et qui renvoient à des toiles existantes ou non et manifestent surtout une rivalité singulière. Il s'agira alors de préciser comment les écrivains représentent la peinture et proposent des tableaux linguistiques grâce aux différents emprunts au champ pictural et à la transcription descriptive qui fait du travail du peintre un modèle qui transforme l'écriture. ***Mots-clés** : Ekphrasis ; restitution ; substitution ; tableaux linguistiques ; roman de peintre ; rivalité d'art ; Marceline Desbordes-Valmore ; Paul Bourget.*

LES REPRÉSENTATIONS DE L'AUTRE DANS *À VAU L'EAU*, 2019, DE WEJDAN NASSIF

Ibtissam Ouadi-Chouchane[1]
Université de Strasbourg, France

INTRODUCTION

En 2016, Claire Poinsignon, dans un article intitulé « Polyphonies syriennes », soulignait l'importance de la résistance intellectuelle des réfugiés syriens en France après la crise migratoire de 2011. Si beaucoup d'artistes (Samar Yazbek, Fadwa Souleimane, Ossama Mohammed, Yassin al-Haj Saleh, Maram al-Masri et Hala Mohammad) ont réalisé des œuvres en lien avec des événements vécus en Syrie ou liés à l'actualité de ce pays, rares sont ceux comme Wejdan Nassif qui ont entrepris une enquête de terrain au sein d'un quartier marqué par une forte population immigrée afin de raconter la vie du migrant dans la société française. Selon C. Poinsignon (2016), le processus de création apparaît pour tous ces artistes comme un moyen de construction identitaire. « Ils continuent d'écrire, de créer, d'intervenir dans le débat public, d'agir pour continuer d'exister et ne pas être réduits au silence. » Notre étude porte sur *Kīfamā šā'Al-tiyār*, *À vau l'eau*, 2019, de Wejdan Nassif, enseignante syrienne. Cette auteure est née en 1966 à Souweïda en Syrie. À l'âge de 21 ans, elle connaît la prison pour son opposition au régime et son appartenance au parti communiste. Pendant la crise qui éclate en Syrie en 2011, elle écrit des lettres à son amie Nathalie Bontemps. Ces lettres sont par la suite traduites par cette dernière et publiées sous le titre de *Lettres de Syrie* (2014, Buchet Chastel) sous le pseudonyme de Joumana Maarouf. Arrivée en France en 2016, elle s'installe en tant que réfugiée politique à Metz, en compagnie de son époux et ses deux filles. Elle travaille alors en tant qu'animatrice à la Pep57 où elle anime des ateliers d'écriture. Depuis 2015, elle est membre

[1] Ibtissam OUADI-CHOUCHANE est Professeure agrégée d'espagnol en Classes préparatoires Littéraires au Lycée G. de la Tour, à Metz, rattachée à l'équipe du CHER, Université de Strasbourg. Depuis un certain nombre d'année elle fait partie de différents jurys de concours (Ecricome, Agrégation interne d'espagnol…). Elle est membre du comité d'expertise de la revue *Clepsytra* (Université de la Laguna, Canaries) et a été pendant trois ans membre du comité de lecture de la Maison Antoine Vitez, sous la direction de Christilla Vasserot. Elle prépare actuellement, sous la direction d'Isabelle Reck, une thèse doctorale intitulée *La figure de l'étranger dans la littérature espagnole contemporaine 2001-2018*.

fondatrice du *Syrian's Women policital movement*. Nous avons découvert l'œuvre de W. Nāṣīf par le biais de l'association Passages. L'auteure syrienne a pu bénéficier d'une subvention liée au projet Bérénice qui vise à lutter contre les discriminations et qui est financé par la Grande Région. L'intérêt de l'étude de *Kīfamā šā'Al-tiyār* réside dans la forme que prend l'œuvre. Sa genèse met en exergue la singularité du projet. C'est lors d'une réflexion menée dans le cadre de sa recherche d'emploi que l'auteure va s'engager dans le projet. Elle mène alors un travail d'enquête auprès des habitants du quartier de Borny sur leur parcours jusqu'à leur arrivée en France. Cette enquête de terrain a également eu pour objectif de réaliser pour l'auteure, en tant que migrante, un travail d'introspection identitaire. L'étude que nous proposons est fondamentale pour comprendre l'évolution de la conception identitaire des nouveaux migrants arrivant en France, en particulier dans la région Lorraine. Cette recherche est d'autant plus intéressante, qu'elle est menée par une réfugiée politique installée en France depuis 2016. Il s'agit donc de l'analyse de l'œuvre d'une migrante, constituée de témoignages de migrants, sur une réalité de quartier à Metz.

Notre étude engage une réflexion sur le double niveau identitaire ouvert par l'œuvre : Wejdan Nassif apparaît à la fois comme auteure mais aussi comme réfugiée politique qui narre « le récit de soi » de chaque migrant et qui, par cette expérience, parvient à rendre compte de son propre récit identitaire. L'intérêt de cette étude est avant tout littéraire mais aussi socioculturel, autour du concept d'identité. C'est une œuvre à la croisée de l'autofiction et du documentaire. Nous prenons le terme d'autofiction dans le sens de « synthèse de l'autobiographie et de la fiction » (Laurent, 2003). Quant au terme documentaire, nous l'entendons comme texte résultant d'une enquête de terrain et ayant pour objectif d'expliquer une réalité. L'intérêt de cette étude réside également dans la possibilité de croiser analyse littéraire et sociohistorique pour éclairer l'œuvre. La méthodologie utilisée découle de la spécificité de l'étude, qui est à la croisée de deux champs : la littérature et la réalité historique. Dans un premier temps, nous relèverons dans le récit les éléments relatifs à la problématique de l'identité et les hiérarchiserons en fonction de deux axes : les éléments qui mettent en évidence une identité « dans l'entre-deux »[2] et les éléments qui mettent en évidence ce qu'il advient de cette identité après le processus de migration. Cette grille d'analyse nous permettra d'identifier des comparaisons possibles. Nous réaliserons à l'intérieur de cette catégorisation une analyse sémiotique et sociocritique. Les outils de l'analyse littéraire ainsi que les ap-

[2] Nous utilisons sciemment cette expression car elle apparaît dans le texte de l'auteure et constitue une des caractéristiques de la problématique identitaire.

proches historiques et interculturelles nous permettront d'éclairer les passages de l'œuvre. Il s'agira donc d'analyser celle-ci comme un récit fictionnalisé à partir d'une réalité vécue.

Ce sujet nous amène à nous interroger sur l'identité subjective, individuelle et collective. C'est en écoutant cette polyphonie de voix que l'auteure syrienne retranscrit dans son ouvrage des témoignages mais aussi son témoignage en tant que réfugiée politique. Son identité est intrinsèquement liée à ces voix collectives mais s'en détache singulièrement. C'est au travers de l'histoire des autres qu'elle parvient à appréhender cet autre qu'elle est elle-même. La structure de l'œuvre, organisée autour de l'alternance de la mémoire et de l'espace géographique, est étroitement liée aux tensions qui animent la construction identitaire de l'auteure. C'est par le biais de ce va-et-vient, la mémoire et le récit, qu'elle parvient à mettre en évidence une identité plurielle (Ricœur). Dans un premier temps, nous analyserons les spécificités de l'identité « dans l'entre-deux » lors de l'arrivée dans la société d'accueil, puis nous tenterons de comprendre comment cette identité éclatée parvient à devenir plurielle dans l'œuvre de W. Nāṣīf.

Nous précisons que toutes les traductions en français utilisées dans ce travail sont celles de Nathalie Bontemps. La traduction commerciale proposée n'est pas aussi proche du texte qu'une traduction universitaire.

1. Une identité « dans l'entre deux »

1.1 Une identité qui se dit en utilisant les structures du récit propres à la littérature arabe

L'ouvrage de W. Nāṣīf se structure de manière chronologique. Il commence par un préambule qui précise les modalités de son périple migratoire jusqu'à son arrivée à Metz et son installation, trois ans plus tard. Ce préambule donne lieu à un parallèle avec les récits des migrants interrogés. La structure nous fait penser à la tradition des récits enchâssés. Chaque partie commence par une référence à une anecdote personnelle puis donne lieu à un exemple, une illustration qui correspond au récit d'un migrant. De plus, la dimension orale des récits est également un trait spécifique et cher à la littérature arabe. C'est au travers d'une pluralité de voix (les récits des différents migrants interrogés, précédés du terme « mitāl », par exemple) que le récit identitaire de W. Nāṣīf prend forme (Nasif, 2019, p. 3) : « Ces conversations étaient l'occasion de m'interroger moi-même. Comment se forment les préjugés sur l'Autre ? Et pour nous, réfugiés, immigrés, qui est l'Autre ? Quelle attitude adopter face à notre nouvelle situation ? ». Le terme « mitāl », par exemple, est utilisé fréquemment et sert ainsi de transition entre le préambule qui porte le vécu de W. Nāṣīf et les voix des migrants interrogés. Cette structure qui *a priori* permet de donner une stabilité à l'identité de l'auteure n'est qu'un leurre. Ce qui prédomine, c'est avant tout une identité instable, en crise, tendue entre la mémoire et l'éclatement géographique.

1.2 La perte des repères géographiques engendre la perte des repères identitaires

L'arrivée dans une nouvelle société d'accueil se traduit généralement par une perte des repères géographiques qui engendre une perte des repères identitaires. L'espace de la ville si convoité par les migrants est un espace paradoxal. Il est attractif, mais c'est également l'espace de tous les dangers (Nasif, 2019, p. 17) :

> في الحقيقة معظمنا سيختار المدن لسببين متناقضين تماماً: الأول احتمال مصادفة مجموعة كبيرة من مواطنيه، والثاني هو احتمال أن تضيع هويته في زحام المدينة، لكن هل يرغب أحدنا في ضياع هويته الأصلية؟ يبدو لي أنه في اللحظة التي تقدم فيها هويتك لتأخذ مكانها هوية لاجئ فإنك تحفر هويتك الأصليّة عميقا في داخلك، وهي ستصبح مع الوقت ديانة باطنية أو حباً محرماً، سيتضخم داخلك، ويسبب لك ألماً لن يزول، يسمونه النوستالجيا أو الحنين.
>
> [En réalité, je pense que ce choix répond à deux raisons totalement contradictoires. Nous espérons d'une part que la ville nous permettra de rencontrer beaucoup de nos concitoyens et, d'autre part, que notre identité se fondra en elle. Mais désirons-nous vraiment perdre notre identité d'origine ? Il me semble qu'au moment où on l'échange contre celle d'un réfugié, elle se grave profondément en nous-mêmes. Avec le temps, elle deviendra religion ésotérique ou passion interdite, qui ira s'hypertrophiant en silence, causant une douleur indélébile qu'on appelle nostalgie.]

La ville qui est perçue comme espace privilégié de l'intégration s'avère être un espace de souffrance inoubliable.

C'est l'intégration spatiale, puis, le récit de soi qui permettent de mesurer pleinement l'identité d'un individu et de ne pas rester dans un espace de crise identitaire. Par ailleurs, l'absence de lien social empêche également cette identité de s'épanouir pleinement car elle est refermée sur elle-même et donc exclue de la société (Nasif, 2019, p. 7) :

لكنك لن تتقن قول نكتة باللغة الفرنسية، أنت ستحاول أن تبني صداقات مع فرنسيين، لكنك لن تصادفهم كثيراً لأنهم يعيشون في أحياء أخرى، أنت ستسكن مضطرا في كانتون مغلق يشبه قرية صغيرة في بلادك التي أحببت مدنها.

[Tu essaieras de lier des amitiés avec des Français, mais tu ne les croiseras pas beaucoup, car ils habitent dans d'autres quartiers. Tu seras contraint de vivre dans un territoire fermé, qui ressemble à un petit village de ton pays, tandis que toi tu aimais ses villes.]

Le rapport social à l'autre est essentiel pour percevoir pleinement son identité. Ici l'importance de l'espace est clé pour l'intégration des individus. Comme le souligne l'historien Yvan Gastaut (2016), en étudiant les migrations en France, du XXème siècle à aujourd'hui, la situation de cloisonnement géographique, les anciens bidonvilles et les cités actuelles sont le résultat d'une position de l'État français, dans les années 70, favorable à une circulation et non une installation des migrants. Par conséquent, l'intégration spatiale n'a pas été pensée, ce qui a engendré le phénomène des bidonvilles puis des cités. La dimension spatiale est intrinsèquement liée à celle de l'identité (ethnique, religieuse, politique…) des individus. Aussi, l'exemple de Kathem cité par W. Nāṣīf illustre parfaitement cette idée. Kathem, jeune migrant irakien, a frôlé la mort en raison de sa présence dans des espaces géographiques hostiles à son identité religieuse, (Nasif, 2019, p. 16).

[ولدت عام 1986م في بغداد، لأم وأب من "العرب السُّنّة"، سامحوني على ذكري للطوائف، فأنا أكره التحدث بالطائفية، لكن من عاش- ويعيش في العراق اليوم- لا يمكن أن يعزل نفسه عن الصراع السنّي- الشّيعي، ولا يمكن إلا أن تتأثر جوانب كثيرة من حياته بهذا الصراع.

تعرضت حياتي للخطر لأني سنّي مرات عدة، وذات مرة لأني كنت أقف بسيارتي مصادفةً بالقرب من ساحة تجمع في مناسبة للشيعة [كانوا يقدمون الطعام وسط إحدى الساحات للفقراء، لم

[Je suis né en 1986 à Bagdad, de parents « arabes sunnites ». Pardon d'évoquer mon appartenance communautaire, ce que j'ai en horreur. Mais qui vit en Irak aujourd'hui est dans l'impossibilité de se soustraire au conflit confessionnel, qui marque inévitablement de nombreux aspects de son existence. Bien des fois, mon identité sunnite a mis ma vie en danger. Mais j'ai également frôlé la mort car je me trouvais par hasard, en voiture, près d'une place où se déroulait une célébration chiite.]

Ces tensions, variables en fonction des espaces géographiques, ne sont pas sans conséquences sur la construction identitaire des individus. Elles peuvent être source d'un éclatement identitaire.

1.3 La schizophrénie : expression d'un déchirement identitaire

Selon le dictionnaire Larousse, la schizophrénie est une « psychose délirante chronique caractérisée par une discordance de la pensée, de la vie émotionnelle et du rapport au monde extérieur. » L'arrivée dans la société d'accueil engendre chez W. Nāṣīf un sentiment de dualité identitaire qui débouche sur une forme de schizophrénie (*Al-fiṣâm*, dans le texte). Elle est partagée entre deux espaces, deux cultures et ne parvient pas à se positionner clairement. Les deux identités sont perçues ici comme exclusives l'une de l'autre (Nasif, 2019, p. 57).

[مثل سائر السوريين قد أعاني من الفصام، فأنا أعيش في مكانين كل يوم، وأفكر بعقليتين، أحضر وجهي كل يوم صباحاً قبل الخروج من المنزل، أخبئ خوفي على أهلي وأصدقائي الذين هناك، أخبئ صور المجازر ووجوه الأطفال السوريين الدامية والمهشّمة في زاوية من دماغي، ثم أبتسم بودّ، وأقول لمن حولي: نهاركم سعيد، لكنّي في بعضِ الأحيان لا ألبس وجهي المبتسم جيداً، وأشعر أن كائناً في داخلي يقاوم كل هذه الحياة الهادئة والممتعة، شيء في داخلي يقاوم عشق هذه البلاد الجميلة، فيوم أقع كليّ في غرامها سيكون اقتلاعي من هناك قد اكتمل.]

لست أنا وحدي من يعاني من هذا الفصام، ولست أنا وحدي من يزعجني أحيانا أنّ ابنتيّ ستصبحان فرنسيتين، فكثيرون مثلي يخفون الكثير من الأسئلة داخلهم، الأسئلة التي سوف تصبح أكثر تعقيداً، وسيكون الحصول على أجوبة لها محالاً مع مرور الوقت؛ كيف سيتعامل أولادنا مع

[Comme les autres Syriens, je souffre de schizophrénie. Je vis en deux lieux et je réfléchis avec deux mentalités. Chaque matin, je prépare mon visage avant de sortir. L'anxiété que me causent ma famille et mes amis là-bas, je la dissimule. Les photos des massacres, des enfants au visage ensanglanté, je les range dans un coin de mon cerveau. Puis je prends un air affable pour dire bonjour. Mais certains jours, j'ai du mal à revêtir mon visage souriant. Quelque chose à l'intérieur de moi résiste à la vie calme et agréable qui se mène ici. Comme si je voulais m'empêcher de tomber vraiment amoureuse de ce pays, car alors mon déracinement serait parachevé. Je ne suis pas la seule à souffrir de ce dédoublement et à regarder avec perplexité mes filles devenir françaises. Nous sommes nombreux à laisser s'accumuler en nous des questions qui, avec le temps, vont se complexifier toujours davantage, rendant impossible l'espoir d'une réponse.]

Cette schizophrénie semble être un trait commun à la communauté des migrants et des réfugiés. Aussi, la définition de réfugié proposée par W. Nāṣīf met en évidence une identité dans l'entre-deux (Nasif, 2019, p. 4) :

أنت هنا؟ بل لازلت هناك، أنت بين الـ(هنا) والـ(هناك) ، هذا هو معنى أن تكون لاجئاً.

[Tu es ici. Mais tu es toujours là-bas. Tu es dans l'entre-deux. C'est cela que « réfugié » veut dire.]

Les déictiques ici/là-bas soulignent clairement un espace de tensions identitaires et de souffrance. Cette définition interroge par là même la terminologie (vide de sens) utilisée pour qualifier les migrants et le processus migratoire, comme le souligne Yvan Gastaut (1997, p. 15) :

> L'évolution sémantique concernant l'immigration au sein de la société française est significative. Brouillage et confusion ont caractérisé les désignations des étrangers depuis les années soixante. « Immigré », terme le plus employé pour parler des populations migrantes s'est vidé de son sens initial pour n'être plus qu'une entité artificielle. Depuis les années soixante, les Français ont opéré un amalgame entre les termes « étranger » et « immigré », le premier s'effaçant au profit du second. Les catégories de populations placées sous le terme « étranger » et celles placées sous le terme « immigré », ont été distinguées par les organismes publics de dénombrements, de statistiques ou de recensements. Les chercheurs de l'INED, de l'INSEE et du Haut-Conseil à l'intégration ont insisté pour la première fois en 1991 sur la nécessité de définir les mots « étranger » et « immigré » – L'INSEE proposa de définir clairement les deux termes, « les étrangers » : personnes qui ont leur résidence permanente en France au moment du recensement, mais qui n'ont pas la nationalité française ; et « les immigrés » : personnes nées hors de France, étrangères ou françaises par acquisition.

Ce « brouillage terminologique » est à mettre en parallèle avec le brouillage identitaire que connaissent les migrants et auquel se surajoute l'idée d'un retour impossible. C'est ce que souligne W. Nāṣīf dans une réflexion sur le retour au pays (Nasif, 2019, p. 4) :

، هل ستعود يوماً وستترك كل شيء؟ لا لن تعود! فأنت تخليت عن أشياء كثيرة حتى وصلت إلى هنا: أنت استعضت عن بطاقة هويتك وكل أوراقك الثبوتية التي ألفتها طيلة حياتك بأوراق فرنسية، لكنك ربحت بالمقابل حمايةً وضماناً صحياً وعيشاً كريماً... لا، أنت مختلف! أنت اقتلعت من تربتك، وربما لا تكون هذه التربة الجديدة مناسبة؛ أنت ستذهب إلى مراكز تعلم اللغة الفرنسية بانتظام، لكنك لن تتقن قول نكتة باللغة الفرنسية، أنت ستحاول أن تبني صداقات مع فرنسيين، لكنك لن تصادفهم كثيراً لأنهم يعيشون في أحياء أخرى، أنت ستسكن مضطرا في كانتون مغلق يشبه قرية صغيرة في بلادك التي أحببت مدنها.

أنت هنا؟ بل لازلت هناك، أنت بين الـ(هنا) والـ(هناك) ، هذا هو معنى أن تكون لاجئاً.

[Vas-tu rentrer un jour et tout quitter à nouveau ? Non, tu ne rentreras pas. Tu t'es défait de tant de choses pour arriver jusqu'ici : tu as échangé ta carte d'identité et les documents de toute ta vie contre des papiers français. Mais en contrepartie tu as gagné une protection, une sécurité sociale, une existence digne. C'est faux. Tu es différent. Tu as été arraché à ton sol, et peut-être celui d'ici ne te sera-t-il pas propice.]

La thématique du retour au pays menée par les auteures arabes, ici W. Nāṣīf, n'est pas nouvelle. Elle semble être une tendance, notamment après le Printemps arabe, comme le souligne Anas Alaili (2014) qui étudie en particulier le cas des auteurs palestiniens :

> Les œuvres sur le retour pourraient se multiplier dans les années qui viennent puisque depuis le « printemps arabe », plusieurs régimes dictatoriaux arabes sont tombés. Cela pourrait entraîner le retour de nombreux autres écrivains vers leur pays interdit. Il est bien probable que cette thématique marquera à son tour la littérature arabe dans la première moitié du vingt et unième siècle. (p. 263-264)

Cette réflexion identitaire engendre une forme de dédoublement dans le récit, de double enchâssement ; le pronom personnel sujet « tu » remplace la première personne du singulier par laquelle un individu affirme son identité. Cette annihilation de l'identité est parachevée par les nombreuses négations qui rythment le récit et la force de la première phrase exclamative. L'utilisation de l'adverbe *kul* « (tant, tout, toute, dans notre texte) » et de procédés hyperboliques permettent d'insister sur les sacrifices réalisés par les migrants afin d'atteindre la France et soulignent ainsi l'irrémédiable retour au pays. Cette crise identitaire qui se matérialise par un éclatement entre deux espaces géographiques et socioculturels est perceptible à travers le parallélisme syntaxique des déictiques : hunā/hunāka (ici/là-bas). De plus, l'identité du migrant est vidée de sens et devient un simple produit avec une valeur marchande.

Cette idée est illustrée par l'exemple du père de Merwan, de nationalité palestinienne, qui a décidé d'acheter la nationalité libérienne pour pouvoir rentrer au Koweït (Nasif, 2019, p. 10) :

> كانت بعض الدول الإفريقية قد بدأت تبيع الجنسية لمن يريد مقابل مبلغ كبير من المال، [اشترى والدي جنسية ليبيرية، وعاد وحيداً إلى الكويت في عام 1995م بوصفه مواطناً افريقيا ليبيرياً لا بوصفه فلسطينياً، وتحت إلحاحي الشديد بدأ بتقديم طلبات من أجل الحصول لي على فيزا زيارة إلى الكويت.]
>
> [Certains pays africains commençaient alors à accorder leur nationalité contre de grosses sommes d'argent. C'est ainsi qu'il a acheté la nationalité libérienne et, en 1995, il a finalement réussi à rentrer au Koweït en tant que citoyen libérien.]

On constate que certains pays africains vendent leur nationalité contre de grosses sommes. Par conséquent la notion d'identité perd tout son sens. Cette instabilité est également le fait de l'instabilité politique de certains pays. Ainsi, ce n'est qu'une fois arrivé en France que Merwan indique à sa famille la possibilité d'une stabilité identitaire (Nasif, 2019, p. 12) :

[عندما وصلت إلى أرض مطار شارل ديغول عانقت علا والأولاد، وقلت لهم: الآن يمكنني القول "الحمد الله على السلامة"... ربما سوف يكون لكم هنا وطن، وسيكون لكم جنسية، ولن تعاقبوا بسبب هويتكم ولعنة السياسيين وقراراتهم. لن يكون هناك كلمة "ممنوع" و" مطرود"، لا شيء يمكنه بعد اليوم أن يعطل حياتكم، ويسرق أحلامكم.

ربما...]

[Quand nous avons atterri à l'aéroport Charles-de-Gaulle, j'ai serré Oula et les enfants dans mes bras. J'ai dit à mes deux fils et à ma fille : « Maintenant seulement vous êtes arrivés à bon port. Qui sait ? Peut-être qu'ici vous aurez un pays, une nationalité. Peut-être cesserez-vous de subir votre identité, et échapperez-vous à la malédiction des décisions politiques. Vous n'entendrez plus les mots « interdit » ou « expulsés », rien ne pourra entraver vos espoirs ni voler vos rêves. » Qui sait ?]

Par ailleurs, lorsque la stabilité politique est assurée l'identité des individus doit résister à la force des stéréotypes qui se développent dans la société d'accueil.

1.4 Des stéréotypes sources d'incompréhensions

Le point de départ de la démarche d'écriture de W. Nāṣīf (2019) est la lutte contre les préjugés, comme elle le souligne au début de son livre (p. 3) :

قبل عام تقريباً، وخلال بحثي عن عمل، طُلب مني أن أقوم بإجراء لقاءات مع بعض اللاجئين أو المهاجرين في حي بورني (Borny) حيث أعيش، ثم أكتب قصصهم.

كان الهدف من هذا المشروع في النهاية كسر الصورة النمطية للاجئ، وكان عملي يقتضي التعريف ببعض الشخصيات الإيجابية في الحي.

[L'an dernier, dans le cadre de ma recherche d'emploi, on m'a proposé de réaliser de brefs entretiens avec des réfugiés et des immigrés du quartier où j'habite : Borny. Il s'agissait de lutter contre les préjugés et de mettre en lumière des personnalités positives.]

Suite à une rencontre à laquelle elle assiste dans une association, elle fait face pour la première fois à des préjugés à l'égard des personnes issues du monde arabe (Nasif, 2019, p. 3) :

في نهاية النهار كان هناك حفل راقص في الخارج؛ امرأة من أصول عربيّة ترقص شبه عارية أمام فتيات صغيرات يلبسن مثلها، ويحاولن تقليدها على وقع موسيقى شرقية أعرفها جيداً.

-"يا للصورة النمطية!" قلت لنفسي، "أي تناقض!"

اختاروني لأنّي لا ألبس حجاباً لأكسر الصورة النمطية عن المرأة السّورية اللاجئة أو العربيّة المسلمة، وهنا يتم تسويق التراث الفني العربي على أنّه رقص إيروتيكي! أية ازدواجية؟!

[À la fin de la journée, il y avait un spectacle. Une femme d'origine arabe dansait en petite tenue devant un public de fillettes vêtues comme elle, qui tentaient de l'imiter. Le tout au son d'une musique orientale que je connaissais bien. Quel cliché ! me suis-je dit. Quel paradoxe ! Comme je ne suis pas voilée, c'est moi qu'ils ont choisie pour changer l'image de la réfugiée syrienne, ou bien celle de la femme musulmane. Et voilà que maintenant on présente le patrimoine artistique arabe sous la forme d'une danse érotique. N'est-ce pas de la schizophrénie ?]

W. Nāṣīf découvre avec surprise comment « l'autre » (la société d'accueil) voit cet « autre » qui est elle-même depuis sa perspective européenne. En 1989, Ruth Amossy, dans sa réflexion autour du stéréotype, met clairement en évidence le caractère variant du terme qui s'appuie uniquement sur des images, des représentations de l'ordre du rêve (p. 44) :

> Le stéréotype permet en effet de dénoncer le préfabriqué dans les domaines de l'esprit ; il met en garde contre l'automatisation et la mécanisation des relations humaines comme de la production culturelle. Dans un siècle voué à l'industrialisation des « images et des rêves » (Morin) nul doute que la dénonciation du stéréotype soit une arme dont on répugne à se priver. Si l'on y ajoute le souci de préserver la distinction sociale et culturelle dans l'ère des masses où s'accomplit une menaçante égalisation par le bas ; si l'on tient compte du souci de lutter contre certaines images collectives figées dans une société démocratique qui connaît les campagnes électorales et les combats contre la discrimination, on comprendra que le stéréotype ait survécu à la confusion qu'il provoque dans le champ de la réflexion théorique.

Ainsi, la lutte contre les stéréotypes serait une solution à cette crise identitaire car le rapport entre le soi et l'autre ne serait plus basé sur des « images collectives » mais sur une réalité sociohistorique. Les récits des migrants présents dans l'ouvrage de W. Nāṣīf ne sont pas sans souligner la possibilité de rencontres, de ponts entre les identités au sein de la société française.

2. D’une identité en crise à une identité plurielle

2.1 Une pluralité de récits mais une unicité des parcours

Si l’identité de l’auteure migrante semble être singulière, elle est néanmoins étroitement liée aux parcours des différents migrants qui racontent les leurs. La structure de l’œuvre met en évidence un va-et-vient continuel entre l’identité de l’auteure et celle des autres migrants. C’est à travers le récit de soi de ces derniers qu’elle raconte son récit identitaire. Ainsi, dans un long développement anaphorique autour des syntagmes « je sais ce que c’est » et « je comprends » utilisés en alternance (nous les avons encadrés dans le texte arabe), l’auteure insiste sur la destinée commune qui la lie aux autres migrants. Leurs parcours sont différents, mais leurs souffrances sont communes (Nasif, 2019, p. 4) :

> كانت جلساتي معهم ودخول بيوتهم أجمل ما حصل لي هنا، فقد كنت مجبرة على كتابة حكايتي الشخصية من خلالهم، ومن خلال تنوعهم، ولكن مع وصولي لنهاية عملي هذا ارتفع سؤال أرهقني: هل وصولنا إلى هنا هو خاتمة حكاياتنا؟
>
> أنا مثلهم، أفهم ماذا يعني أن تبتلع اللقمة الأولى في أول فواييه (نُزل مؤقت للاجئين) بدون أن تشعر بأي طعم، وأن تحشو معدتك بالخبز لأنه الطعام الوحيد الذي ألفته من قبل، أعرف معنى أن تخبئ طعاماً في جيبك لأن تناول الطعام ممنوع في الغرفة، وتخاف أن تجوع ليلاً، فليس الوقت المخصص للعشاء في مطعم الفواييه هو الوقت الذي تعودت عليه لتناول الطعام طوال عمرك، أعرف معنى أن تخجل من أن تقول لموظف نافد الصبر يرش جمله في وجهك بلغة لم تتقنها بعد: "هل يمكنك أن تتكلم ببطء، رجاءً؟"
>
> أتفهم رحلاتهم الطويلة والمريرة ورعبهم من الشرطة ونقاط التفتيش، أتفهم معنى أن تترك كل شيء وراءك لتبدأ من الصفر في بلادٍ لا تعرفها، أن يكون كل ما تريده هو مستقبل آمن لأولادك، أتفهم معنى أن تقف امرأة بين خيارين: البطالة أو خلع الحجاب الذي تعودت عليه طيلة عمرها، أن تختار امرأة العيش داخل جدران بيتها في بلاد حقوق المرأة وحقوق الإنسان كي لا تتعرض لكلام البيئة المحيطة ومجتمعها الذي هو على بعد آلاف الأميال، أتفهم أن تفكر طويلاً بشراء (كنبة) جديدة، ثم تتخلى عن الفكرة لأنك تعتقد أنك لن تقيم طويلاً في هذا المكان.

[Entrer dans les maisons de ces gens et passer du temps avec eux est ce qui m’est arrivé de plus beau ici. Grâce à eux, grâce à la diversité de leurs histoires personnelles, je me suis vue poussée à écrire la mienne. Une autre question, plus lancinante, s’est alors posée : maintenant que nous sommes ici, nos histoires sont-elles finies ? Comme eux, je sais ce que c’est que d’avaler la première bouchée dans le premier foyer d’accueil sans en percevoir la moindre saveur, puis de se bourrer de pain, car c’est le seul aliment qui nous soit familier. Je sais ce que c’est que de fourrer en cachette un peu de nourriture dans sa

> poche, parce qu'il est interdit de manger dans les chambres, et qu'on a peur d'avoir faim à l'heure où la cantine sera fermée. Je sais ce que c'est que de ne pas oser dire à un fonctionnaire irritable qui, sans lever la tête, vous assène de propos incompréhensibles : « Pourriez-vous parler plus doucement s'il vous plaît ? » Je connais leurs périples longs et amers, leur terreur de la police et des points de contrôle. Je sais ce que c'est que de tout laisser derrière soi et de recommencer à zéro en terre inconnue. Je comprends que la seule chose qu'on veuille, c'est que nos enfants puissent avoir un avenir. Je sais ce que c'est, pour une femme qui porte le foulard depuis toujours, que de devoir le retirer afin d'être embauchée. Je sais que, même au pays des droits de l'homme et de l'égalité des sexes, une femme choisit parfois de rester au foyer car elle redoute les critiques de son milieu, ou même, à des milliers de kilomètres, celles de sa société d'origine. Je comprends qu'on pèse longuement le pour et le contre quant à l'achat d'un nouveau canapé, puis on abandonne l'idée, car on se dit qu'on ne restera pas longtemps.]

L'auteure met en évidence une identité collective commune avec des caractéristiques communes : parcours, souffrances, douleurs…

2.2 La mémoire et la construction identitaire

La mémoire est un axe clé de la définition identitaire. Elle suppose une identité qui, par le biais du souvenir, rappelle ses racines et se poursuit. On retrouve ici l'identité rhizome de Glissant, cité par Michel Beniamino (2009, p. 3) :

> Pour mieux traduire le nouvel imaginaire de la (post-)modernité, Glissant emprunte à Deleuze et Guattari l'image du rhizome afin de réfuter cette conception sublime et mortelle que les peuples d'Europe et les cultures occidentales ont véhiculée dans le monde, à savoir que toute identité est une identité à racine unique et exclusive de l'autre. Cette vue de l'identité [...] s'oppose à la notion aujourd'hui « réelle », dans [les] cultures composites, de l'identité comme facteur et comme résultat d'une créolisation, c'est-à-dire de l'identité comme rhizome, de l'identité non comme racine unique mais comme racine allant à la rencontre d'autres racines (Glissant, 1995, p. 19).

Les références à la mémoire ponctuent régulièrement le récit de W. Nāṣīf et les différents récits des migrants (Nasif, 2019, p. 28) :

[لم أكن أفكر في كتابة قصة حياة أحد، فلم يكن هذا هو المقصود من المشروع، كان الهدف أن يحكي لي أشخاص ألتقيهم في المركز الاجتماعي لمدة ساعتين في الأسبوع كيف جاؤوا إلى فرنسا، أو أن يتحدثوا عن العمل والاندماج واللغة.. الخ .

لكنني فوجئت بأنهم كانوا يعودون بالزمن إلى الوراء كثيراً دون أن أطلب منهم ذلك، وكنت أستمع لهم بكل فضول دون تجاهل أي كلمة يقولونها.

أعرف أنّه قد لا يكون كل ما يقولونه قد حصل فعلاً، وأنّ بعضه قد يكون متخيلاً، فالقصّ هو إعادة خلق الحكاية، وغالباً هي فرصة لتشذيبها وتعديلها واسقاط رغباتنا عليها، كما أنيّ أعتقد أن الذاكرة البشرية في النهاية هي ذاكرة انتقائية بشكل عام، لقد وصلت إلى هذا الاستنتاج منذ زمن بعيد جداً.]

[Quand j'ai commencé à m'intéresser à mes voisins de Borny, je ne pensais pas me lancer dans des récits de vie. Il ne s'agissait pour moi que de demander à des gens que je voyais deux fois par semaine en cours de langue comment ils étaient arrivés en France, ce qu'ils pensaient du monde du travail, de l'intégration, et de les interroger sur d'autres sujets du même genre. Mais, à mon grand étonnement, et sans que je les y incite, ils remontaient très loin en arrière. J'écoutais, sans perdre une miette de leurs paroles. Tout ce qu'ils disent n'est peut-être pas exact et certains éléments peuvent même relever de l'invention, car raconter, c'est recréer l'histoire, et c'est aussi, bien souvent, l'occasion de l'élaguer, de projeter sur elle nos désirs. Je pense qu'en général la mémoire est sélective. Il y a fort longtemps que je suis arrivée à cette conclusion…]

Cependant, il apparaît clairement que cette mémoire est une mémoire sélective. Il s'agit pour chacun de conserver et de reconstruire les souvenirs identitaires en fonction des objectifs que l'on se fixe. Ainsi, cette mémoire évolue tout au long de la construction identitaire de l'individu. C'est ce processus mémoriel qui est souvent à l'œuvre dans les récits identitaires, comme le rappelle Nehmetallah Abi-Rached dans un article sur *Les Désorientés* d'Amin Maalouf :

> En accord avec Denis Cerclet, la mémoire est un processus et non un lieu de stockage. C'est une affaire de vivants, une affaire du présent et non du passé. C'est elle qui pousse à agir et à tenter de vivre ou de revivre intensément des instants passés. Or, comme nous l'avons déjà mentionné, la mémoire est sélective dans ses rapports au passé dont elle peut ressusciter une partie alors que certains souvenirs sont oubliés (Abi-Rached, Nehmetallah, 2014, p. 304).

La mémoire apparaît comme processus qui établit un pont spatial et temporel entre les différents espaces. Ce processus sélectif permet à l'individu d'exister comme tout autre en prenant conscience d'appartenir à la société dans laquelle il vit. Dans son récit, W. Nāṣīf consacre un espace particulier à un objet : le smartphone. Il apparaît comme métonymie de la mémoire. Il condense la mémoire du migrant et tous ses souvenirs (Nasif, 2019, p. 42-43) :

رأيت الدهشة في عيون الناس هنا عندما شاهدونا نستخدم هواتف ذكية وسمعت بعض التعليقات حول الهواتف الذكية التي يحملها اللاجئون الجدد، حتى أولئك الذين نجوا من رحلة موتهم عبر البحر، لكن هم لا يعرفون أن هذا الجهاز بالنسبة للاجئ ليس مجرد هاتف بل إمكانية تواصل

وألبومات صور وذاكرة العائلة والأصدقاء، والحياة الكاملة التي تركها خلفه، وهو حلم بلقاء افتراضي يبقيه على قيد الأمل.

وسيم، وهو الذي اختار هذا الاسم، فقد هاتفه الذكي في بداية رحلته الطويلة إلى هنا.

[Ici, j'ai vu l'étonnement dans les yeux des gens qui nous voyaient en possession de tels objets. J'ai entendu des commentaires à propos des réfugiés modernes, incapables de se séparer de leur smartphone, même les plus démunis, les rescapés de la mer. C'est que, pour nous, ce n'est pas un téléphone. C'est un album de photos, c'est la mémoire de la famille et des amis. C'est la seule possibilité que nous ayons de communiquer, d'organiser la rencontre virtuelle qui nous maintient en vie. Wassim, comme il a souhaité que je l'appelle, a perdu son smartphone au début du voyage.]

C'est ce précieux objet que perd le Pakistanais Wassim durant son périple. Or ce qui importe, ce n'est pas l'objet de stockage mais le processus mémoriel. En dépit de cette situation, il continue par le biais du souvenir à construire le lien identitaire qui le relie à son pays d'origine.

2.3 La langue : pont identitaire

Dans les différents récits de migrants qui se succèdent dans l'œuvre, un seul n'est pas retranscrit à la première personne : celui d'Ablema. Pour cette migrante, W. Nassif a communiqué en langue française et non en arabe. Ce changement de code linguistique a aussi engendré la nécessité pour l'auteure de changer les modalités du récit et de décrire le ressenti de l'Ivoirienne tel qu'elle l'a perçu. Une connivence s'établit entre les deux migrantes en dépit de leurs différences culturelles (Nasif, 2019, p. 39) :

في صوت أبليما فرح أصيل لا تصطنعه أبداً، أحاول عبثاً أن أميّز الحروف التي تنطقها، لكنّي أفشل، في النهاية انتبه إلى أنّي سعيدة وأنا أنصت لها، وعندما تنتبه أنني أسمعها تتوقف فأطالبها بأن تستمر.

لن أحكي الحكاية بلسان أبليما، فبما أننا نتحدث بالفرنسية فربما من الأفضل أن أحكي ببساطة كيف فهمت أنا حكاية أبليما.

[Il y a dans la voix d'Ablema une joie authentique et non feinte. J'essaie en vain de distinguer les sons qu'elle prononce. Je m'aperçois que je suis heureuse. Quand elle se rend compte que je l'écoute, elle s'arrête. Je lui demande de poursuivre. Je ne raconterai pas son histoire à la première personne. Comme nous parlons français, il sera plus honnête de ma part de raconter, simplement, ce que j'ai perçu d'elle.]

Elles partagent ici un même espace, l'espace linguistique qui leur permet de ne pas se sentir différentes. Cela correspond à une illustration de la définition de l'identité élaborée par Michele Abrusci (2008). En effet, dans sa définition de l'identité positive, il démontre que ce qui permet de concevoir qu'un objet « a » et un objet « b » sont deux objets égaux, identiques, c'est l'idée qu'ils partagent un espace, une limitation commune. Ainsi, il pose le rapport suivant : a = b car l'ensemble des « x » auquel se rapporte « a » appartient à un espace « X » qui est aussi commun à « b ». Or on pourrait étendre cette définition à l'espace linguistique et démontrer ainsi que le partage d'une langue commune permettrait de concevoir deux individus différents comme égaux.

2.4 Les enfants porteurs d'une identité rhizome (Glissant) ou plurielle (Ricœur)

Le récit des enfants de migrants met en évidence une évolution de l'identité chez cette deuxième génération. Une génération qui s'intègre à la culture française par le biais d'amis. C'est le cas des filles de W. Nāṣīf qui passent plus de temps à l'extérieur du domicile familial et qui s'intègrent beaucoup plus vite culturellement et linguistiquement. Si leur identité s'enrichit au contact d'enfants de leur âge, l'auteure souligne ses craintes quant à une éventuelle acculturation (Nasif, 2019, p. 57) :

أطفالنا

عندما يسألني أحدهم عن الحياة فيُ فرنسا أجيب بجملة واحدة: بالنسبة للأطفال أعتقد أنّها الجنة ذاتها!

أعتقد أن ابنتيّ سعيدتان؛ عندما وصلنا فرنسا كانتا في الثانية عشرة والثالثة عشرة من عمرهما، منذ ثلاث سنوات وأنا أراهما تكبران وتنمّيان شخصيتيهما بعيداً عنّي، وعن كل الماضي الذي جئنا منه؛ تمضيان ثماني ساعات يومياً خارج المنزل، وعندما تعودان تتحاوران على طاولة العشاء باللغة الفرنسية، ومع مرور الوقت بدأت تضيع منهما بعض المفردات العربية، أصبحت الفرنسية لغة غضبهما وسعادتهما وأسرارهما، ويمكن القول: إنها أصبحت لغة تعبيرهما الأصلية.

هل يزعجني هذا؟ قليلاً، فأكثر ما أخشاه أن تخسرا لغتهما الأم وعلاقتهما بسوريا.

[NOS ENFANTS

Quand on me questionne sur la vie en France, je réponds toujours : « Pour les enfants, c'est le paradis ! » Je crois que mes filles sont heureuses. Quand nous sommes arrivés, elles avaient douze et treize ans. Trois années se sont écoulées depuis. Je les observe en train de grandir, je vois leur personnalité se développer, loin de moi et de tout le passé dont je suis issue. Elles passent huit heures par jour hors de la maison et quand elles reviennent, elles parlent français au dîner. Avec le temps, elles commencent à oublier certains mots arabes. Pour la colère comme pour la joie, pour leurs secrets, c'est maintenant en français qu'elles s'expriment. Si cela me dérange ? Peut-être un peu. Ce que je crains le plus, c'est qu'elles perdent leur langue maternelle et leur relation à la Syrie.]

Cette acculturation est d'autant plus redoutée qu'elle serait fatale pour la Syrie. La distance géographique semble engendrer un sentiment nationaliste fort chez l'auteure. On comprend, en filigrane, le souhait éventuel d'un retour en Syrie et la perception de la situation migratoire actuelle comme transitoire. Ce changement identitaire vers une identité plurielle (Ricœur) est également perceptible à travers l'exemple d'Omar qui se fait une amie en France (Nasif, 2019, p. 75) :

- "في تلك المدينة حيث بيتنا، أو ما ظننته بيتنا، ذهبت إلى المدرسة وتعرفت على أودري، هي فتاة فرنسية من عمري، كانت لطيفة جداً معي على الرغم من أنّي لم أكن أتحدث لغتها، لكننا تحدثنا كثيراً، وأصبحنا أصدقاء.

في سوريا كنت لا ألعب مع الفتيات، إلاّ قريباتي، وكان ذلك نادراً، وفي تركيا لم يكن لدي أصدقاء، وفي اليونان كان ذلك محالاً، لكن في فرنسا أقمت صداقة مع فتاة جميلة خلال أسبوع!

أم عمر: قالوا لنا بعد أشهر: لقد وجدنا لكم سكناً دائماً في مدينة ميتز، عليكم الرحيل!

عمر: لا أعرف لماذا كان علينا أن نترك بيتنا هناك ونأتي إلى هنا!

[Omar : […] Dans cette ville où était notre maison – enfin, ce que j'ai pris pour notre maison – je suis entré à l'école et j'ai rencontré Audrey. C'est une fille française de mon âge. Elle était très gentille avec moi, même si je ne comprenais pas sa langue. On parvenait à se parler quand même, et nous sommes devenus amis. En Syrie, je ne jouais pas avec les filles, sauf, rarement, avec mes cousines. En Turquie, je n'avais pas d'amis. En Grèce, c'était impossible. En France, j'ai eu une amie au bout d'une semaine !
La mère d'Omar : Mais, après quelques mois, on nous a annoncé qu'un logement permanent nous attendait à Metz et qu'il fallait partir.
Omar : Je ne comprends pas pourquoi il a fallu quitter la première maison pour venir ici.]

Omar met en évidence des différences culturelles entre les pays qu'il a traversés et semble préférer la France en raison de l'amie qu'il s'est faite. Les relations amoureuses, et en particulier les mariages, sont d'ailleurs des sources d'interculturalité qui sont envisagées dans les récits des migrants. C'est le cas de Meryem, réfugiée afghane qui parle de sa fille (Nasif, 2019, p. 60) :

[في الوقت الحالي لا أستطيع تقبل فكرة أن تتزوج ابنتي من غير مسلم- أفغاني، لكنّي أدرك مع الوقت أنها تكبر هنا، وهي في المدرسة من الثامنة صباحاً حتى الخامسة عصراً، وأدرك أنها تتعلم أشياء لا أعرفها، وتتشكل شخصيتها بطريقة مختلفة تماماً عن التي تشكلت بها شخصيتي، بحيث لا أستطيع مصادرة مستقبلها.

منذ مدة سمعت عن فتاة من أصول أفغانية تزوجت فرنسياً، لقد اختارته بالطبع لأنها نشأت هنا، ولم يكن بوسع والديها فعل شيء حيال ذلك، ربما ستفعل ابنتي الشيء ذاته، حينها سأقاتل إلى جانبها من أجل سعادتها، ولن أسمح لأي أحد بأن يفرض شيئاً عليها، ربما سيكون المستقبل صادماً لنا، ولما تعلمناه في بلادنا، لكنه ربما يحمل مفاجآت سارة لأبنائنا.]

[Pour l'instant, je ne parviens pas à accepter que ma fille puisse épouser plus tard un non-musulman, un non-afghan. Mais en même temps, je réalise bien qu'elle grandit ici. Elle est à l'école de huit heures du matin à cinq heures du

> soir. Elle apprend des choses que je ne connais pas. Elle forme sa personnalité tout à fait différemment de la manière dont s'est modelée la mienne. Je ne peux pas lui confisquer son avenir. Il n'y a pas très longtemps, j'ai entendu parler d'une jeune fille d'origine afghane qui a épousé un Français. Bien entendu, elle l'a choisi car elle a grandi ici, et ses parents ne pouvaient plus rien lui imposer. Peut-être que ma fille fera pareil. Alors je lutterai à ses côtés pour son bonheur et je ne permettrai à personne de se mettre en travers de sa route. L'avenir sera sans doute troublant pour nous, avec l'éducation que nous avons reçue dans nos pays. Mais peut-être réserve-t-il de bonnes surprises à nos enfants.]

Si dans un premier temps Meryem semble véhiculer un discours – dont elle a hérité dans son pays d'origine – hostile à l'exogamie, elle semble reconnaître l'émergence d'une identité différente chez sa fille. Une identité plurielle : afghane et française. Ainsi, le raisonnement de la mère met en évidence que sa fille sera investie d'une identité plurielle et que dans ces circonstances, l'hostilité à l'autre, à l'exogamie, n'a plus lieu d'être. Ce mélange probable des cultures est perçu comme un élément positif et non une entrave au plein épanouissement identitaire de sa fille.

Pour conclure, nous avons démontré que W. Nāṣīf en tant que migrante mais aussi en tant qu'auteure, relatant les récits de migrants, a mis en évidence dans son œuvre la possibilité de percevoir son identité par le biais du récit d'autres migrants. Si, dans un premier temps, l'identité du migrant qui arrive dans la société d'accueil semble caractérisée par un éclatement, une schizophrénie et se situe dans un entre-deux, les échanges culturels et linguistiques mettent en évidence la possibilité de ponts culturels et l'émergence d'une identité plurielle en particulier pour les enfants des migrants.

Cette identité plurielle doit être analysée à la lumière de l'évolution de la société et des changements de référents. Aussi nous terminerons cette réflexion par une citation de Christine Delory-Momberger (2018/2, p. 46) à propos du récit de soi :

> Alors que le sujet moderne trouvait dans les « grands récits » (Lyotard, 1979) des références de sens et des modèles de conduite en fonction de ses inscriptions, de ses affiliations, de ses appartenances, l'individu de la modernité avancée est renvoyé à lui-même et à son propre récit pour produire le sens de son expérience. Il lui revient de trouver par lui-même son lieu, en reliant et en faisant signifier les espaces sociaux auxquels il participe. Or, cette façon de faire sens et de faire lieu en lui-même, il ne peut la trouver que dans un rapport réflexif à sa propre existence. La construction biographique de l'expérience – c'est-à-dire la capacité à intégrer dans le continuum d'une histoire les événements et les situations de l'existence – apparaît ainsi comme la médiation nécessaire d'un monde dont les repères et les métadiscours sont brouillés ou dé-

crédibilisés, d'un monde qui ne peut être relié que dans la réflexivité et l'historicisation de l'expérience qu'en font les individus. C'est dans ce sens que l'on peut parler aujourd'hui d'une autre forme de « grand récit », qui ne serait plus un « récit du monde » ou un « récit de la société », mais un « récit de l'individu » en tant qu'il fait société et en tant qu'il fait monde, en tant qu'il lui incombe de reproduire la sphère sociale et de médier le monde.

- **Bibliographie**

Abi-rached, N. (2014). « Chronique d'un retour impossible, Les Désorientés d'Amin Maalouf », *Licarc*, n° 2, p. 293-310, Paris : Garnier.

Abrusci, M. (2018). « Remarques sur l'identité », Colloque interdisciplinaire, Lyon 3, https://webtv.univ-lyon3.fr/channelcatmedia/10/MEDIA1811200 85620741?server=1, consulté le 10.04.20.

Alaili, A. (2014). « La thématique du retour dans la littérature arabe contemporaine. Le cas palestinien », *Licarc*, n° 2, p. 251-265, Paris : Garnier.

Amossy, R. (1989). « La notion de stéréotype dans la réflexion contemporaine », *Littérature*, n° 73, p. 29-46.

Beniamino, M. (2009). « Glissant la créolisation et les sciences humaines », *Les Caraïbes : convergences et affinités, Publifarum*, n° 10, consulté le 26/09/2019 : https://riviste.unige.it/index.php/publifarum/article/view/1609/1821.

Dictionnaire arabe en ligne, *Almaany* : http://www.almaany.com/.

Dictionnaire Larousse, en ligne : https://www.larousse.fr/dictionnaires/ francais.

Delory-Momberger, C. (2018). « Transformations et centralité du récit de soi dans la société biographique », *Le sujet dans la cité*, vol. 9, n° 2, p. 37-48.

Gastaut, Y. (1997). « Évolution des désignations de l'étranger en France (1960-1990) ». *Cahiers de la Méditerranée*, n° 54, p. 15-24 ; disponible, en ligne : https://www.persee.fr/doc/camed0395-93171997num5411172.

Gastaut, Y. (2016). « Les migrations contemporaines (histoire, flux, enjeux), qui sont les migrants ? », *Journée d'étude Paris, Musée National d'Histoire de l'Immigration*, 16-06-2016, en ligne : https://webtv.bpi.fr/fr/doc/4445/Les+%3Cspan+class=highlight1%3Emigrations%3Cspan%3E+contemporaines+-histoire,+flux,+enjeux-,+qui+sont+les+migrants+?, consulté le 09.03.2020.

Laurent, J. (2003). « Méthodes et problèmes, L'autofiction », cours en ligne du département de français moderne – Université de Genève, en ligne : https://www.unige.ch/lettres/framo/enseignements/methodes/autofiction/afintegr.html, consulté le 13.04.20.

Poinsignon, C. (2016). « Polyphonies syriennes : écrivains, intellectuels et artistes résistent », *Nonfiction*, en ligne : https://www.nonfiction.fr/article-8100-polyphonies_syriennes_ecrivains_intellectuels_et_artistes_resistent.htm consulté le 13.04.20.

Wiğdān, N. (2019). *Kīfamā šāɔ Al-tiyār, À vau l'eau.* Nancy : Editions Passages.

- **Résumé et mots-clés**

Wedjan Nassif est une auteure syrienne qui s'est installée en France à la suite des conflits en Syrie en 2011. Dans le cadre du projet Bérénice (de Liège à Trèves et d'Eupen à Metz, ce projet promeut l'art comme outil de lutte contre l'exclusion sociale), elle a pu publier son deuxième ouvrage, À vau l'eau, en mars 2019, en arabe, traduit en français par Nathalie Bontemps. Dans cet ouvrage, elle raconte son quotidien et comment son intégration se fait par le biais des représentations de migrants qu'elle rencontre dans un quartier de la ville de Metz. Nous entendons ici le terme représentation dans le sens d'une chaîne d'images et de signes destinés à identifier un individu. L'étude de À vau l'eau, témoignage autofictionnel, permet de mettre en tension la représentation de soi qui se construit par des représentations qui sont autres (celles d'autres individus). En tant que réfugiée syrienne, c'est au travers de la polyphonie représentationnelle des autres, qui correspond en même temps à une partie d'elle-même, que W. Nassif parvient à rendre compte de son identité en tant qu'autre. **Mots clés** *: représentations, identités, altérité, réfugiés, récit autobiographique.*

REPRÉSENTATIONS DU CORPS MALADE DU SIDA : CORPS MINCE OU CORPULENT DANS L'IMAGINAIRE INDIVIDUEL ET COLLECTIF

Salfo LINGANI[1]
Université Joseph Ki-Zerbo, Burkina Faso

1. État de l'art, problématique et méthodologie

1.1 État de l'art

La taille fine, ou taille mannequin (Kaufmann, 2015), est une représentation physique du corps qui a été mise en exergue en Europe (Simmel, 1988 ; Weber, 1991 ; Elias, 1973). Elle valorise l'individu dans cette société de consommation de produits raffinés (Baudrillard, 1966). Cette apparence de la silhouette effilée est surtout l'apanage du genre féminin, qui la recherche délibérément, travaille à l'avoir et à la garder à tout prix (Amadieu, 2002 ; Boetsch et Savarese, 1999 ; Boetsch et al, 2006 ; Bidet, 2007). S'il existe une tendance à l'uniformisation des habitudes de régime de lutte contre la prise de poids superflu (Adorno, 1974 ; Elias, 1973 ; Fassin et Memmi, 2004 ; Courtine, 2006), le culte de la minceur (Corbeau, 2003) réprime le corps en surpoids et suppose un contrôle des facteurs naturels ou alimentaires favorables pour garder le cap et être au « top ». Il ordonne sa surveillance (Foucault, 1976 ; Goffman, 1977) en fonction des canaux des normes d'une beauté corporelle sans « rondeurs ». Il soulève le souci d'un combat punitif de l'individu contre son propre corps en prise de rondeur (Kaufmann, 2013 ; 2015 ; Martin-Criardo, 2015) qui l'expose à l'obésité (Poulain, 2009). En cas d'échec de l'élimination de la masse graisseuse involontairement accumulée qui s'accroche à certaines

[1] Salfo Lingani est enseignant-chercheur au Département de Sociologie de l'Université Joseph Ki-Zerbo au Burkina Faso. Il dispense des enseignements en présentiel sur les concepts fondamentaux de sociologie, la socio-anthropologie de la santé, la sociologie du travail, la sociologie de la traduction et de l'architecture. Il dispense des cours de sociologie du travail en ligne. Ses travaux de recherches actuels sont sur les maladies infectieuses (Sida, covid-19), la santé et sécurité au travail ainsi que les questions de genre, le corps et l'esthétique. Il est membre du Groupe de Recherches sur les Initiatives Locales (GRIL), Université Joseph Ki-Zerbo/Burkina Faso et chercheur associé au Laboratoire Dynamique Européenne, Université de Strasbourg/France. LINGANI Salfo est responsable de la filière et du programme de recherche Santé, Sécurité au Travail du Centre d'Excellence Africain d'Etudes de formation et de recherche en gestion de risques sociaux (CEA CEFORGRIS)/Université Joseph Ki-Zerbo/Burkina Faso.

parties de son corps (hanche, ventre, fesses, etc.), l'individu sort ainsi des critères de beauté essentiels (Chollet, 2012), tombe sous le coup de la laideur corporelle et, par voie de conséquence, se retrouve sous-classé (Vandebroeck, 2015). Mais la corporéité mince en tant que catégorie dominante dans la société occidentale s'impose-t-elle au reste du monde ?

La puissance des mass médias parvient à diffuser les mœurs de la minceur dans l'espace public (Habermas, 1988) et à influencer les corps à travers les images publicitaires (Goudsblom, 1987). Mais en Afrique, ce n'est qu'une minorité du genre féminin qui aspire à la finesse de corpulence et au modelage du corps par le régime alimentaire[2] selon les figures charnelles de la modernité (Fanon, 1952 ; Boetsch et Savarese, 1999 ; Sméralda, 2004). L'aspiration à ce modèle de beauté effilée trouve quelques adhérentes dans la catégorie féminine de la classe aisée du Burkina Faso, mais en général, les individus des milieux défavorisés considèrent plutôt la forte corpulence[3] comme un révélateur de réussite sociale (Bardem et Gobatto, 1995 ; Badini, 2003 ; Korbéogo et Lingani, 2013). Celle-ci est la résultante de composantes de l'apparence qui s'articulent à l'esthétique, à l'économique, à la morale, à la politique du corps, voire à sa totalité selon Mauss (1934) et qui rejaillissent en points réflexifs, tel un miroir, sur l'imaginaire individuel et collectif (Bonnet, 1986).

D'autre part, la morphologie du corps est aussi soumise à la maladie, celle-ci élaborant ses représentations individuelles et collectives (Herzslich, 1991). Elle forge au fil du temps ses symboles et ses sensibilités (Dodier, 2003) qui influencent la structuration mentale du discours du moment (Goffman, 1988 ; Foucault, 1971) sur les souffrances (Hassoun, 1999). Le sida s'attaque en effet à la corpulence des malades (Descaux et Boye, 2012) et la ronge pour ne leur laisser que la peau sur les os. C'est la perte progressive de masse corporelle qui aboutit au corps squelettique, atypique. Terrifiant, celui-ci est entré dans le paysage médiatique (Bonin, 2004) au début de l'épidémie de VIH pour marteler les esprits sur la menace réelle du sida (Herzlich et Pierret, 1984), engendrant ainsi des peurs (Goody, 2003) chez les malades et des fantasmes au sein de leur entourage social (Fainzang, 1985 ; Lingani 2010 ; Lingani et Korbéogo, 2015). Les peurs pour soi et pour autrui construites par les images ef-

---

[2] Dans l'imaginaire populaire au Burkina Faso, une personne mince est considérée comme une personne affamée qui ne mange pas à sa faim et, au temps fort de la sensibilisation par l'image du corps mince, est soupçonnée d'être malade du sida. Une femme mariée qui grossit est un signe d'aisance dans le foyer conjugal ainsi que pour l'homme en forme physique qui est révélateur de réussite sociale.

[3] Kaufmann, J.-C. (2015). *Aimer son corps. La tyrannie de la minceur*. Pocket : Paris. L'auteur parle de géopolitique des fesses par exemple pour montrer les rondes fesses en Afrique et en Amérique du Sud (Kaufmann, 2015, p. 30-39).

frayantes et dénigrantes de la minceur typifiée du corps forgent les imaginaires sur le sida qui lui valent sa réputation de maladie de la honte, entretenue par cet attribut corporel qui pèse sur tout malade qui en souffre (Fassin, 2006). Et les images délibérément choquantes ont été diffusées et intensifiées en crescendo sur les réseaux des médias audiovisuels, avec le souci de les vulgariser dans les moindres espaces publics (Descamps, 1989) pour illustrer la dangerosité du sida.

Cette publicisation tous azimuts du corps décharné du « sidéen » (Gruénais, 1996) a conduit à une prise de conscience et mis en garde contre le danger-sida. L'image de ce corps, symbole tristement célèbre de la maladie, s'est ainsi inscrite dans les mentalités individuelle et collective (Berger et Luckmann, 1986). Ces constructions imaginaires ont structuré le discours de l'individu bien-portant en termes d'insultes, de moqueries et de rejet du malade. Elles ont même poussé à des comportements d'exclusion de tout individu présentant ce type de constitution mince (Lingani, 2018). Elles ont un poids social qui alimente la phobie de la maigreur des patients en soins biomédicaux. Demeurant dans un état squelettique malgré les soins qu'ils reçoivent, les malades rêvent de regagner de manière harmonieuse[4] un certain volume corporel, dans le secret espoir d'endiguer le « décrochage sanitaire » que leur a valu leur minceur et de se réinsérer socialement par leur corps réhabilité (Lingani, 2020).

1.2 Problématique

La problématique met en perspective le malade du sida en quête de prise de poids en vue de contrer les images liées aux imaginaires de son corps mince. Celui-ci a marqué l'imaginaire individuel et est devenu la représentation légitime du « sidéen » (Lingani, 2010 ; Lingani, 2020) dans l'imaginaire collectif. Il incarne un schéma de typification (Berger et Luckmann, 2005) rapide et systématique du « sidéen » promu dans l'espace public. Il met en revanche la pression du jugement de l'individu bien-portant en présence physique avec le malade en perte de poids. C'est le décryptage sémantique de la morphologie mince par l'entourage qui engendre des tensions sur le malade, lequel cherche à dissimuler son corps amaigri. Ces tensions sont d'autant plus fortes que le corps endommagé en rupture avec la société devient une « altérité » interactionnelle pour soi et pour autrui (Mathieu, 1993), au point de provoquer des répressions (Foucault, 1975) des techniques de soin du corps en-

[4] Il y a des difformes ou accumulation inégale de la graisse sur certaines parties du corps (visage, seins, fesses, ventre, etc.) due aux ARV.

treprises par le malade en vue de son esthétisation. La maigreur est un fait corporel déplaisant qui pousse à la paranoïa et au jugement de l'entourage sur la laideur ressentie du corps morbide (laid contre beau). Elle est un marqueur du discours sur le corps procédant de sa perception visuelle et sensorielle, et ce discours doit être socialement corrigé.

Les malades supportent les arbitrages des imaginaires individuel et collectif en fonction des réparations biomédicales et des opérations techniques pratiquées sur les différentes marques corporelles (minceur, boutons, taches, etc.) de leur corps. Le fait d'être catégorisés par leur minceur les met en posture de se fabriquer une apparence corpulente distinctive. Cette corpulence retrouvée permet aux malades la jouissance au sens pratique (Bourdieu, 1980) lorsqu'ils sont débarrassés du fardeau de la typification que les clichés de l'imaginaire individuel et collectif leur ont imposé. Dans cette perspective, on peut se demander si le corps réhabilité n'entre pas en conflit imaginaire avec le corps maigre mal perçu par la collectivité. On suppose que le jugement habituel de l'individu bien-portant sur le corps squelettique des malades a la peau dure. Mais comment les malades perçoivent-ils les signes effroyables de la minceur présentés dans les images de mise en garde contre le danger-sida ? Les fabriques d'images valorisantes ne sont-elles pas des stratégies pour étouffer la peur distillée dans l'entrebâillement des espaces privé et public ? Autant de questions que nous élucidons grâce aux données collectées par la méthodologie présentée ci-dessous.

1.3 Méthodologie

L'étude cherche à comprendre le rapport au corps décharné ou corpulent dans une analyse sociohistorique des données qualitatives collectées (2017) par entretien semi-directif auprès des malades (42 personnes) traités dans deux Centres Médicaux, des agents de santé et des services de prise en charge intégrée de la pharmacie, de l'action sociale et de la psychologie. Pour ce qui est des malades enquêtés, nous avons repéré trois associations de malades : Burkin'action, SOS jeunesse et défis, Association des Personnes Infectées et Affectées par le Sida (APIAS), qui les soutiennent par leurs activités. En outre, l'étude s'appuie également sur les données qualitatives collectées auprès de malades (40) en situation de travail au paroxysme de la sensibilisation des différentes couches sociales sur le VIH en l'absence de traitement (Durand, 1996), ces patients au corps physiquement touché par le sida manifestant une grande peur de mourir. Ces données ont été collectées en 2007, au moment où les malades ont commencé à avoir accès aux ARV à prix réduit de 5000 fcfa (7,60 euros), subventionnés par l'État, qui leur ont rendu l'espoir de vivre avec le sida. Elles sont complétées par des photos de malades publiées dans les médias (journaux, internet) au début de la lutte contre le sida (1987) et trois décennies après les premières campagnes de sensibilisation (2017).

La combinaison de ces moments d'enquête sur la vie mouvementée des malades, auxquels nous avons donné des pseudonymes dans le texte pour garder leur anonymat, permet de prendre en compte la dimension temporelle dans l'analyse. Celle-ci tire parti d'une sélection de données transcrites des entretiens et des tapuscrits liés aux perceptions, aux représentations et aux constructions sociales, pour rendre compte des rapports socio-historiques au corps malade, pris entre les sensibilisations, les soins et la « guerre » des images dans les imaginaires.

2. Le corps décharné comme support de sensibilisation médiatique à la dangerosité du sida

Hirsch (1987) a révélé au début de la pandémie que le VIH ronge le corps de la personne infectée pour ne laisser que la peau sur les os, ce qui souligne la virulence du virus du sida. Il ne reste aux malades en quête de soins qu'un corps squelettique (Herzlich et Pierret, 1988). Le corps amaigri est présenté aux yeux du monde comme le symbole du sida. Il a été utilisé par tous les moyens de communication (médias, place publique, etc.) en vue de présenter la violence du sida. Ce sont les médias audiovisuels (Lagneau, 1977) qui ont diffusé le corps décharné par la fréquence des images émises dans l'espace public, comme arme dissuasive. Mais en faisant prendre conscience de la gravité du sida, ils ont aussi objectivé la peur (Goody, 2003) de l'individu et de la collectivité (Fassin, 2006). Le sida a ainsi été associé au corps squelettique, en conflit avec l'intention de prévention de sa propagation. Et le sexe, comme principal canal de transmission du virus, a été représenté sous forme de statuettes de bois sec (sexe masculin en érection, accouplé avec le féminin) et exposé à des fins de communication dans les espaces privé (Giddens, 2002) et public (Habermas, 1987). Il a ainsi avalisé la culpabilité du malade du sida et son rejet par le corps social (Herzlich et Pierret, 1984). Or les pratiques sexuelles sont très convoitées (Tchak, 2000), malgré le tabou tacite et répressif dont elles sont entourées, selon Foucault (1976). Dans le contexte du sida, de nombreux individus conservent une activité sexuelle insouciante susceptible de propager le virus à grande échelle dans les populations. Il est probable que les usages sociaux (Boltanski, 1971) des images de malades au corps squelettique publiées dans les médias depuis 1987 (journaux, télé, vidéo, affiches, photos) aient engendré des craintes chez les individus aux activités sexuelles incontrôlées (Lingani, 2010). Les peurs suscitées par ces images ont dépassé les personnes exposées aux risques de transmission du virus et ont touché, sur la scène publique, les âmes sensibles préoccupées de la mort imminente du malade décharné. Une photo de corps squelettique de malade a été relayée par un journal national, l'hebdomadaire Carrefour africain N° 980 du 27 mars 1987, qui a apeuré les Burkinabè au début de la campagne contre le sida. À cette époque, la Ministre de la santé avait, lors d'une interview, tenté d'atténuer la panique de la population en minimisant l'ampleur de la perte de corpulence des malades [➲ Annexes, doc. 1 : *Sida, plus de panique que de mal au Burkina. Photo du haut, la ministre de la santé. Photo du bas, malade décharné du sida*].

Mais le corps squelettique de cette photo avait déjà alimenté les peurs. Ce type d'images répandues dans les médias avait choqué les esprits concernant l'impact du sida, maladie évitable en suivant les bonnes conduites promues par les sensibilisations populaires (Durand, 1996). Le corps défiguré du « sidéen » est donc devenu célèbre dans l'imaginaire collectif (Sawadogo, 2003) via les journaux et la télévision. Ces médias ont certes contribué à la sensibilisation par l'image mise au service de la prévention, mais se sont aussi trouvés à l'origine de l'élaboration d'un discours que l'on rencontre chez la plupart des enquêtés, avec des expressions telles que « *maladie de la minceur* », « *cheveux cassant ou défrisé* », « *diarrhée* ». Dans les différents espaces comme les lieux de travail, les familles et les espaces publics (Lingani, 2010), l'amaigrissement est devenu, pour le commun des mortels, le symbole désigné du sida, qu'il conviendrait d'appeler *maladie de la minceur* (Lingani, 2018).

En revanche, les malades ne se font pas d'illusions sur cette nomination populaire du sida qui a aussi des conséquences sur les comportements des individus bien-portants et leurs discours au quotidien. C'est ainsi que les malades se méfient des autres qu'ils sont appelés à côtoyer. C'est ce que Jacques a vécu sur son lieu de travail. Travaillant dans une brasserie dans laquelle il existe un comité de lutte contre le sida, cet homme malade a enduré l'impact amoindrissant du sida sur son corps, rappelant sa mort proche (Strauss, 1992), perspective encore aggravée par la pression exclusive de ses collègues. Jacques dit ceci : « Si tu voyais mon corps. Je suis revenu de mon congé tout malade, maigre comme si j'allais mourir demain. Certains amis et les parents m'ont laissé tomber, même au service. Mais je remercie beaucoup l'agent de santé qui m'a sauvé ».

Ses parents et amis l'ont abandonné parce qu'il présentait cette minceur vulgarisée par les images de corps semblables au sien. Jacques est un exemple palpable de la peur subite ressentie en contrecoup des effets pervers de la publicisation du corps décharné. Jules, un collègue bien-portant de Jacques, a reconnu les signes popularisés du sidéen que leur défunt collègue, Paulin, avait lui aussi présentés sur son corps. Il évoque la maigreur du corps de Paulin qui avait suscité des regards, des commérages (Elias et Scotson, 1997) et sa mise à l'écart de la part des autres collègues de travail. Son récit en dit beaucoup sur les signes et le regard d'autrui et des collègues : « Ici, il ne faut pas avoir une maladie qui a les signes du sida, si tu les as, c'est grave pour toi parce que tout le monde va te regarder bizarrement. Tes collègues même vont commencer à parler de toi ».

Jules se rappelle de ce qu'a subi Paulin qu'il a côtoyé :

> Je me rappelle, il y en a un qui était ici qui avait maigri, mais qu'est-ce que les gens n'ont pas dit sur lui, ils ont tout dit. Il est décédé mais les gens pensent que c'est le sida hein !

Il poursuit et donne des précisions sur la mise à l'écart de Paulin par leur chef d'équipe de travail : « Quand il était là, les chefs d'équipe même ne voulaient pas qu'il reste à côté de la boisson, ils l'ont mis ailleurs sur un autre lieu pour qu'il travaille là-bas, moi j'ai vu ça ici ».

Tout malade est scruté sur la base de ses signes biologiques par l'individu bien-portant, qui en parle dès que l'occasion se présente à lui, et le déchoit ainsi de son vivant (Lingani, 2010) et même après sa mort (Moro et Idriss 1996 ; Lingani, 2014). En revanche, les malades du sida dissimulent leur corps maigre autant qu'ils peuvent pour échapper aux jugements et aux sanctions collectives.

3. La répression collective (institutions, public) du corps décharné et la culture de la dissimulation du corps privé/individuel à la collectivité (la sanction de la collectivité)

La morphologie corporelle est une question individuelle (Fassin et Memmi, 2004) mise en rapport avec la collectivité sur la base d'une étiquette typifiée : mince ou corpulente. Le corps mince provoque des rapports conflictuels avec l'entourage (Bardem et Gobatto, 1995). Le sujet mince est mis en difficulté dans sa propre famille et parmi ses voisins, et ce, d'autant plus s'il fond à vue d'œil et devient mince au point de déclencher des supputations (Lingani et Korbéogo, 2015), comme le rapporte Cédric dont la femme a commencé à subir les soupçons des voisins. Il évoque ainsi la curiosité de ses voisins qui observaient la minceur de sa femme malade : « Ma femme perdait du poids, les voisins étaient curieux de savoir de quoi elle souffrait. Ils ont soupçonné qu'elle est infectée mais je n'ai jamais parlé de cela à aucun voisin ni pour ma femme ni pour moi ».

Cédric est aussi malade, à l'insu de ses proches. Il s'étonne que ses propres sœurs s'en prennent à sa femme à cause de sa minceur : « Même mes sœurs murmuraient par rapport au fait qu'elle avait maigri ».

Mais les récriminations de la femme malade vont au-delà de la belle-famille et du quartier populaire (Lingani, 2010) où elle habite ; elles s'expriment aussi dans les institutions, comme à la banque. Cliente d'une banque de la place, Amadine a été subtilement exclue sur la base de sa morphologie dès le moment où elle a voulu remplir une demande de prêt bancaire. Elle dénonce avec force le fait que sa discrimination se soit habilement opérée à l'occasion de la préparation des fiches constitutives du dossier à soumettre à la banque :

> Ils demandent par exemple si tu as maigri ces six derniers mois, si tu as des plaies ou des IST [infections sexuellement transmissibles], etc. Vous voyez que ce sont des méthodes pour se faire une idée si la personne est infectée ou pas.

Amadine, salariée de niveau moyen dans le secteur public, est écartée des possibilités de financement de son projet d'habitation à cause de son état cachectique. Les déductions tirées de son corps mince lui valent un autre regard (Lingani, 2018), un statut dévalorisant et perçu comme une « altérité » (Mathieu, 1993), à l'origine de répressions (Goffman, 1975 ; Foucault, 1975). Les entretiens regorgent de témoignages de malades ciblés, comme celui de Paul, un homme vivant dans un quartier populaire, qui raconte comment il a échappé à sa mise à l'écart par ses voisins en gardant sous silence sa maladie, insoupçonnée grâce à sa forte corpulence. Paul a résisté quelque temps à la mise à l'écart des voisins et des habitants du quartier par son corps volumineux qui lui avait donné une « bonne couverture » pour cacher sa maladie. Mais ce corps ne l'a pas protégé longtemps, car une rechute l'a fait fondre : « Même s'ils soupçonnent, ce n'est pas mon problème puisque je ne peux pas me mettre à faire de la publicité, dans mon quartier les gens ne savent pas et comme je suis en location, c'est difficile ».

Si sa corpulence lui a permis d'être accepté par ses voisins, deux mois d'hospitalisation ont suffi à ses amis pour déduire qu'il avait le sida. Paul poursuit en disant ceci : « Avec certains amis, il y a eu des problèmes et on s'est quitté [...] pendant les deux mois d'hospitalisation, quand ça n'allait pas là, ils disaient même que peut-être, j'allais mourir ».

Son état de santé a même poussé ses amis à pronostiquer sur sa mort prochaine. En revanche, la réussite de ses soins (ARV) lui a donné un espoir d'amélioration, de stabilisation et de prise de poids pour revenir à un aspect physique accepté par la collectivité et lui permettant de reprendre ses activités professionnelles (Lingani, 2010 ; Descaux et Boye, 2012). Le malade du sida tente de se réinsérer dans un milieu professionnel concurrent mais il est ridiculisé par ses collègues bien-portants dès qu'il donne l'impression de se sentir mieux pour occuper un poste de travail, et il subit des avalanches de désagréments qui l'étiquettent (Berger et Luckmann, 1986). Par exemple, le retour au travail de Bertin, après quelques jours d'absence à cause de sa maladie, a été remarqué par son collègue Pierre, bien-portant. Ce dernier n'a pas manqué de lui rappeler dans une ironie embarrassante, en notre présence, que son corps de nouveau corpulent avait maigri. Or Bertin, qui était remis sur pieds, nous avait dit qu'il se sentait mieux après une terrible rechute qui lui avait fait perdre beaucoup de sa corpulence. Mais Pierre a remarqué le corps décharné de Bertin, qu'il compare à une feuille morte qui ne peut pas résister à son simple souffle. Voilà une partie de la moquerie de Pierre qui nous a tous mis mal à l'aise : « Quitte là-bas, oui, tu commences à faire le malin parce que tu as grossi maintenant. Sinon quand tu étais malade est-ce que tu pouvais résister à mon souffle sans tomber ? ».

Pierre précise sa pensée sur Bertin : « Tu étais devenu comme une feuille qui bouge tout le temps qui veut tomber. Tu as pris du poids et tu es devenu quelqu'un, est-ce qu'on pouvait te compter parmi les gens ».

Lorsque Bertin lui dit qu'il ne cédera pas à sa provocation du fait de son retour au travail, l'autre lui rétorque : « Tu me provoques mais je ne vais pas te taper parce que tu peux mourir ».

La mise en rapport de la prise de poids et de la réintégration dans le groupe de collègues est éloquente dans les propos de Pierre, le collègue bien-portant. Celui-ci souligne que même si Bertin a repris son poste de travail, il reste un malade au corps fragile devant ses collègues bien-portants. Il insinue que le fait qu'il ait grossi ne lui épargnera pas la mort imminente s'il le tape. L'idée de mort persiste quelle que soit l'amélioration de la santé et hante tout le monde. Tout malade du sida en est conscient et fait donc tout pour reprendre de la rondeur et la mettre en évidence pour faciliter sa réinsertion sociale (Korbéogo et Lingani, 2013). En cas d'échec de la prise de poids, il tombe dans le discrédit (Goffman, 1975), ce qui le pousse à pratiquer des techniques de dissimulation de son physique. Il développe une culture de la dissimulation de ce corps mal perçu par son entourage. Justin a payé le prix de son exclusion familiale et raconte comment, au-delà de l'entourage familial, la société entière considère le malade du sida. Bien qu'il soit soumis aux ARV depuis longtemps, il n'a pas encore réussi à corriger sa maigreur qui compromet son acceptation par ses proches. Et il se cache, comme en témoignent ses propos :

« Les sidéens sont perçus par la société, par la famille, comme des « personnes de la honte » qu'il faut cacher parce que c'est une maladie liée au sexe ».

Le sexe à l'origine de l'amaigrissement est indexé dans la mise en scène du déshonneur (Dodier, 2003) représenté par le malade. Il a permis la montée en puissance de la dimension sexuelle du sida dans l'imaginaire populaire, ce qui est l'œuvre des agents compétents de la prévention (Giddens, 1987). Ceux-ci ont investi les espaces publics (rues, marchés, écoles, etc.) avec des images de prévention où le sexe est mis en évidence. Il est présenté en effigie de bois, enfilé d'un condom (parfois accouplé à un sexe féminin), en vue de sensibiliser la population au sida et à la honte en cas de maladie. Ce sont ainsi les agents de la prévention qui sont à l'origine de la trilogie : sexe, sida et minceur synonyme de déshonneur. Et sans le vouloir, ils ont aussi déclenché une forte pression (Rivard, 1992) sur les malades au corps amaigri qui ont été poussés jusque dans leur dernier retranchement dans une économie morale. Pour en sortir publiquement, ils entrent dans le « marché du témoignage » (Nguyen, 2002, p. 80-83) en culpabilisant tout en pratiquant des techniques de dissimulation de leur corps « condamnable » en vue d'échapper à l'attention de leur entourage. Après avoir réussi à dissimuler sa maigreur « honteuse » par son style vestimentaire et en évitant ses collègues, Mireille en parle : « Mes collègues n'ont pas su que j'étais malade. [...] c'est pratiquement trois ans maintenant. Même avec le vomissement, j'ai tout fait pour cacher ça ».

Trois ans durant, elle a caché son corps mince, « coupable », espérant sortir de l'ombre et être considérée comme ses autres collègues bien-portants. Par-delà les techniques d'entretien corporels et d'embellissement, les malades en interaction professionnelle dans un espace restreint sont en rapport avec l'imaginaire collectif, un tribunal qui les juge dans leur milieu de travail. Ils entrevoient l'esthétisation corporelle selon les canaux de la beauté ambiante (Chollet, 2012) et envisagent leur réintégration dans l'imaginaire collectif à coup de renforts alimentaires. De sujets cachant leur corps mince, les malades deviennent des sujets choyés, des personnages à faire grossir par des choix alimentaires.

4. La fabrique des corporéités esthétiques et le retour dans l'imaginaire collectif

Les malades en reconstruction (Korbéogo et Lingani, 2013) dans l'imaginaire des proches envisagent leur corps charnu en devenir comme stratégie de fabrication d'image de soi (Le Palec et Pagézy, 2003) pour se réintégrer dans le champ de la représentation de l'individu normal. Ils visent un nouvel état corporel qui les aidera à se faire accepter par l'entourage social (Hagenbucher, 1994). Ce qui sous-entend que la réinsertion bute surtout sur le corps squelettique, qui expose aux représailles populaires. Bakary est un professionnel de la santé qui est au carrefour de la distribution des ARV. Il constate malgré lui les plaintes des patients sur leur corpulence, et en témoigne ainsi : « Il y a certaines personnes qui grossissent. D'autres l'exigent… il faut arriver à leur faire comprendre que tout le monde ne peut pas grossir. Mais c'est très difficile, parce que grossir c'est un bon signe pour eux ».

La persistance de la minceur enfonce les patients dans l'amertume. Fatou, une femme malade, témoigne ainsi de son incapacité à retrouver de la corpulence : « Je suis mécontente parce que souvent je ne sais pas de quoi je souffre comme ça et je ne peux plus grossir. Lorsque je suis assise c'est à ça que je pense ».

La minceur est aussi considérée comme une maladie qui amène les individus à s'inquiéter de leur forme physique perdue. On s'aperçoit que le fait de grossir redonne du goût à la vie avec le sida. C'est le cas de Sylvie, femme malade, qui se réjouit de sa prise de poids : « J'avais perdu beaucoup de poids, j'avais que 40 kg. J'ai monté jusqu'à 55 kg. Je veux grossir un peu plus, c'est bon (Rire) puisque une femme c'est la grosseur. Si tu es trop maigre là aussi ce n'est pas bon ».

La minceur est combattue par l'alimentation associée aux soins biomédicaux. Pascaline, une malade, l'explique : « Je suis les conseils de l'agent de santé qui dit de bien manger. C'est pour cela que je mange beaucoup de riz sauce, de ragoût d'igname, de poisson sec, etc. ».

Elle mise sur les aliments moins gras comme le riz sauce, l'igname et le poisson qui font grossir sans gêner le traitement. Elle traduit le souci de tout le monde qui a peur d'un corps maigre (Goody, 2003) synonyme du sida, ce qui pousse à regagner des rondeurs à tout prix. Dans le jeu des images, c'est dans le vécu quotidien du sidéen un chassé-croisé pour retrouver un corps charnu face à la tyrannie des images effroyables de corps décharnés (Kauffman, 2015). Le sidéen traque sa propre maigreur par une mise en représentation physique, voire une exhibition du soi corpulent. C'est le cas de Juliette, dont les propos sont ci-après cités, motivée par son corps refait dont elle est contente. Elle décrit son habillement décolleté adapté à sa corpulence actuelle, à nouveau présentable : « Ah, comme la santé s'améliore là, tu ne vas plus mettre les manches longues, tu vas t'habiller comme les femmes là maintenant, des tricots, des habits comme ça. Ah (rires collectifs), c'est haut. On l'appelle haut ».

Les habits amples avec des manches longues cachent les attributs indésirables du corps mince : les taches, les boutons et les plaies, alors que les habits écourtés (dits « hauts ») offrent le spectacle (Goffman, 1973) d'un corps charnu, résultat de la réussite de la prise en charge socio-biomédicale. Cette mise en évidence du corps charnu s'est opérée par remplacement des images choquantes des débuts de la lutte contre la propagation du sida (1987), qui présentaient des corps décharnés dans les médias audiovisuels et les espaces publics (Achilli et Hejoaka, 2005). Ces images ont été progressivement remplacées par des figures éducationnelles mettant en évidence le charnu, une trentaine d'années plus tard (2017). Firmin, responsable d'association, fait remarquer que : « L'image choquante du malade squelettique est proscrite à la télévision ».

Relatons l'engagement militant de la présidente de l'Association Responsabilité, Espoir, Vie, Solidarité (REVS+) de Bobo-Dioulasso au Burkina Faso, après la découverte de sa séropositivité au VIH en 1993. Bénévole depuis 1997 dans les batailles contre le sida, elle associe toujours son image à la lutte contre le sida. Elle propose son image photographique[5] dans les médias en 2016 en vue de donner un aperçu de sa corpulence. Selon elle, l'objectif est de vaincre la peur et la stigmatisation des malades du sida par la preuve de l'image [➲ Annexes, doc. 2 : *Photo de la présidente de l'association REVS+*].

L'exposition de sa figure saine est valorisante pour les malades du sida et soutient les efforts de sortie de la sous-classification où leur corps mince les a confinés. Le corps charnu resplendissant est délibérément photographié actuellement avec une volonté de publicité dans les médias audiovisuels. Et les malades en association veillent au retrait des images déplaisantes de corps amaigris (Chantal, 1994) dans les médias et leur remplacement par des images de personnage avenants. C'est un pari stratégique dans la diffusion d'image en vue de l'intégration du sidéen : il s'agit de déconstruire les imaginaires infâmes des malades du sida.

Toutefois, l'image néfaste du corps chétif du sidéen subsiste dans le vécu quotidien des malades qui peinent à recouvrer leur corpulence d'autrefois. Elle a des effets pervers et continue d'opposer de manière intermittente le malade mince en quête de poids et la personne normale en coprésence physique dans un espace donné (Setbon, 2000). Le corps réhabilité, corpulent, rassure tout malade du sida, mais celui-ci reste donc sur le qui-vive et est inquiet dès la moindre rechute, car l'ostracisme que son corps lui impose refait alors surface. Les malades en reconstruction (Berger et Luckmann, 1986) continuent d'appréhender que la stigmatisation charnelle (Eholié et Girard, 2005) de leur

---

[5] https://www.la-croix.com/Monde/Afrique/Martine-Somda-Africaine-face-sida-2016-06-10-1200767822

corps mince exposé au public (Bonin, 2004) ne conserve des effets inattendus tout au long de leur vie (Lingani et Korbéogo, 2015).

CONCLUSION

En somme, le corps chétif des malades du sida pèse sur l'imaginaire collectif à cause de sa publicisation par les images frappantes dans l'espace public (médias, rue, etc.). Ces images ont été utilisées pour marquer les esprits, avec le souci de prévenir le sort réservé à tout individu qui prend des risques de transmission du virus. Mais ces images ont porté le discrédit sur les malades du sida qui ont le sentiment d'être rejetés, et par ricochet, sur toute personne d'une maigreur excessive est assimilée à un sidéen. Pour celui-ci, l'option des soins biomédicaux aide à retrouver la santé ainsi qu'à prétendre à la prise de poids qui endigue son isolement par rapport à son entourage social. Et l'échec de la prise de volume corporel l'écarte de son milieu familial et professionnel alors qu'il a besoin de se réinsérer socialement dans ces milieux. Sa chasse à la prise de poids pourrait être vaine. Si le corps charnu est un atout intégrateur dans le milieu social, le malade du sida dissimule sa maigreur pour échapper au jugement que ses proches portent sur son allure et pour se faciliter le retour parmi eux. La minceur pousse les malades maigres à porter souvent des habits amples à manches longues pour se sentir à l'aise en évitant d'exposer leur physique aux yeux des personnes qui sauraient reconnaitre les marques du sida. En revanche, la prise de poids est un atout essentiel qui leur permet de mieux se sentir à l'aise et de soigner leur image en présence d'autrui, avec la volonté de porter des habits serrés et écourtés, comme tout individu ordinaire. Elle contribue à déconstruire les imaginaires individuels et collectifs du corps chétif du sidéen vilipendé par les médias audiovisuels, pour le présenter en tant qu'individu en bonne forme physique, vivant avec le sida, mais en reconstruction sociale.

• Bibliographie

Achilli, L. & Hejoaka, F. (2005). « Les associations dans la réponse à l'épidémie VIH/Sida au Burkina Faso ». *Face à face* [en ligne], 7, mis en ligne le 01 juin 2005, consulté le 03 mars 2021 : http://journals.openedition.org/faceaface/305.

Berger, P. & Luckmann, T. (1986). *La construction sociale de la réalité*. Paris : Armand Colin.

Boltanski, L. (1971). « Les usages sociaux du corps ». *Annales*, 1(1), p. 205-233.

Bonin, S. (2004). « Au-delà de la représentation, le paysage ». *Strates* [en ligne], 11, mis en ligne le 14 janvier 2005, consulté le 05 mars 2021 : http://journals.openedition.org/strates/390.

Bourdieu, P. (1980). *Le sens pratique*. Paris : Minuit.

Chollet, M. (2012). *Beauté fatale. Nouveaux visages d'une aliénation féminine*. Paris, Zones.

Desclaux, A. Msellati, P. & Sow, K. (2011). *Les femmes à l'épreuve du VIH dans les pays du sud. Genre et accès universel à la prise en charge*. Paris : ANRS-Collection Sciences Sociales et Sida.

Dodier, N. (2003). *Leçons politiques de l'épidémie de sida*. Paris : EHESS.

Durand, D. (1996). « Le sida, épidémie « progressiste » ? ». J. Benoist & A. Desclaux (éd.), *Anthropologie et Sida Bilan et Perspectives* (p. 301-305), Paris : Karthala.

Elias, N. (1973). *La civilisation des mœurs*. Paris : Calmann-Lévy.

Elias, N. & Scotson, J. (1997). *Logiques de l'exclusion*. Paris : Fayard.

Fainzang, S. (1985). « La « maison du blanc » : la place du dispensaire dans les stratégies thérapeutiques des Bisa du Burkina ». *Sciences Sociales et Santé*, n° 3(3-4), p. 105-128.

Fassin, D. (2006). *Quand les corps se souviennent. Expériences et Politiques du sida en Afrique du Sud*. Paris : La découverte.

Foucault, M. (1975). *Surveiller et punir*. Paris : Gallimard.

Goudsblom, J. (1987). « Les grandes épidémies et la civilisation des mœurs ». *Actes de la recherche en sciences sociales*, n° 68(1), p. 3-14.

Goffman, E. (1975). *Stigmate : les usages sociaux des handicaps*. Paris : Minuit.

Goffman, E. (1973). *La mise en scène de la vie quotidienne. Tomes I & II*. Paris : Minuit.

Goody, J. (2003). *La peur des représentations : l'ambivalence à l'égard des images, du théâtre, de la fiction, des reliques et de la sexualité*. Paris : La Découverte.

Hagenbucher, S.F. (1994). *Représentations du sida et médecines traditionnelles dans la région de Pointe-Noire (Congo)*. Paris : ORSTOM.

Hassoun, J. (1999). « Quelques silences sur la douleur des femmes malades du sida en Côte d'Ivoire », *Socio-anthropologie*, http://socio-anthropologie.revues.org/5.

Jodelet, D. (1994). *Les représentations sociales*. Paris : PUF.

Kaufmann, J-C. (2015). *Aimer son corps. La tyrannie de la minceur*. Paris : Pocket.

Korbéogo, G. & Lingani, S. (2013). « Des vies reconstruites, Exclusion et réinsertion sociale des femmes vivant avec le VIH à Ouagadougou (Burkina Faso) ». *Sciences Sociales et Santé*, n° 31(3), p. 1-24.

Le Palec, A. & Pagézy, H. (2003). *Vivre avec le sida au Mali : Stratégie de survie*. Budapest & Torino, Paris : L'Harmattan.

Lingani, S. & Korbéogo, G. (2015b). « Le VIH/sida comme accident au cours d'une vie : lente découverte, gestion sociale et exclusion des femmes séropositives au Burkina Faso ». *Recherches féministes*, n° 8(2), p. 243-264.

Lingani, S. (2018). « L'autre à l'échelle locale : VIH/Sida et exclusion sociale ». C.I. Niang, E.E. Foley & L. Coly (éd.), *Le SIDA et le discours de l'autre* (p. 203-216). Dakar : Codesria.

Mathieu, S. (1993). « Ce corps étranger : quelques remarques à propos des représentations du corps chez les personnes atteintes par le VIH ». *Agora*, n° 25-26, p. 83-89. En ligne : http://www.revue-quasimodo.org. Consulté le 04-07-2016 à 18 h.

Moro, M.-R. & Idriss, I. (1996). « Vivre malgré le sida, Survivre à la mort culturelle : Aspects psychiques et travail ethno psychanalytique ». S. Hefez (éd.), *Sida et vie psychique, approche clinique et prise en charge* (p. 268-274). Paris : La Découverte.

Nguyen, V-K. (2002). « Sida, ONG et la politique du témoignage en Afrique de l'Ouest ». *Anthropologie et Société*, n° 26(1), p. 69-87.

Poulain, J-P. (2009). *Sociologie de l'obésité*. Paris : PUF.

Rivard, P. (1992). « Corps, sexe et pouvoir : pour une problématique foucauldienne de l'épidémie du sida ». *Sociologies et Sociétés*, n° 24(1), p. 123-140.

Setbon, M. (2000). « La normalisation paradoxale du sida ». *Revue Française de Sociologie*, n° 41(1), p. 61-78.

Simmel, G. (1996). *Secret et sociétés secrètes*. Strasbourg : Circé.

Tchak, S. (2000). *L'Afrique à l'épreuve du sida*. Paris : L'Harmattan.

Weber, M. (1995). *Économie et Société/1 : Les catégories de la sociologie*. Paris : Pocket.

• Résumé et mots-clés

Les corps biologiques ont toujours été des points d'appui réflexifs aux imaginaires individuel et collectif selon les sociétés. Ils portent des modifications représentatives dans l'espace mental en fonction des maladies au fil du temps. Le poids du sida sur l'état physique du malade au début de sa propagation a été illustré par des images publiques délibérément choquantes de corps minces, atypiques, véhiculées par les médias audiovisuels en vue d'une mise en garde de tous contre le danger-sida. Ces images de corps délabrés des malades n'ont pas manqué de frapper l'imaginaire corporel portant sur la minceur. Elles ont façonné une représentation légitime de tout malade typifié de la sorte, déchiffré comme « sidéen » par son entourage familial, professionnel ou public à chaque occasion de sa présence physique. Ce décryptage sémantique de la morphologie mince a joué dans les rapports conflictuels avec les individus bien-portants qui chassent ce corps mal perçu en conflit avec le corps social. Mais l'avènement des antirétroviraux (ARV) dans les soins a donné l'espoir au malade de vivre avec la resocialisation corporelle et la production de ses images. Le corps mince dans une certaine « altérité » est aussi soumis à des soins plastiques et techniques d'entretien visant son esthétisation. Si la maigreur est un marqueur physique du discours dénigrant le malade du sida, le corps charnu est un support de reconquête par la substitution de l'image médisante dans les imaginaires individuel et collectif. Il distille une sensation d'esthétique rattachée à l'augmentation harmonieuse de volume charnel. À ce titre, le corps charnu, en interrelation visuelle avec l'imaginaire collectif, est intimement lié aux soins biomédicaux et à l'alimentation en quête d'une réparation des discrédits corporels. En fin de compte, les attributs corporels esthétiquement rétablis équipent l'individu pour une jouissance pragmatique, dans l'interstice des espaces privé et public, avec des stratégies de fabrication d'images valorisantes de soi, qui entrent dans les catégories représentatives des corps individualisés en quête de réintégration sociale. **Mots-clés** *: Sida ; Corps chétif ; Médias ; Imaginaires ; Discrédits ; Corps charnu ; Esthétisation ; Réintégration sociale.*

- **Annexes**

SIDA :

Plus de panique que de mal au Burkina

Une structure de lutte contre le sida

13

Document n° 1

Sida, plus de panique que de mal au Burkina. Photo du haut, la ministre de la santé. Photo du bas, malade décharné du sida

Document n° 2

Photo de la présidente de l'association REVS+

RÉFLEXIONS SUR LA REPRÉSENTATION PARLEMENTAIRE À LA LUMIÈRE DE L'ORGANISATION INSTITUTIONNELLE DE L'UNION EUROPÉENNE

Pierrick BRUYAS[1]
Université de Strasbourg, France
ORCID : 0000-0001-8951-0522

INTRODUCTION

> Le fonctionnement de l'Union est fondé sur la démocratie représentative.
> Les citoyens sont directement représentés, au niveau de l'Union, au Parlement européen. […]
> Tout citoyen a le droit de participer à la vie démocratique de l'Union.
> Les décisions sont prises aussi ouvertement et aussi près que possible des citoyens. […]
> (Article 10 du Traité de Lisbonne, *Traité sur l'Union européenne (TUE)*)

L'Union européenne (UE) a souvent été décriée pour son « déficit démocratique ». Cette formule, à bien des égards malheureuse (Mestre, 2017, p. 9), décrit la difficulté pour l'UE d'être lue à l'aune des outils les plus classiques de la démocratie représentative.

La représentation politique – et avec elle les préoccupations liées son à efficacité ou à son effectivité – est pourtant d'un intérêt primordial pour l'organisation de la société. Il est parfaitement défendable de dire que c'est une forme de méta-représentation, en ce qu'elle conditionne ou, à tout le moins, entend régir une grande partie des rapports sociaux dans lesquels s'insèrent beaucoup des théories de la représentation. En février puis en mars 2021, des députés français déposent par exemple une proposition de loi visant à interdire

[1] Pierrick Bruyas est Attaché temporaire d'enseignement et de recherche (ATER) en droit public à Sciences Po Strasbourg et membre du Centre d'Études Internationales et Européennes (CEIE-UR7307) de l'Université de Strasbourg. Il poursuit un doctorat en sciences juridiques, sa thèse est intitulée : « Le multilinguisme juridique de l'Union européenne – Étude d'un modèle de l'intégration ». Ses travaux de recherches portent principalement sur le droit de l'Union européenne – à ce titre il collabore mensuellement en tant que rédacteur à la revue *Europe* publiée chez LexisNexis –, ainsi que sur le droit constitutionnel français et comparé. Il enseigne le droit public (droit constitutionnel, droit administratif, droit du marché intérieur de l'UE, droit institutionnel de l'UE, droit public européen etc.) à Sciences Po Strasbourg, à la Faculté de Droit de Strasbourg et dans la prépa ÉNA de Sciences Po Strasbourg.

et pénaliser l'usage de l'écriture inclusive par les administrations et services privés subventionnés. En faisant cela, le législateur s'immisce directement dans la représentation socio-linguistique du quotidien des citoyens français (par analogie : Whorf, 1957, p. 246). Lorsque l'Assemblée nationale française adopte la loi Toubon, en 1994, qui interdit l'emploi d'autres langues que le français pour l'étiquetage et la publicité des marchandises, le législateur agit durablement sur les représentations linguistiques des consommateurs. De la même façon, la non-reconnaissance poussée des langues régionales et minoritaires par le parlement français (en 2016, le rejet par le Sénat de la ratification de la Charte européenne des langues régionales et minoritaires de 1992) va modifier la structure linguistique du pays de façon drastique (Magnon, 2016, p. 59 ; pour une perspective historique : Héran, 2020). La démocratie représentative, incarnée par le système parlementaire, serait ainsi capable d'agir sur les représentations. Est-ce à dire que cette observation est également vraie au niveau de l'Union européenne ?

Il existe de nombreux points communs entre les techniques de représentation démocratique utilisées par les États membres et celles dont ils ont doté leur Union. Depuis 2009 et l'entrée en vigueur du traité de Lisbonne, elle s'organise autour d'institutions étonnement semblables à celles qui existent au niveau des constitutions des États membres. Elle est ainsi dotée d'un parlement qui participe à l'élaboration de la loi, qui en surveille parfois la bonne application et qui contrôle la nomination des membres de la Commission européenne. On parle souvent d'une « parlementarisation » de l'Union européenne (Costa, 2013, p. 28 ; Magnette et al., 2001, p. 859).

Il existe bien sûr de très nombreuses asymétries entre le Parlement européen et les parlements nationaux. Il est pourtant possible de mettre en avant une certaine similitude dans le matériau institutionnel des différents niveaux de gouvernance de l'Europe ; entre les régions, les États membres et l'Union européenne. Cette substance commune tient sans aucun doute dans la notion de « parlementarisme ». Tout autant que le pouvoir d'un parlement, le parlementarisme désigne un ensemble de logiques, de pratiques, d'habitudes et d'équilibres que l'on retrouve à ces différentes échelles, comme une fractale. En droit constitutionnel, le régime parlementaire se définit traditionnellement comme l'organisation de la société politique autour d'un parlement. Représentant le peuple, il est chargé d'établir la loi et de vérifier sa bonne exécution. Composé d'une ou deux chambres, dont les membres sont le plus souvent élus, le parlement est l'organe investi du pouvoir législatif. Comme il compte plusieurs dizaines, voire centaines de membres (925 pour la France par exemple), il n'est matériellement pas en mesure d'exercer lui-même le pouvoir exécutif. Pour cette raison, le parlement vote sa confiance à un gouvernement, lui-même le plus souvent composé de parlementaires. Le gouvernement – dirigé par un chef de gouvernement (premier ministre, chancelier, ministre-président…) – qui a obtenu la confiance d'au moins la moitié du parlement pourra ainsi exécuter les lois du parlement, en son nom et sous sa surveillance. Héritage de l'histoire, le chef de l'État est également nécessaire au parlementarisme à l'européenne. Il sert d'arbitre dans le fonctionnement de ces institutions. Le degré de cette magistrature varie en fonction de sa légitimité : influence décisive s'il est élu au suffrage universel indirect par les membres du parlement (comme en Italie ou en Allemagne, par exemple) – voire dans de rares cas, direct, comme en France –, ou simple magistrature morale s'il est héréditaire (comme au Royaume-Uni ou en Suède). Le chef de l'État ne poursuit pas le même but de représentation que le gouvernement ou le parlement. Il est généralement assez largement apolitique dans l'Europe contemporaine et représente l'État en incarnant sa permanence, assurant sa stabilité et faisant rayonner son faste.

Par opposition à ce système, tout à fait prédominant en Europe, les États-Unis ont construit une organisation constitutionnelle de rupture. Au parlementarisme, qui est selon Adhémar Esmein (1921, p. 162) « *un produit de l'histoire et non de la raison inventive* », parfois même à la monarchie parlementaire, symbole de la continuité, se substitue ainsi un régime qui porte haut l'idée de séparation stricte des pouvoirs. Le pouvoir législatif y est exercé sans partage par un parlement (Congrès), en échange de quoi l'exécutif est quant à lui parfaitement inaccessible car offert, pour quatre ans, à un président élu. S'il est vrai que l'on constate, un peu partout en Europe, un renforcement du rôle du pouvoir exécutif au détriment des parlements, il est en revanche exclu de parler de disparition du modèle parlementaire en Europe (par exemple Portelli, 1994, p. 13). C'est une observation qui peut être difficile à faire depuis la France qui, à l'instar de certains États d'Europe centrale et orientale, a adopté un modèle tout à fait inédit à tendance présidentialiste (par exemple Philip, 2008, p. 51).

L'étude du système institutionnel, voire « constitutionnel » (Gerkrath, 1997 ; Burgorgue-Larsen, 2015, p. 635) de l'Union européenne, peut permettre de comprendre en quoi le système parlementaire – entendu au sens large, comme un équilibre entre les trois pouvoirs exécutif, législatif et judiciaire – est un modèle propre à garantir une représentation efficace des citoyens dans le contexte si particulier d'une union d'États. Les institutions de l'UE doivent répondre à des impératifs inédits, qui vont forcer le parlementarisme à s'adapter à cette organisation forgée dans le droit international, mais qui s'en est depuis largement émancipée, bien qu'elle refuse toujours de se définir comme un méta-État (Berrod, 2015, p. 65). Il a souvent été dit qu'il lui faudrait ainsi surmonter son absence de représentation « permanente » et solennelle. C'est ce que raillait Kissinger, lorsqu'il demandait à qui il fallait « téléphoner pour parler à l'Union européenne » (Chopin, Lefebvre, 2009, p. 1). À mesure que s'est construite l'intégration européenne, certains de ces problèmes ont été affrontés. Le président du Conseil européen – réunion pluriannuelle des chefs de gouvernement voire, pour quatre pays, des chefs d'État – occupe désormais un mandat fixe. La nomination des commissaires doit être validée par le Parlement européen. L'Union européenne est dotée d'une personnalité juridique propre, etc.

Cette évolution est cependant loin d'être achevée (Mestre, 2017, p. 24). Pour approfondir une Union de la démocratie, le continent est passé par le système qu'il connaît le mieux et qui garantit une représentation efficace. Un système qui imprègne l'Europe depuis au moins la fin de la Seconde Guerre mondiale : le parlementarisme. Pour ce faire, le Parlement européen s'est émancipé jusqu'à devenir un acteur clé de la représentation des citoyens (1). Face aux enjeux contemporains, il souhaite se réformer et poursuivre son émancipation pour transformer sa légitimité juridique en légitimité populaire (2). Il ne sera toutefois pas possible pour l'Union de s'affranchir tout à fait de son caractère international. L'on verra cependant que l'on peut considérer le Conseil de l'Union européenne – colégislateur depuis le traité de Lisbonne – comme un relais du parlementarisme, permettant de préserver la recherche d'un équilibre des pouvoirs (3), aussi bien horizontalement (vis-à-vis notamment du Parlement européen et de la Commission), que verticalement (vis-à-vis des parlements nationaux).

1. Représenter les citoyens : l'importance des techniques de scrutin

Le parlement est l'instrument d'incarnation par essence de la démocratie représentative. Selon cette doctrine, le peuple, étant dans l'incapacité technique de se rassembler et d'agir directement sur la vie politique, désigne des représentants qui agiront en son nom et pour son compte, le temps d'un mandat. Ce système n'est naturellement pas parfait, car le truchement des parlementaires suppose, dans une certaine mesure, un possible dévoiement de la volonté populaire. À cette première difficulté, s'ajoute le fait que le parlement seul ne parvient pas à faire exécuter convenablement le droit qu'il édicte (Favoreu, 2019, p. 426), si bien qu'il doit collaborer avec un gouvernement. Entre le peuple et son gouvernement existe donc une distance qui peut s'avérer conséquente. En ajoutant à cela un niveau de décision et de représentation supplémentaire au-dessus des États – comme l'Union européenne –, on prend le risque de renforcer encore davantage la distance qui sépare un citoyen de son représentant. En plus de cette distance (par analogie : Bökckenförde, 2000, p. 278) verticale, c'est-à-dire de la difficulté que peut avoir le citoyen d'un État membre à se projeter dans une représentation qui lui semble inaccessible, car détachée de son niveau de référence habituel (État fédéré, région, État central), on peut également pointer du doigt une distance horizontale, relative aux objets sur lesquels s'exerce l'action politique.

Ce sont notamment pour ces raisons que les six États fondateurs prirent soin, dès 1951, de doter la Communauté européenne du charbon et de l'acier (CECA) d'une assemblée composée de « représentants des peuples des États réunis dans la Communauté ». L'article 21, paragraphe 3 du Traité de Paris (instituant la CECA) repris tel quel à l'article 138, paragraphe 3 du traité de Rome de 1957 (instituant la Communauté économique européenne) stipulait ainsi que cette « Assemblée » serait chargée d'élaborer « *des projets en vue de permettre l'élection au suffrage universel direct selon une procédure uniforme dans tous les États membres* ». Pourtant cette disposition resta lettre morte pendant presque vingt-cinq ans, avant d'être réactivée lors du Conseil européen de Paris en 1974. S'ensuivit une phase cruciale pour notre démonstration. Comment les représentants seraient-ils élus ? La disposition susmentionnée indique « une procédure uniforme dans tous les États membres ». Est-ce à dire que chaque « député » serait, ainsi que c'est le cas en France par exemple, élu dans une circonscription, mais titulaire d'un mandat qui exigerait qu'il représente les citoyens européens dans leur ensemble ? Cette difficulté, qui peut sembler technique, est en réalité absolument cardinale pour mesurer l'impact réel de la démocratie dans le système parlementaire. Le niveau de représentativité d'un élu est, en effet, parfaitement différent selon que le suffrage est universel ou censitaire, selon qu'il est direct ou indirect. C'est pour cette raison que l'on admet que la chambre haute d'un parlement (Sénat en France, élu au suffrage universel indirect) a moins de pouvoir que sa chambre basse (Assemblée nationale, élue au suffrage universel direct).

Le niveau d'exigence vis-à-vis de la représentativité d'un parlement s'est aujourd'hui affiné. Il s'est en grande partie déplacé sur la différence entre le suffrage majoritaire et celui à la proportionnelle. Ces deux types de suffrages – et toutes les déclinaisons ou mélanges qui peuvent en découler – permettent d'obtenir un niveau de représentativité des citoyens tout à fait différent. Le premier fait s'affronter des candidats à un poste de député dans une circonscription donnée et n'autorise qu'un seul vainqueur par circonscription. C'est le système qu'ont par exemple retenu la France ou le Royaume-Uni, avec une pression majoritaire d'autant plus importante dans ce dernier que le poste est attribué au candidat ayant recueilli le plus de votes dès le premier tour, alors même qu'il peut n'avoir recueilli qu'un pourcentage très faible de voix. En 2015 par exemple, le député Alasdair McDonnell remporta la circonscription de Belfast-sud avec seulement 24,5 % de votes favorables (Carr et al., 2015, p. 65). De la même manière en France, le scrutin uninominal majoritaire à deux tours n'a permis aux candidats des partis d'extrême-droite – dont en particulier au front national – de ne remporter que 8 sièges de députés sur 577 lors des législatives de 2017, alors même que ce parti obtenait 13,2 % des voix au premier tour. Avec un système proportionnel, ce score lui aurait permis d'obtenir 76 députés à la chambre basse. De la même manière, le parti socialiste ne recueillait que 9,51 % des voix au premier tour, mais obtenait finalement 45 sièges (chiffres du ministère de l'Intérieur). Rappelons qu'au contraire de ce mode de scrutin, le système proportionnel propose une représentation égale au poids effectivement exprimé pour chacun des partis.

Si l'on voulait résumer quelque peu trivialement ces deux méthodes, l'on pourrait sans doute dire que la première met un accent particulier sur la personnalité des candidats, tandis que la seconde se concentre sur une vision partisane de la politique. Des techniques existent pour rééquilibrer ces deux facettes dont sont faites les démocraties représentatives. Ainsi, les Pays-Bas proposent par exemple aux citoyens de voter soit pour une liste locale, soit pour une liste nationale. Ce système permet de favoriser la représentativité tout en offrant aux principaux leaders des partis de s'assurer une élection, facilitant l'étape ultérieure de création d'un gouvernement qui obtiendra la confiance de la chambre.

Les États membres de l'Union européenne tranchèrent théoriquement pour une élection des eurodéputés au suffrage universel direct, ainsi que le proposait le rapport Patijn de 1976. Dans la pratique, le type de scrutin (majoritaire ou proportionnel) fut laissé de côté le temps d'une période transitoire faute d'accord du Conseil, chaque État membre organisant la première élection de 1979 selon ses habitudes nationales. Les nombreux rapports de la décennie 1980 (Patijn, Seitlinger, Bocklet, De Gucht) concluaient tous clairement que la représentation des « peuples réunis dans la communauté » ne pouvait être efficace qu'en ayant recours au scrutin à la proportionnelle. Certains, comme le Français Seitlinger, recommandant même l'adoption du système actuellement employé en Belgique, la méthode « d'Hondt », selon lequel les citoyens votent pour les candidats de leur choix en leur attribuant un numéro dans l'ordre de leur préférence. Le projet de Karel De Gucht emporta l'assentiment du Parlement et une clause spéciale fut préparée pour le Royaume-Uni qui ne souhaitait pas se départir de son système majoritaire à un tour. Toutefois, Margaret Thatcher s'opposa au consensus dégagé par le Parlement européen. Il fallut attendre 1997 et le Traité d'Amsterdam pour que la situation évolue enfin. Le Parlement, de nouveau chargé d'arrêter une méthode de scrutin susceptible de constituer une « procédure uniforme dans tous les États membres », constata que la représentation proportionnelle était une méthode qui faisait un « consensus très large » au sein des États membres et proposa d'en faire une règle pour l'élection des eurodéputés. On parvint finalement très progressivement à un accord : le scrutin serait proportionnel – même en France et au Royaume-Uni –, il serait possible pour les États membres d'instituer des circonscriptions et le seuil à atteindre fut fixé à 5 % du total des voix par liste.

Le résultat offre au Parlement européen une légitimité certaine dans sa représentation. L'élection au suffrage universel direct renforce son poids institutionnel et engage la « parlementarisation » de l'Union européenne. La mise en place de partis politiques européens, prévue par le traité de Maastricht de 1992, contribue – selon ses propres mots – « *à la formation d'une conscience européenne et à l'expression de la volonté politique des citoyens de l'Union* » (article 138). La proportionnelle, fondée sur une forte représentativité des députés, peut même offrir, si elle mobilise les électeurs, une inspiration démocratique pour les États membres qui, à l'instar de la France, ne la pratiquent pas au niveau national.

Ce type de scrutin a souvent été critiqué pour l'instabilité qu'il suppose parce que, face à une offre politique très variée, les élections ne dégagent que très rarement une majorité à la chambre. Or une très forte représentativité des citoyens qui aboutirait à une situation de blocage politique à long terme (on pense à la IVème République française ou aux crises constitutionnelles belges, durant lesquelles il aura fallu jusqu'à 541 jours pour dégager une majorité et former un gouvernement) ne serait finalement sûrement pas un service à rendre à la démocratie représentative. Ce paradoxe, très connu, n'a jamais paru se confirmer dans le cas du Parlement européen. Sans doute est-ce lié au fait que les préférences pour les partis les moins connus sont « lissées » par le nombre et la diversité des circonscriptions sur le continent. Le Parlement européen a en effet toujours été pourvu d'une majorité facile à distinguer. Le seuil maximal de 5 % de voix requis pour qu'une liste puisse commencer à occuper des sièges, bien qu'il soit moins important dans certains États membres, contribue également à cette tendance. Cette règle évite notamment la surreprésentation de micro-partis (pirate, animaliste, etc.) qui peuvent jouer en défaveur d'une représentation effective des petits et moyens partis. Enfin, les partis européens – à qui on reproche pourtant fréquemment de ne pas être suffisamment autonomes vis-à-vis de leurs homologues nationaux – n'hésitent pas à regrouper sous leur label une grande variété de partis nationaux, classiques ou plus petits, ce qui permet de créer des sortes de « coalitions automatiques ». Par analogie, alors que dans un État parlementaire pratiquant la proportionnelle – comme les Pays-Bas par exemple – il est nécessaire qu'une multitude de partis d'une même tendance acceptent de s'agréger autour d'un programme unique pour qu'une majorité puisse se dégager, au niveau européen, les partis représentent des tendances très larges et, de fait, regroupent en leur sein tous les partis nationaux placés à proximité sur l'échiquier politique. On est beaucoup plus proche d'un lavis de Chagall que d'un quadrillage de Mondrian. Cela a du reste été un reproche souvent adressé au PPE (parti populaire européen). Représentant la droite traditionnelle, il a agrégé des partis comme le *Fidesz* hongrois : classé à droite selon une nomenclature nationale, alors qu'il est aujourd'hui plutôt perçu comme un parti d'extrême-droite en Europe.

Une dernière préoccupation sur la représentation effective s'est fait jour au tournant des années 2010, suite à l'élargissement à l'est de 2004-2007. Puisque les circonscriptions finalement arrêtées par le Conseil étaient nationales, ou infranationales, il était important que le Parlement européen représente de façon effective les différents États membres de l'Union. Dans le cas contraire, on assiste au paradoxe dit « de l'Alabama » selon lequel, lors de l'augmentation du nombre de sièges disponibles, certains États plus petits perdent leur pouvoir d'influence sur une décision, quel que soit le sens de leur vote. Pour éviter cela, le nombre de sièges attribués à chaque pays devait respecter une triple règle : d'une part, elle serait proportionnelle à la démographie de l'État membre concerné (un État fortement peuplé comme l'Allemagne se voyait donc attribuer un nombre important de sièges), mais devrait d'autre part permettre aux députés des plus petits États membres (Malte, Chypre, etc.) de pouvoir influencer un vote au parlement. Enfin, elle devrait respecter l'impératif posé par le traité de Lisbonne, selon lequel le nombre maximal de députés par État membre ne peut excéder quatre-vingt-seize et le nombre minimal être inférieur à six. Il y eut de nombreux tâtonnements jusqu'à ce qu'une formule soit trouvée par un groupe de mathématiciens (Grimmett et al., 2011), puis adoptée le 13 mars 2013 par le Parlement. Cette formule énonce notamment trois principes : un État moins peuplé ne peut pas avoir plus de députés qu'un État plus peuplé et inversement ; les citoyens d'un État moins peuplé doivent au moins être aussi représentés que ceux des États plus peuplés (principe de la représentativité dégressive posé par le Traité de Lisbonne) ; le nombre de sièges est attribué proportionnellement au nombre d'habitants des États et le ratio d'attribution à l'État membre le plus peuplé sert de mètre-étalon pour l'attribution de tous les autres (principe de la représentativité démocratique).

Il eut toutefois été encore plus commode que le Traité de Lisbonne ne fixe pas de nombre maximum et minimum de sièges pour le Parlement. Cela aurait permis d'appliquer la formule de Roger Penrose, prix Nobel de physique 2020, qui permet d'assurer une représentativité démocratique pleine et entière. Selon cette formule, il faut que l'importance du vote de chaque pays soit proportionnelle à la racine carrée du nombre de ses habitants afin que la possibilité d'influencer les décisions communes soit égale pour tous les citoyens, qu'ils habitent des États fortement ou faiblement peuplés. Impossible cependant de retenir cette règle – qui sera toutefois adoptée par le Conseil. D'une part, parce que les limites de nombres de sièges étaient nécessaires pour rassurer les États membres (notamment dans la perspective d'une adhésion de la Turquie, plus fortement peuplée que l'Allemagne) et pour des raisons pratiques (réunions plénières, traductions, interprétation, etc.). Mais également, d'autre part, parce que le Parlement européen s'est toujours inscrit dans l'optique de « dépasser » les juxtapositions de logiques nationales et d'agir dans le sens de son émancipation politique…

2. Représenter le(s) peuple(s) : l'ambition fédéraliste du Parlement européen

En 1992, le Traité de Maastricht invente une nouvelle catégorie : le citoyen européen. Si certains auteurs y voient un gadget juridique (Magnette, 1999), la Cour de justice de l'Union européenne la consacrera pourtant comme la « pierre angulaire » du droit de l'Union. Dans un célèbre arrêt *Grzelczyk* de 2001 (affaire C-184/99, point 31), elle jugera, par une expression qu'elle reprendra par la suite très régulièrement pour justifier l'extension des droits des citoyens, que « le statut de citoyen de l'Union européenne a vocation à être le statut fondamental des ressortissants des États membres ». L'action de la Cour de justice, ainsi que du Parlement et désormais de la Commission européenne, dans le sens d'une meilleure prise en compte de cette nouvelle catégorie, a effectivement permis de conforter la place du citoyen européen dans le Traité de Lisbonne.

Ceci étant, « citoyen » ne signifie pas « peuple ». Le peuple est une catégorie constitutionnelle à part entière, généralement détentrice de la souveraineté selon les constitutions des États membres. C'est d'ailleurs à ce titre que le préambule du Traité de Rome – section conservée jusqu'à Lisbonne – retenait que les États membres étaient « [résolus] à poursuivre le processus, créant une union sans cesse plus étroite entre les peuples de l'Europe, dans laquelle les décisions sont prises le plus près possible des citoyens, conformément au principe de subsidiarité » (souligné par nous).

À défaut donc de pouvoir prétendre représenter un « peuple européen », un « *demos* », il semblerait que le Parlement se soit mis en quête d'assortir sa légitimité juridique d'une légitimité démocratique et populaire. C'est sans doute pour cette raison d'ailleurs que les différents rapporteurs sur les modes de scrutin des années 1980 privilégièrent tous le recours à une élection à la proportionnelle. La quête de légitimation de l'existence d'une communauté politique a été pensée notamment par un travail autour de la création de véritables partis européens. Pourtant, faute sans doute d'intérêt des citoyens, de médias suffisamment informés sur les enjeux européens et de *fora* multilingues capables de permettre aux différents acteurs de s'exprimer sur leurs préoccupations politiques (Weiler, 1999, p. 264), les partis européens restent très largement sous-employés. Il en résulte sans aucun doute une absence de véritable opinion publique européenne. Comme l'explique le professeur Dominique Ritleng : « les élections européennes restent davantage déterminées par des considérations de politique intérieure que par des enjeux proprement européens ou, au mieux, par des visions nationales des questions européennes » (Ritleng, 2019, p. 3).

Un autre espoir est régulièrement mis en avant et a fait l'objet de riches discussions entre les États membres à l'occasion de l'officialisation du Brexit. Il s'agit de la création de listes « transnationales » – véritable « serpent de mer » d'après la professeure Frédérique Berrod (audition publique 2021). L'année 2020 a pourtant été ponctuée de tentatives pour mettre en place – quarante ans après les résolutions du Parlement dans ce sens – des listes qui ne seraient pas assimilées à un territoire géographique correspondant aux circonscriptions nationales. L'idée était de consacrer les soixante-treize sièges devenus vacants après le départ du Royaume-Uni de l'UE à de telles listes « transnationales ». Le consensus a toutefois manqué du côté des États membres et les sièges furent finalement attribués selon la formule de Cambridge (précitée *supra*) – illustrant au passage que, tout « résolus » qu'ils soient « à poursuivre le processus créant une union sans cesse plus étroite entre les peuples », les réticences à l'autonomisation de la politique européenne peuvent aussi venir des États membres.

Cette formule des listes transnationales était certes séduisante du point de vue de l'émergence d'une opinion publique européenne, mais elle n'empêche pas d'autres options d'être mises en avant dans le cadre d'une éventuelle réforme du Parlement. Dans ce sens, Frédérique Berrod rappelait que le Parlement augmenterait son impact en « devenant une réalité locale ». La crise sanitaire de 2020-2021 est à ce titre un exemple marquant, puisqu'un consensus favorable à davantage de compétences en matière de santé publique s'est clairement dégagé du débat politique et public. Ce retour en force de l'idée de l'Europe agissant au niveau local impliquerait typiquement l'abandon du recours à des circonscriptions nationales uniques, trop propice à la nationalisation des débats politiques à l'approche des élections européennes. En l'état actuel du droit de l'Union, rien n'interdit d'ailleurs à un citoyen européen de se présenter dans un autre État membre que le sien. On pourrait dès lors aisément imaginer une circonscription française, dans l'est de la France par exemple, dans laquelle se présenterait un certain nombre de citoyens allemands particulièrement intégrés au tissu social local (article 20 § 2 du Traité sur le fonctionnement de l'UE). Cette réflexion est valable pour la plupart des zones frontalières en Europe.

Les réformes souhaitées du Parlement s'insèrent dans une volonté de renouvellement du système politique de l'Union. On dénombre actuellement trois *scenarii* portés par les eurodéputés vis-à-vis de la réforme de la loi électorale européenne. D'abord une réorganisation des prérogatives du Parlement à l'intérieur même du cadre offert par le Traité de Lisbonne, notamment en renforçant la « parlementarisation » (évoquée *supra*) et en généralisant le mécanisme du *Spitzenkandidat* – selon lequel le chef de file désigné par le parti majoritaire au Parlement européen doit être nommé président de la Commission européenne. Ainsi, les membres de la Commission européenne pourraient ne plus être choisis par les États membres, à qui l'on reproche une opacité typique de la diplomatie d'influence, mais par le Parlement lui-même. La deuxième et la troisième visent à dépasser le seul Traité de Lisbonne pour mettre en place, par exemple, une gouvernance plus resserrée et plus démocratique de la zone euro. On notera également à ce titre que s'est ouvert, le 9 mai 2021 à Strasbourg, une conférence sur l'avenir de l'Europe, que la Commission souhaiterait voir déboucher sur une série de réformes allant dans le sens des préoccupations exprimées par les citoyens. Le fait même que les députés européens se soient saisis de la question de réformer l'Europe va dans le sens de leur rôle dans la représentation européenne.

Un dernier point, fondamental pour restaurer la confiance des citoyens, est d'amorcer une réflexion autour des enjeux de la démocratie directe. La réévaluation du mécanisme de l'initiative citoyenne (article 11 du Traité sur l'UE) est à ce titre primordiale. En guise d'illustration, sur soixante-dix-neuf demandes enregistrées et ayant recueilli les taux, très élevés, de mobilisation requise, seules six ont porté leurs fruits. Cet enjeu est d'autant plus pertinent que le sentiment anti-européen croît précisément à chaque fois que la démocratie représentative n'est pas à la hauteur. La déception qui a entouré l'adoption du Traité de Lisbonne, tout comme son corollaire : le refus de démocratie opposé à tous les autres États membres par la France et les Pays-Bas lorsqu'ils votèrent contre le Traité établissant une constitution pour l'Europe en 2005 (Auer, 2016, p. 397), sont d'ailleurs parmi les maux qu'il s'agit de proscrire définitivement. Pour cela, il faudra sans doute que le Parlement prenne à bras le corps la mission qui lui a été confiée lorsque les rédacteurs des traités ont passé le cap symbolique de qualifier les eurodéputés de « représentants des citoyens de l'Union » et non plus seulement « représentants des peuples des États réunis dans la Communauté » (article 14 du Traité sur l'UE).

3. Représenter les États membres : la légitimité parlementaire mise en abyme

Il est un enjeu du parlementarisme qui, sans être le plus saillant, constitue une véritable clé de voute de l'architecture institutionnelle de l'Union européenne. Il est à trouver du côté de ce que le droit constitutionnel appelle traditionnellement la « séparation des pouvoirs ». Présentée comme souple en Europe – où l'on attend du parlement qu'il collabore avec le gouvernement autant qu'il ne le contrôle – ou rigide aux États-Unis, il semble pourtant aujourd'hui assez réducteur de parler de séparation des pouvoirs et de négliger à cette occasion une autre « traduction » possible de ce que signifie ce concept. L'expression américaine consacrée de *checks and balances* est à ce titre révélatrice du potentiel du régime parlementaire. L'idée de « balance » c'est-à-dire d'équilibre des pouvoirs, est particulièrement intéressante. Le parlementarisme n'est, en effet, plus tant la seule existence d'un parlement placé au cœur du jeu politique qu'un ensemble de logiques et d'équilibres qui permettent aux différents pouvoirs de fonctionner démocratiquement. Cette tendance générale au niveau des constitutions nationales trouve particulièrement à s'illustrer dans le droit institutionnel de l'Union européenne, dans la recherche d'un équilibre institutionnel.

L'équilibre recherché par l'Union ne se situe sans doute pas dans un besoin de limiter les pouvoirs par rapport à leur fonction constitutionnelle. Du reste, bien que la Commission ait effectivement besoin de l'aval du Parlement pour entrer en fonction et qu'on requière d'elle qu'elle lui présente un certain nombre de rapports, il n'est pas question de parler de « responsabilité de la Commission devant le Parlement ». En tout cas pas au sens qu'on lui donne traditionnellement en droit constitutionnel dans les différents pays d'Europe. Ce qui est en revanche nécessaire pour l'UE, c'est de préserver un équilibre raisonnable entre la communauté autonome qu'elle représente, inédite dans le droit international, et les États membres qui continuent d'être les seuls détenteurs de la souveraineté formelle.

Cette relation harmonieuse entre les États membres et leur Union passe par une organisation institutionnelle, constitutionnelle, parfaitement inédite. Au titre du pouvoir législatif, le Traité de Lisbonne place le Parlement et le Conseil de l'Union quasiment sur un pied d'égalité. La Commission, organe réputé neutre, gardienne de l'intérêt général de l'UE, est chargée de l'initiative législative, légitimée en cela par son expertise technique. La Cour de justice, enfin, s'assure du bon respect de cette répartition. Elle est à ce titre une véritable Cour constitutionnelle (notamment Clément-Witz, 2019).

Rupture dans l'équilibre qui s'était institué, d'aucuns ont dénoncé l'érosion du monopole d'initiative de la Commission, son influence étant très souvent devancée par une initiative législative concurrente du Conseil de l'UE (les ministres des États membres) ou du Conseil européen (les chefs d'États et de gouvernements). Cette crainte est à mettre en parallèle avec une série de nouvelles pratiques, qui viennent perturber les équilibres préexistants. En effet, pour qu'il y ait démocratie, il doit exister une certaine égalité entre les différents pouvoirs. Or, le Parlement européen, élu au suffrage universel direct et à la proportionnelle, jouit constamment en théorie d'une plus grande légitimité que le Conseil de l'UE ou le Conseil européen. Il faut toutefois remarquer que, même avec ces deux organes, émanations des États membres non nécessairement acquises aux causes de l'Union, la légitimité est de nouveau apportée par le régime parlementaire. Illustration de ce qu'il irrigue profondément toutes les logiques du pouvoir en Europe, ce sont bel et bien les parlements, en l'occurrence nationaux, qui légitiment l'action des ministres ou des chefs de gouvernement.

En effet, dans les régimes parlementaires européens, les ministres doivent recevoir la confiance de leur parlement. Ils sont ensuite placés sous leur contrôle, parfois très effectif (la France est à cet égard un contre-exemple marquant), devant qui ils rendent compte de leurs actions aux Conseils. Cette réalité est très visible lorsque, lors des réunions du Conseil de l'Union européenne, les ministres refusent de discuter d'aspects qui n'ont pas été mis à l'ordre du jour et pour lesquels ils n'ont pas pu recevoir de mandat de la part de leur parlement. C'est ce qu'explique très bien le professeur Luuk van Middelaar, ancien prête-plume de Herman Van Rompuy, qui met d'ailleurs l'accent sur les implications que des négociations non-autorisées peuvent coûter politiquement à un ministre (Van Middelaar, 2013, p. 294). Par opposition, les observateurs sont « étonnés » du haut niveau d'autonomie et d'initiative des ministres français ou des ambassadeurs qui les représentent (Lewis, 2008, p. 180). Le principe de la responsabilité ministérielle existe toujours en France sur un plan formel, mais les révisions successives de la constitution de 1958 ont, en pratique, transféré le poids des responsabilités politiques sur le seul

Président de la République. Formellement irresponsable dans un système français historiquement parlementaire, sa responsabilité est en quelque sorte politique, dans la mesure où il se représente(rait) aux prochaines élections présidentielles. Cela se confirme d'ailleurs (hors périodes de cohabitation) dans la mesure où aucune législature n'a retiré sa confiance à un ministre ou gouvernement en France depuis 1962, année du passage au suffrage universel direct pour l'élection du Président de la République.

L'équilibre démocratique qui existe dans l'Union européenne gagne ainsi une dimension verticale quand on étudie le fonctionnement des Conseils. Depuis les États membres vers Bruxelles. Un élément se dégage clairement, les deux facettes du pouvoir législatif européen, les colégislateurs, selon la terminologie du Traité de Lisbonne, tirent tous deux leur légitimité d'élections législatives. S'opère ainsi une « translation » du contrôle de l'action des ministres de l'échelon européen vers l'échelon national. À l'image du Sénat américain à ses débuts, qui était élu au suffrage indirect avant d'en être rapidement affranchi tout en conservant son rôle de représentation des États de la fédération, cette situation fait varier les sources de légitimité.

Cela signifie également que les parlements nationaux collaborent beaucoup plus souvent au bon fonctionnement démocratique de l'Union que lorsqu'ils agissent dans le seul cadre du contrôle de la subsidiarité. Le Traité de Lisbonne permet en effet aux parlements nationaux (article 5 § 3 du Traité sur l'UE) de se prononcer sur la bonne application de la répartition des compétences entre l'UE et les États membres. Or, étant donné que c'est là la seule mention explicite du rôle des parlements nationaux, on en arrive à oublier le rôle fondamental qu'ils jouent à d'autres niveaux dans l'équilibre des pouvoirs. En effet, il ne s'agit pas tant d'un rôle prédominant des parlements dans l'architecture constitutionnelle générale de l'UE, que du fait qu'ils agissent comme un élément structurant. Comme autant d'arcs-boutants légitimant les différentes strates décisionnelles européennes et offrant à l'édifice global la sérénité de la légitimité de la démocratie représentative et mettant en abyme l'équilibre des pouvoirs que permet le parlementarisme.

CONCLUSION

La démocratie représentative à l'européenne est intrinsèquement liée à l'expérience du parlementarisme. Ce régime peut permettre une représentation assez fidèle des citoyens, il faut pour cela lui laisser une chance en faisant intervenir les mathématiques. Au niveau d'un État, le scrutin proportionnel, bien qu'il soit plus hautement représentatif que les autres méthodes de suffrage, peut toutefois être jugé difficile à adopter. Car le parlementarisme, outre qu'il implique l'existence d'un parlement législateur, doit être capable d'assurer la séparation des pouvoirs et l'efficacité de l'État. Au niveau de l'Union européenne cependant, certaines de ces contraintes se dissolvent, ne résistant pas au changement d'échelle. La séparation des pouvoirs est alors avantageusement remplacée par une recherche « d'équilibre » des pouvoirs. Cet équilibre est d'autant plus difficile à établir qu'il doit être à la fois horizontal (c'est-à-dire entre les différentes institutions de l'Union), que vertical (entre l'Union et les États membres). Fondée sur le principe que tous les États européens sont membres d'une communauté de valeurs, au centre desquelles ils placent l'État de droit et la démocratie, l'Union européenne a fini par réaliser cette injonction en son sein grâce à l'élection d'un Parlement européen au suffrage universel direct. Il reste beaucoup de progrès à faire au Parlement européen pour espérer représenter un jour les « citoyens européens » comme le Traité le lui a demandé. Mais, là où il y a beaucoup de travail, il existe par conséquent de grandes marges de manœuvre. Les débats contemporains du Parlement et la Convention sur l'avenir de l'Europe portent à croire qu'une extension des prérogatives de l'Union s'accompagnera d'une valorisation du rôle de son parlement. Dans une communauté d'États démocratiques, il est aussi nécessaire que l'Union permette aux États membres de s'exprimer dans ses institutions. Ce rôle est principalement dévolu aux Conseils : le Conseil de l'Union, où siègent les ministres issus des parlements européens et responsables devant eux, et le Conseil européen, où siègent les Premiers ministres, également issus des parlements européens et responsables devant eux. Bien sûr, cette règle n'est pas infaillible et l'on remarque que certains États membres (la France en particulier, mais également Chypre, la Bulgarie, la Roumanie et la Lituanie) se sont éloignés du modèle dominant du parlementarisme tel qu'il existait aux débuts des Communautés européennes, pour en adopter une variante formellement moins exigeante démocratiquement. C'est sans doute dans cette légère asymétrie que réside la chance pour le Parlement européen de gagner en légitimité. Plus lisible, son élection au suffrage universel direct et proportionnel lui offre de grandes chances d'être une véritable représentation des citoyens européens, pourvu qu'il puisse et qu'il sache se réformer.

- **Bibliographie**

Auer, A. (2016). « The people have spoken abide? A critical view of EU's dramatic referendum (in)experience ». *European Constitutional Law Review*, n°3, vol.12, p. 397-408.

Berrod, F. (2015). « L'autonomie de l'Union européenne est-elle soluble dans les droits de l'homme ? Quelques propos (im)pertinents sur l'identité constitutionnelle de l'Union européenne au travers du prisme de l'adhésion de l'UE à la CEDH ». F. Berrod & Jörg Gerkrath et al. (éd.), *Europe(s), Droit(s) européen(s). Une passion d'universitaire, Liber Amicorum en l'honneur du professeur Vlad Constantinesco* (p. 65 et s.). Bruxelles : Bruylant.

Berrod, F. (2021). « AFCO Public Hearing on the Reform of European Electoral Law », Audition publique devant le comité du Parlement européen pour les affaires constitutionnelles (AFCO), 13 avril 2021.

Bökckenförde, E.-W. (2000) « Principe de la démocratie, forme politique et forme de gouvernement ». E.-W. Bökckenförde (éd.), *Le droit, l'État et la constitution démocratique. Essais de théorie juridique, politique et constitutionnelle* (trad. fr. Olivier Jouanjan) (p. 278 et s.). Bruxelles, Paris : Bruylant, LGDJ.

Burgorgue-Larsen, L. (2015). « Pour une approche dialogique du droit constitutionnel européen ». F. Berrod & Jörg Gerkrath et al. (éd.), *Europe(s), Droit(s) européen(s). Une passion d'universitaire, Liber Amicorum en l'honneur du professeur Vlad Constantinesco* (p. 635 et s.). Bruxelles : Bruylant.

Carr, T. et al. (2015). *The Politicos Guide to the New House of Commons 2015: Profiles of the New MPS and Analysis of the 2015 General Election.* Biteback Publishing.

Chopin, T., Lefebvre, M. (2009). « Après le traité de Lisbonne : l'Union européenne a-t-elle enfin un numéro de téléphone ? ». *Question d'Europe*, n°151, Fondation Robert Schuman, novembre 2009, p. 1.

Clément-Witz, L. (2019). *Le Rôle Politique de la Cour de Justice de l'Union Européenne.* Bruxelles : Bruylant.

Costa, O. (2013). *La parlementarisation de l'Union : pour une approche dynamique du régime politique européen.* HDR de Science politique, Université de Bordeaux.

Esmein, A. (1921). *Éléments de droit constitutionnel.* Paris : Ed. Sirey, tome I.

Favoreu, L. et al. (2019). *Précis de Droit constitutionnel.* Paris : Dalloz.

Gerkrath, J. (1997). *L'émergence d'un droit constitutionnel pour l'Europe. Modes de formation et sources d'inspiration de la constitution des communautés et de l'union européenne.* Bruxelles : Éd. de l'Université de Bruxelles.

Grimmett, G. (2011). « La répartition des sièges au Parlement européen entre les États membres de l'Union européenne – Compromis de Cambridge ». Note de la direction générale des politiques internes de l'Union.

Héran, F. (2020). « L'assimilation des provinces conquises : les leçons de l'histoire ». Cours au collège de France – Intégration : constats et débats, cours du 24 janvier 2020.

Hudry, O. (2003). « Votes et paradoxes : les élections ne sont pas monotones ! », *Mathématiques et sciences humaines*, n° 163, p. 9-39.

Lewis, J. (2008). « Strategic Bargaining, Norms and Deliberation ». D. Naurin, H. Wallace et al., *Unveiling the Council of the European Union: Games Governments Play in Brussels* (p. 165-184). Londres : Palgrave MacMillan.

Magnette, P. (1999) *La citoyenneté européenne – Droits, politiques, institutions*. Bruxelles : Éd. de l'Université de Bruxelles, coll. Études européennes.

Magnette, P., Lequesne, C., Costa, O., Jabko, N. (2001). « La diffusion des mécanismes de contrôle dans l'Union européenne : vers une nouvelle forme de démocratie ? ». *Revue française de science politique*, 51e année, n° 6, p. 859-866.

Magnon, X. (2016). « La France au mépris des langues régionales ou minoritaires ? ». O. Desaulnay & M. Maisonneuve (éd.), *L'Unité de la République et la diversité culturelle* (p. 59 et s.). Marseille : Presse Universitaire d'Aix Marseille.

Mestre, C. (2017). « Rapport introductif du colloque de la CEDECE de Strasbourg ». C. Mestre & C. Haguenau-Moizard (éd.), *La démocratie dans l'Union européenne* (p. 9-27). Bruxelles, Strasbourg : Bruylant, Collection droit de l'Union européenne – Colloques. Philip, L. (2008). « Les 50 ans de la Constitution ». B. Matthieu (éd.), 1958-2008. Cinquantième anniversaire de la Constitution française (p. 51 et s.). Paris : Dalloz.

Patijn, S. (1976). « Proposition de résolution sur l'élection du Parlement européen au suffrage universel direct ». 13 septembre 1976, Historical Archives of the European Parliament (PE0AP PR B0-0288/76 0010).

Ponzano, P., Hermanin, C. et Corona, D. (2012). « Le pouvoir d'initiative de la Commission européenne : une érosion progressive ? ». *Institut Delors. Research Paper*, n° 89.

Portelli, H. (1994). *Les Régimes politiques européens*. Paris : Le Livre de poche.

Ritleng, D. (2019). « L'Union européenne : un système démocratique, un vide politique », Titre VII [en ligne], n° 2, *De l'intégration des ordres juridiques : droit constitutionnel et droit de l'Union européenne*, Conseil constitutionnel, avril 2019.

Weiler, J. (1999). « European democracy and its critics: polity and system ». J. Weiler (éd.), *The Constitution of Europe* (p. 264 et s.). Cambridge : Cambridge University Press.

Whorf, B.-L. (1957). « Language, mind and reality ». J. Carroll (éd.), Language, thought and reality, compilation d'œuvres de Benjamin Lee Whorf. Cambridge, Massachusetts : MIT Press.

• Résumé et mots-clés

La démocratie représentative à l'européenne est intrinsèquement liée à l'expérience du parlementarisme, qui peut être entendu comme un ensemble de mécanismes et de techniques, mais également comme une philosophie générale de l'emploi et de la répartition des pouvoirs. Ce régime peut permettre une représentation assez fidèle des citoyens, il faut pour cela lui laisser une chance en faisant intervenir les mathématiques (scrutin proportionnel, majoritaire, hybride, etc.). Bien que sa forme classique irrigue toutes les strates décisionnelles de l'Union –ce qui n'est pourtant pas aisément visible –, le régime parlementaire prend une tournure inédite lorsque l'on cherche à étudier les règles du jeu démocratiques des institutions. Il reste notamment beaucoup de progrès à faire au Parlement européen pour espérer représenter un jour les « citoyens européens » comme le Traité le lui a demandé. ***Mots-clés*** *: Parlementarisme, démocratie représentative, Union européenne, techniques de scrutin, représentativité du Parlement européen, représentativité des ministres.*

Structures éditoriales du groupe L'Harmattan

L'Harmattan Italie
Via degli Artisti, 15
10124 Torino
harmattan.italia@gmail.com

L'Harmattan Hongrie
Kossuth l. u. 14-16.
1053 Budapest
harmattan@harmattan.hu

L'Harmattan Sénégal
10 VDN en face Mermoz
BP 45034 Dakar-Fann
senharmattan@gmail.com

L'Harmattan Cameroun
TSINGA/FECAFOOT
BP 11486 Yaoundé
inkoukam@gmail.com

L'Harmattan Burkina Faso
Achille Somé – tengnule@hotmail.fr

L'Harmattan Guinée
Almamya, rue KA 028 OKB Agency
BP 3470 Conakry
harmattanguinee@yahoo.fr

L'Harmattan RDC
185, avenue Nyangwe
Commune de Lingwala – Kinshasa
matangilamusadila@yahoo.fr

L'Harmattan Congo
219, avenue Nelson Mandela
BP 2874 Brazzaville
harmattan.congo@yahoo.fr

L'Harmattan Mali
ACI 2000 - Immeuble Mgr Jean Marie Cisse
Bureau 10
BP 145 Bamako-Mali
mali@harmattan.fr

L'Harmattan Togo
Djidjole – Lomé
Maison Amela
face EPP BATOME
ddamela@aol.com

L'Harmattan Côte d'Ivoire
Résidence Karl – Cité des Arts
Abidjan-Cocody
03 BP 1588 Abidjan
espace_harmattan.ci@hotmail.fr

Nos librairies en France

Librairie internationale
16, rue des Écoles
75005 Paris
librairie.internationale@harmattan.fr
01 40 46 79 11
www.librairieharmattan.com

Librairie des savoirs
21, rue des Écoles
75005 Paris
librairie.sh@harmattan.fr
01 46 34 13 71
www.librairieharmattansh.com

Librairie Le Lucernaire
53, rue Notre-Dame-des-Champs
75006 Paris
librairie@lucernaire.fr
01 42 22 67 13

www.ingramcontent.com/pod-product-compliance
Lightning Source LLC
LaVergne TN
LVHW081317110826
845149LV00006B/1533

* 9 7 8 2 1 4 0 2 9 0 5 5 8 *